云南百年留学简史
（1896—2013）第一辑

云南省留学人员联谊会 编

中国社会科学出版社

图书在版编目(CIP)数据

云南百年留学简史(1896~2013)第一辑／云南省留学人员联谊会编．—北京：中国社会科学出版社，2016.4
ISBN 978-7-5161-6705-2

Ⅰ.①云…　Ⅱ.①云…　Ⅲ.①留学教育-教育史-研究-云南省-1896~2013　Ⅳ.①G649.29

中国版本图书馆 CIP 数据核字(2015)第 166975 号

出 版 人	赵剑英
责任编辑	任　明
特约编辑	乔继堂
责任校对	李　莉
责任印制	何　艳

出　　版	中国社会科学出版社
社　　址	北京鼓楼西大街甲 158 号
邮　　编	100720
网　　址	http://www.csspw.cn
发 行 部	010-84083685
门 市 部	010-84029450
经　　销	新华书店及其他书店

印刷装订	北京市兴怀印刷厂
版　　次	2016 年 4 月第 1 版
印　　次	2016 年 4 月第 1 次印刷

开　　本	710×1000　1/16
印　　张	19
插　　页	2
字　　数	322 千字
定　　价	68.00 元

凡购买中国社会科学出版社图书，如有质量问题请与本社营销中心联系调换
电话：010-84083683
版权所有　侵权必究

《云南百年留学简史》编委会

编委会主任　黄　毅
编委会执行主任　苏红军　邹　平
副　主　任　谢本书　黄凤平

主　　　编　谢本书
执　行　主　编　王志荣　苏丽杰
参　编　人　员　阮丽霞　和丽琨　张云权　李应伟
　　　　　　　　柏　桦　张　根　梁屹峰　李　礼
　　　　　　　　徐　妮　张　倩　卢大强

目　录

序言 …………………………………………………………（1）

上编　清末时期

一　百年留学之路的背影 …………………………………（3）
　（一）近代云南历史的亮点与留学潮 ……………………（3）
　（二）近代中国留学之路 …………………………………（6）

二　清末留学潮及其相关规定 ……………………………（11）
　（一）清末的留学潮 ………………………………………（11）
　（二）清末留学的相关规定 ………………………………（14）

三　云南留学的起步 ………………………………………（19）
　（一）近代云南第一个留学生 ……………………………（19）
　（二）清末云南的留学政策 ………………………………（20）
　（三）清末云南留学生人数 ………………………………（27）
　（四）1904年度云南留日学生的辉煌 ……………………（33）
　（五）清末云南留日学生续录 ……………………………（39）

四　云南留学生在越南 ……………………………………（46）
　（一）留学越南的人数 ……………………………………（46）
　（二）清末出国的云南青年 ………………………………（47）

五　云南留学生在日本 ……………………………………（49）
　（一）豪迈向上的生活气息 ………………………………（49）
　（二）社会与政治活动的参与 ……………………………（55）
　（三）《云南》杂志的创办 …………………………………（59）

六　留学生与云南辛亥革命 ………………………………（62）
　（一）云南留日学生归国后的活动 ………………………（62）
　（二）组织武装起义 ………………………………………（64）
　（三）组建云南陆军讲武堂 ………………………………（65）
　（四）为辛亥云南起义立下了功勋 ………………………（67）

中 编　民 国 时 期

七　民国前期的留学运动 (77)
　　(一) 留学政策的演化 (77)
　　(二) "庚款"留学热的兴起 (80)
　　(三) 留法勤工俭学运动 (82)
　　(四) 留苏热的升温 (83)

八　民国初年的云南留学生 (86)
　　(一) 民国初年云南主管留学的机构 (86)
　　(二) 民国初年云南留欧美部分学生 (87)
　　(三) 云南的"庚款"留学生 (91)
　　(四) 勤工俭学中的部分云南留学生 (92)
　　(五) 留苏热中的部分云南留学生 (94)

九　民国前期的云南留学生 (97)
　　(一) 抗战前的云南留日学生 (97)
　　(二) 抗战前的部分云南留欧美学生 (105)

十　云南留埃及部分学生简况 (115)
　　(一) 留学埃及的缘起 (115)
　　(二) 六批留学埃及的学生 (117)
　　(三) 留学埃及学生的经费 (119)
　　(四) 留学埃及学生回国后的影响 (121)
　　(五) 滇东南少数民族地区的留学生 (124)

十一　留学生与护国战争 (125)
　　(一) 反袁护国战争的爆发 (125)
　　(二) 留学生中护国军的将领 (126)
　　(三) 护国战争的胜利 (128)

十二　抗战初期的留学活动 (130)
　　(一) 留学生活动的变化 (130)
　　(二) 民国时期的留学生规则 (133)

十三　抗战期间及以后的云南留学生 (140)
　　(一) 抗战期间的云南留学生 (140)

（二）1945年的云南公派留美生简况 …………………… (146)
　　（三）抗战后的云南留学生 …………………………………… (153)
十四　西南联大与留学生 …………………………………………… (155)
　　（一）西南联大的留学生简况 ………………………………… (155)
　　（二）西南联大教师中的留学生 ……………………………… (156)
　　（三）西南联大学生中的留学生 ……………………………… (167)
十五　昆明航校的留学生 …………………………………………… (171)
　　（一）昆明航校的历程 ………………………………………… (171)
　　（二）航校学生留学美国 ……………………………………… (172)
　　（三）留美学员的杰出贡献 …………………………………… (175)
十六　云南大学留学生简况 ………………………………………… (178)
　　（一）东陆大学的创建 ………………………………………… (178)
　　（二）云南大学在两院院士中的留学生 ……………………… (181)

下　编　新中国时期

十七　新中国成立后的留学生 ……………………………………… (187)
　　（一）新中国成立初期的留学生 ……………………………… (187)
　　（二）改革开放后的留学潮 …………………………………… (189)
　　（三）欧美同学会100周年纪念活动 ………………………… (193)
十八　新中国成立后的云南留学生 ………………………………… (195)
　　（一）新中国成立初期的云南留学生 ………………………… (195)
　　（二）改革开放后的云南留学生 ……………………………… (198)
十九　云南省留学人员联谊会 ……………………………………… (217)
　　（一）21世纪云南发展的机遇 ………………………………… (217)
　　（二）云南省留学人员联谊会的建立 ………………………… (219)
　　（三）第二届留学人员联谊会简况 …………………………… (220)
　　（四）省留学人员联谊会大事记 ……………………………… (221)
　　（五）云南留学人员联谊会成立后的主要工作简况 ………… (272)
　　（六）高校及州市留学人员联谊会的建立及活动 …………… (280)

主要参考文献 ………………………………………………………… (284)

后记 …………………………………………………………………… (291)

序　言

　　著名学者季羡林先生曾形象地比喻，对中国的现代化来说，留学生可比作报春鸟，比作普罗米修斯，他们的功绩是永存的。

　　留学生是中国近代（现代）化事业的先驱，是中国从农耕文明向现代化文明过渡、从积贫积弱向富强文明转变的不可忽视的重要力量。全国如是，云南也不例外。

　　早在一个多世纪以前，我国就开始向国外派遣留学人员，迄今为止，已有上百万有志青年和莘莘学子，满怀"留学报国"的赤子之心和求知渴望，远涉重洋，负笈求学，足迹遍及五大洲一百多个国家和地区。纵观中国近现代发展历程，中国留学人员在中国近现代历史进程中扮演了至关重要的角色，在各个历史时期都发挥了极其重要的作用，尤其是为中华民族的救亡与振兴建立了不可磨灭的巨大功勋（19世纪末及之后，留学救亡思潮风起云涌，求学热也是救亡热）。他们是先进文化、先进科学技术的传播者，是推动社会发展的生力军，是新中国科技、教育、国防体系建设的重要奠基人，他们在中华民族的近现代历史中树起了一座座留学报国的丰碑。可以说，中国革命和建设的每一个阶段所取得的进步，中华民族的伟大复兴与今天的蓬勃发展，与广大留学人员的贡献是分不开的。

　　云南百年留学史，与云南近现代百年历史发展息息相关，并随云南近现代历史浪潮的跌宕起伏而蜿蜒前行，是云南近现代百年历史不可分割的组成部分。云南留学运动起步并不算晚，从清末至今百余年来，具有先进思想和世界眼光的云南人，在不同时期公派或自费赴海外留学，学习西方先进科学技术和先进文化知识，进行中外文化交流。近代"中国留学生之父"容闳于1847年走出国门，半个世纪后的1896年，出现了云南的第一个自费留学生。清末中国开始了官派留学生，而云南最早的一批官派留学生则始于1902年。到辛亥革命前夕，云南官派和自费留学生达千人之多，成为近代云南的第一个留学高潮。进入民国时期后，留学热潮持续高涨，云南留学生的目的地，逐渐由日本转向欧美地区，并扩展到亚洲和非洲等其他地区。民国时期，云南有据可查的公派留学生有248人，自费出国留学的也不下千人。新中国成立之初，云南留学生有所减少，有200—300人。1978年以后，国门大开，继1978年12月26日开放后的第一批留学生赴美后，公费和自费出国留学生猛增，从而掀起了延续近半个世纪的第四次留学热潮。截至2013年，云南在各国的留学生大约在3万—4万人之间。其中，2013年云南出国留学生就有约5900人，他们大都成为云南经济和社会建设的一代精英。"一带一路"发展战略的实施推进，更为出国留学人员提供了千载难逢的发展机遇。当下，留学热潮不衰，仍在持续涌动。

云南百年留学史具有斑斓多姿的传奇色彩，仅从教育方面来说，20世纪前半期，云南有两所影响深远的一文一武的学校，一文是西南联合大学，培养了一大批杰出的科学家、教育家；一武是云南陆军讲武堂，培养了一大批杰出的革命家、军事家。这两所学校的领导者和中坚力量的大多数是曾经远涉重洋的仁人志士。在波澜壮阔、意义深远的辛亥云南起义、云南护国起义的主战场，更是活跃着一群海外归来的铁血男儿。

云南百年留学之路，是一条曲折坎坷而又绵延不息的光荣与梦想之路。在这条路上，曾经行走着、活跃着许多为我们熟知、景仰的身影，如李根源、唐继尧、周钟岳、熊庆来、袁嘉谷、周保中、艾思奇、聂耳、楚图南、杨振鸿、刀安仁、杨杰、缪云台、段纬、董泽、姜亮夫……中华民族的复兴梦、强国梦，犹如旗帜，犹如灯塔，指引着云南留学人员不畏艰险，勇往直前。虽然云南留学人员的数量之众及抵达地区之广，难以和华南、华东沿海地区相媲美，但在内地及边缘各省区中仍是比较突出的。云南百年留学之路，在中华民族的留学史上留下了浓墨重彩的一页。

回望不平凡的云南百年留学史，在举目无亲、语言陌生的异国他乡，云南留学人员克服重重困难，潜心修学，砥砺意志，完善人格，提升自我；归国以后，他们积极投入民族振兴和祖国建设的第一线，很多人成为政治、军事、经济、思想、文化、教育事业等方面的推动者、中坚力量和风云人物，在云南以至全国都取得了重大成就，作出了重大贡献，为中华民族的崛起，为中国革命、建设和改革开放事业，奉献了自己应有的智慧和力量，在云南以及中国近现代史上产生了重大影响。

百年以来，云南归国留学生的贡献，主要集中展现在辛亥云南起义、云南护国起义，建设云南陆军讲武堂、云南大学、西南联合大学，振兴云南经济，发展科学技术与云南文化教育事业，以及建设新中国，推动改革开放事业发展，积极借鉴人类文明成果，弘扬中华文明，促进国际交流、推进社会进步，促进云南民族团结、社会和谐稳定，引领社会发展等方面。

新中国成立以来，广大留学人员始终受到党和国家的高度关注，党的几代领导集体对留学人员的成长和回国服务都作出了明确的指示并提出了殷切的希望。改革开放以来，我国的留学工作呈现出蓬勃发展的良好局面。先是出现了一波又一波的"留学热"，接着又出现了一浪接一浪的"回国潮"。习近平总书记在2013年的一次讲话中提到，到2012年底，我国出国留学人员达到264万人，留学回国人员达到109万人。国际人才蓝皮书在北京发布的《中国海归发展报告（2013）》指出，2012年，中国留学回国人员数量达到27.29万人，同比增长46.56%，出现了"史上最大的海归潮"。未来5年中，将迎来回国人数比出国人数多的历史拐点。随着赴海外留学人员数量的迅速增加，留学人员报效祖国的深度和广度不断加大，党和国家更加重视留学人员工作。中共中央、国务院批准下发了《关于鼓励海外高层次留学人才回国工作的意见》，相关部委也相继出台了关于加强留学人员工作的意见，2015年，中共中央印发的《中国共产党统一战线工作条例（试行）》明确提出："出国和归国留学人员是重要的统战对象，坚持广泛团结、热情服务"积极引导、发挥作用的方针，做好出国和归国留学人员统一战线工作。"为留学人员回国创业提供了有力的政策保障。全国人才工作会议的召开，更是进一步明确了新时期留学人员在我国人才体系建设中的重要地位和作用。当前，党和国家为留学生的出国深造及回国创业，提供了更加良好的土壤和条件，创造了前所未有的广阔舞台和发展空间。

习近平总书记在欧美同学会成立100周年庆祝大会上的重要讲话中指出："百余年的留学史是'索我理想之中华'的奋斗史，一批又一批仁人志士出国留学，回国服务，大批归国人员投身中国共产党领导的伟大事业，在中国革命、建设、改革的历史画卷中写下了极为动人和精彩的篇章。广大留学人员不愧为党和人民的宝贵财富，不愧为实现中华民族伟大复兴的有生力量。党和国家及人民为拥有并将更多拥有这样的一大批人才而感到骄傲和自豪。在亿万中国人民前行的伟大征程上，广大留学人员创新正当其时，圆梦适得其势。"

云南百年留学史的研究，弥补了云南百年近现代史研究的空白和缺憾。本书立意好、时间跨度大、价值高、意义深、史料多、分量重，无论是在留学生管理工作方面，还是在教育学、人才学、外交学、统战学等各学科领域的学术价值和现实价值方面，都具有重要而深远的意义，随着时间的推移，其价值更会逐步彰显。中共云南省委统战部组织了一批专家，经过三年多的努力，在深入调研、占有大量史料及充分借鉴前人研究成果的基础上，克服重重困难，终于完成了这一项目。这个项目包括两个方面的内容，一是"云南百年留学史"的专题著作，二是"云南百年留学史"的资料汇编。由于是第一次实施这个项目，受资料条件和研究条件的限制，本书难免有不足之处，尽管如此，各位专家所做出的开创性的努力，仍然是值得称赞和肯定的。我们已迈出可喜的第一步，同时，这一成果必将为今后的进一步深入研究奠定良好的重要基础。

承前启后，薪火相传。我们高兴地看到，21世纪的今天，中华民族以崭新的姿态屹立于世界民族之林，中国、云南留学热潮持续蔓延五湖四海，更多心系祖国的海外学子怀揣强国梦回到祖国母亲的怀抱、回到云岭大地。相信广大云南留学人员将在坚守爱国主义精神、矢志刻苦学习、奋力创新创造、促进对外交流方面做出新的成绩；相信广大云南留学人员将与人民同心，与时代同步，为实现中华民族伟大复兴的中国梦，为把云南建成"连接三亚、沟通两洋"、中国面向西南开放的重要桥头堡和重要门户，为构建云南全方位对外开放格局，为推动云南实现跨越式发展，建设美丽新三角，实现中国梦的云南篇章，书写出无愧于时代、无愧于人民、无愧于历史的绚丽篇章。

是为序。

黄　毅

中共云南省委常委、省委统战部部长

云南省留学人员联谊会名誉会长

上 编

清末时期

一 百年留学之路的背影

近代云南百年留学之路，波云诡谲，曲折坎坷，波澜壮阔，影响深远。虽然云南留学人员的数量之众及抵达地区之广，难以和华南、华东沿海等地区相媲美，但在内地及边缘各省区中还是比较突出的，这与近代云南历史特点相关联。我们就从云南近代历史发展的特点和亮点说起。

（一）近代云南历史的亮点与留学潮

近代中国的历史，充满着让人心寒的屈辱和创痛。自19世纪40年代—20世纪40年代几乎所有的世界强国都侵略过中国。面对气势汹汹的洋枪洋炮，奄奄一息的衰落王朝不堪一击，其结果大多屈辱、投降，签订了一系列不平等条约，使中国丧失了领土主权和国民尊严，逐渐沦为半殖民地半封建社会。八年抗战，浴火重生，1945年，抗日战争胜利，成为近代史上中国人民反对外敌入侵第一次取得完全胜利的民族解放战争，成为中华民族由衰败走向振兴的重大转折。

然而，地处西南边陲的云南，在近代似乎并未遭受内地那样的重创。在近代反对外敌入侵的斗争中，云南虽有失败，却更有或全局或局部的胜利，而胜利次数之多，在全国同类型的斗争事件中并不多见。这些来之不易的胜利，在我国近代史上，留下了浓墨重彩的一笔。这使曾经处于屈辱、伤痛中的中国人民，扬眉吐气。例如1875年的马嘉理事件，1883年的刘永福抗法斗争，1900年的左孝臣事件，七府矿产事件，1911年的片马事件，1933年的班洪事件等，云南各族人民在反对外国侵略者的斗争中，都取得了不同程度的胜利；而1944—1945年初，滇西抗战的胜利，更成为抗日战争时期最先把日寇全部赶出国境的省区，成为抗日战争最后胜利的先声。

传统的观点认为，地处西南边陲的云南，是一个多民族的山区省份，处于封闭半封闭的蛮荒状态，一直以来，经济、社会发展相对落后，在政治、经济、文化方面对全国影响有限，贡献很少。其实，这是一个误解，尤其是进入近代以后，更是如此。近代云南在政治上的影响加大了，经济上的影响加重了，文化教育以至军事方面的影响也增强了，这是近代云南的一个显著的特点，重要的亮点。而这些特点、亮点，都和近代云南并不封闭，而是一个开放或半开放的社会相关。

云南西部重镇腾越（今腾冲）的开放就是一个典型的事例。腾越由于对外开放较早，这个"极边第一城"，历史上有"小上海"之称，"昔日繁华百宝街，雄商大贾挟资来"，商铺比比皆是，商贾络绎不绝，经济繁荣，工商业发达。据缅英商务官1826年的统计，腾越当年进出口额高达100万英镑，仅棉花年均入腾量即达635万公斤，价值22.8万英镑。而在10年后的1837年，广州入口的英国货才90万英镑，而其中鸦片还占大宗。可见，腾越不仅在云南，而且在中国也处于对外开放的前哨。腾越的对外开放，反映了近代云南开放较早的状态。

近代，云南开放较早，成为中国"五大侨乡"之一，侨居东南亚地区的人口众多。而且在清末，云南就出现了"五口通商"的局面，即蒙自、思茅、河口、腾越和昆明的"约开"和"自开"通商口岸。在"五口通商"以前，滇西、滇南等地事实上早已开放，英、法殖民主义者把从滇西、滇南进入云南，视为进入中国的"后门"。"五口通商"以后，云南加大了对外开放的步伐，虽说对外经济贸易关系打上了半殖民地的烙印，但客观上强化了云南与世界市场的联系。海关记载的进出口贸易总额从每年白银十余万两起步，先后跨过了1000万、2000万两的大关，而且在1910年到1918年的9年中，实现了8年出超，累计出超1600多万两。云南茶叶在全国茶叶出口不断萎缩的情况下逆势上扬，咖啡、橡胶等在云南引种成功，传统的马帮运输与近代铁路运输，支撑了云南对外开放的人流、物流、资金流。

在市场机制的作用下，在对外开放和洋务运动的刺激下，云南近代工业上了一个新台阶。19世纪70年代以后，云南近代工业开始出现。到20世纪初，滇越铁路通车、辛亥革命、护国运动时期，云南民族工业在国内、国际市场竞争中迅速发展。在民国时期，中国处于最混乱的时代，云南近代历史的发展却出现了诸多的亮点。从政治上说，1915年从云南开始的反袁护国战争，1945年从云南开始的反内战、争民主的"一二·一"运动，牵动和影响了全国。从经济上说，继滇越铁路通车后，1912年建成中国第一座水力发电站（石龙坝水电站），随后又建成民营的个碧石铁路；1938年建成"抗战生命线"滇缅公路，随后又开辟了驼峰航线，以及抗战时期在云南产生的若干个"第一"。从军事上说，从辛亥革命到护国战争，滇军师出有名，有"滇军精锐，冠于全国"之美誉；抗日战争时期，滇军涌现了众多的抗日名将和抗日烈士。从教育上说，20世纪前半期，云南有两所影响深远的一文一武的学校，一文是西南联合大学，培养了一大批杰出的科学家、教育家；一武是云南陆军讲武堂，培养了一大批杰出的革命家、军事家。从文化上说，20世纪30—40年代，当中华民族处于危急的关头，对青年影响最大的有一本书和一首歌，一本书是艾思奇的《大众哲学》，一首歌是聂耳作曲的《义勇军进行曲》，而艾思奇与聂耳都是云南籍文化名人，如此等等。这些光辉耀眼的亮点，构成了云南近代历史的特色。

近代云南的这些亮点，是与社会的开放性不可分割地联系在一起的。社会的开放性，使云南在全国掀起留学潮之际，陆续派出了大批留学生，随后又为留学生的回国创业提供了良好的土壤和条件。

据已知资料记载云南第一个留学生走出国门是在1896年，而最早官派的一批云南留学生走出国门是1902年，1904年，官派留学生达100人。到辛亥革命前夕，官派和自费留学生达千人，从而形成云南近代第一个留学潮。清末，云南留学生目的地主要是日本。民国以后，留学日本的热潮在继续。1931年"九一八"事变以后，云南留学生的目的地逐渐转到欧美地区。从1912年到1948年间，云南仅公派留学生即有248人，其中留学日本141人，留学美国97人，其余则是赴欧洲、非洲及缅甸、越南、埃及等地留学。新中国成立之初，云南留学生有所减少。1978年以后国门大开，云南公派与自费留学生掀起了新的热潮。

留学生们在每一次社会革新中发挥的作用是难以替代的，持续不断的留学教育对中国近代发展演变产生了重大影响。从这个意义上说，近代中国的留学史就是一部中国近代史。

云南百年留学史告诉我们，具有先进思想和世界眼光的云南人，在不同时期公派或自费赴海外留学，进行中外文化交流，也吸收先进的文化思想和科学技术。相当一批人回国后，在云南以至全国都取得了重大成就，为中华民族的崛起,为中国革命、建设和改革开放事业作出了重大贡献,在云南及中国近现代史上产生了重大影响,他们的命运与国家的兴衰紧密相连。

云南百年留学史,与近代云南历史的发展息息相关。百年留学史,是近代云南历史不可分割的组成部分。近代云南诸多闪光的亮点,与云南留学潮的兴起、作用与影响,难以分割。

(二) 近代中国留学之路

中国近代以前,特别是汉、唐、明、清(前期)时代,政治稳定,经济繁荣,文化昌盛,教育也较为发达,成为周边国家和地区效仿的榜样。在那个时代,中国一直是世界上生产率最高的经济体和人口最密集的贸易地区。从公元6世纪到公元1500年,中国在世界重大科技成果中占的比例一直在一半以上。直到1820年,中国国内生产总值的比例在世界范围内的比例仍大于30%,超过西欧、东欧和美国国内生产总值的总和。[1] 1840年,中国的GDP是英国的六倍,天下第一。所以中国很早就有其他地区政权统治下的留学生负笈而来。据中国政府有关文字记载,批量接受外国留学生,始于隋朝时期的"遣隋使"。隋唐时期,日本先后5次派遣"遣隋使",且于公元608年开始派留学生来中国学习。到了唐代,631—684年,日本19次派遣"遣唐使",其中实际成行的有16次,人数由200人升至五六百人。而朝鲜半岛来华留学生也始于唐代,人数众多,达数千人之巨。此外,安南(今越南)、波斯、大食等地区也陆续派来了留学生。随后的年代,外国留学生来华有增无减,来华生源更为广泛。[2] 而中国人出国留学在古代不仅罕见,且多限于宗教活动及经贸活动。据梁启超云,中国在1500年前就已有留学生,其事迹可考者仅百余人。换言之,中国古代虽有对外交流,却常常是单向性的,中国人基本上不存在出国留学学习经济、文化、科技的情况。

进入近代以后,世界格局发生了重大变化。18世纪中叶以后,工业

---

[1] 安格鲁·麦迪森:《世界经济千年统计》附录B,巴黎,经济合作与发展组织,2006年,第261—263页。转引自亨利·基辛格《论中国》,中信出版社2012年版,第8页。
[2] 董明:《中国古代来华留学生教育的启示》,《海外华文教育》2003年第1期。

革命浪潮席卷西欧、北美大陆等地,西方迅速发展崛起,而处于闭关自守状态、夜郎自大的中国却逐渐落伍。1840年的鸦片战争,使中华民族蒙受巨大的耻辱。战争的结果,让人们逐渐意识到中西方在政治、经济、军事、科技、文化、教育等方面巨大的差距,迫使中国人想要摆脱落后挨打的局面,自强于世界民族之林。中国面临深刻的民族危机和社会危机,仁人志士要救亡,要振兴,不得不思考中国的前途与命运:中国向何处去?除了在国内继续进行探索以外,以"师夷长技以制夷"(魏源语)为指导的出国留学、向西方学习先进科学技术的思潮兴起了。

1847年,被誉为"中国留学之父"的容闳走出了国门,前往美国留学,开辟了近代中国留学之路。容闳的出国虽然带有某种偶然性和自发性(他是由传教士带去美国的),却反映了中国人渴望向西方学习、拯救祖国于危亡的信号,1850年,容闳进入耶鲁大学,是耶鲁大学第一个中国籍毕业生,获得文学学士学位,成为中国第一个系统接受西方新式教育,且获得正式学位的东方人,比日本的伊藤博文等留学欧美早10多年。[1]容闳回国不久,洋务运动的浪潮掀起,为了加快培养洋务人才,容闳与曾国藩、李鸿章合作,上奏朝廷,从1872年开始分年分批先后派出了詹天佑等120名留美幼童,[2] 1877年后又陆续往欧洲派出严复等81名留欧生,拉开了中国留学教育的大幕。留学欧美,是中国留学教育的开端,从而掀起了近代中国的第一次留学高潮。这批留学生回国后,成为中国近代早期对外开放、祖国建设事业的骨干力量。

当洋务运动蹒跚前进的时候,爆发了1894—1895年的中日甲午战争。中国在甲午战争中的失败,不仅中断了洋务运动的进程,而且加速了中国社会半殖民地化的进程,加剧了社会矛盾,震惊了朝野,堂堂"天朝上国"竟败于"蕞尔岛类",而且败得如此惨重,马关条约又订得那么苛刻。"四万万人齐下泪,天涯何处是神州?"[3]亡国的阴影笼罩在人们的心头。蒙受巨大创痛的中国人不得不重新审视日本,于是,1896年有13名青年留学日本,这是近代中国人留学日本的起点。

清末,中央集权的政治体制开始削弱,政治权力下移,留学事务出现

---

[1] 刘中国、黄晓东:《中国留学之父容闳》,珠海出版社2006年版。
[2] [美] 勒法吉:《中国幼童留美史》,高宗鲁译注,珠海出版社2006年版。
[3] 谭嗣同:《有感一章》,《谭嗣同全集》,中华书局1981年版,第540页。

了"权在中央，事在地方"的局面。以"百日维新"时期颁布的《清帝广派游学谕》和新政时期颁布的《清帝多派学生分赴欧美游学谕》都可以看到，除了中央政府主持派出部分留学生外，大多以地方大员来主导其事。

随后发生的1898年戊戌变法运动和1900年八国联军的侵华战争，给中国人以多方面的教育和启示。国难当头，救国救民的留学热潮逐渐兴起，时人甚至将留学与爱国救亡相联系，认为多一个留学生就多一个爱国者。1901年以后，清廷为鼓励国人出国留学，制定了一系列方针政策，促进青年出洋深造，也鼓励自费留学。1905年科举制度的废除，新式学堂的涌现，为留学生培养了后备军。同年，孙中山在日本东京成立了革命政党同盟会，也吸引了一批热血青年。鉴于留日省钱、省时、路近，语言困难较小，文化渊源较深，因而在20世纪初年掀起的中国留学第一次高潮中，留学目的地主要是日本。在辛亥革命前10年间，如孙中山所说，中国人留学日本人数达到了2万多人。[①] 北京大学教授王晓秋说："中国官派留学生1900年大概100多人，1902年已有500多人，1903年根据驻日公使报告说是1300多人，1904年统计是2400多人，1905年到1906年达到一个高峰，大概是8000到1万人。"据日本外务省档案的统计，"1906年7283人，1907年6797人，1908年5216人，1909年5266人，1910年3979人，1911年3328人"。"总之，20世纪初，大概至少有2万至3万中国人先后到日本留学。"[②] 若按上述分年统计，实际上20世纪初（1911年前），中国留日学生已超过3万人。其中云南留日学生也达千人之多。辛亥革命以后，留日热一度退潮。然而这批留日学生成为辛亥革命的主力军，他们为辛亥革命所作的贡献，其作用是不可低估的，也是难以取代的。此外，新文化运动的领导者和中坚力量也多为留日学生。

五四前后掀起了第二次留学潮，持续时间较长。这次留学潮以留美、留法、留苏为主，大体上以"庚款"留美、勤工俭学留法为热点。

"庚款"问题，要追溯到1900年（庚子年）八国联军侵华之际，清

---

① 孙中山：《在黄埔军官学校告别演说》，《孙中山全集》第11卷，中华书局1986年版，第269—270页。

② 王晓秋：《留学生和辛亥革命》，见《留学人员与辛亥革命》，华文出版社2012年版，第6页。又参见《1906—1921年留学日本学生人数统计表》，见周棉主编《中国留学生大辞典》，南京大学出版社1999年版，第591—592页。

政府战败后与八国签订了《辛丑条约》，被迫对各国偿付巨额赔款，总额为四亿五千万两白银，分39年还清，如果加上利息，本息达九亿八千多万两，另有地方赔款二千多万两。1908年美国为了争取中国留学生，决定退还部分"庚款"，作为鼓励中国青年留学美国的费用。"庚款"留学从1909年开始，政府当年派出留美生47名，其后两年相继派遣70名和63名，并于1911年设立清华学堂，作为留学预备学校。美国的举动带动了其他国家也纷纷退还部分"庚款"，吸引中国留学生，从而形成庚款留学运动。到1925年，美国外来留学生7500人，中国留学生就有2500多人，约占1/3。"庚款"留学运动，培养了中国现代科学和教育界的精英，而云南在这一时期也派出官费留学生24人。

勤工俭学留学运动，开始于1919年，延续到1921年。大批中国青年奔赴劳工奇缺的法国，两年多的时间共派出20批青年，约1600多人。他们一边上学，一边做工，辛苦异常。留法勤工俭学运动，既培养了一大批科学家和艺术家，也培养了一大批政治精英（革命家）。勤工俭学运动在政治方面的影响，尤为重要。

与勤工俭学运动相承接的是20世纪20年代的留苏运动。留苏热造成的原因主要是政治因素，1921年中国共产党成立，为效法苏俄，派革命青年赴俄学习。1924年第一次国共合作建立，孙中山提出"以俄为师"口号，又鼓励青年赴苏留学。为此，苏联在莫斯科成立了孙逸仙中国劳动大学。1926年前后，在苏联学习的中国留学生有1600人。这批留学生归国后，大多成为中国革命的精英及国共两党政治上的风云人物。

抗战胜利前后，出现了第三次留学潮。20世纪30年代，日本发动对华战争以后，赴日留学为赴欧美留学所取代。但由于国破家亡，战乱频繁，留学生人数锐减。1938—1941年全国仅有300人左右出国留学。不过，云南在抗战后期成立留学预备班，派出40名留美学生，为抗战胜利后的国内建设作相应的准备。抗战胜利后，政府制定了《自费留学生派遣办法》，为留学生到西方学习创造了条件，从而掀起新的留学潮。新中国成立之初，据高等教育部统计，1950年尚滞留各国的留学生和学者有5000多人。其中美国3500人，日本1200人，英国443人，法国197人，德国50人，丹麦和加拿大各20人。

1949年新中国成立，给中国带来了勃勃生机，但由于以美国为首的西方国家的封锁，我国实行了一边倒的外交政策，大批留学生奔赴以苏联为首的社会主义国家求学，1950—1966年留学生13000多人，其中80%为留苏生。20世纪60年代后，由于中苏交恶，形势变化，已出国人员也被迫撤回，留学事业一度停顿。1978年以后，实行改革开放，重启留学运动。继1978年12月26日开放后的第一批留学生赴美后，公费和自费出国留学生猛增，从而掀起了延续近半个世纪的第四次留学潮，且至今不衰。

回顾百年留学潮，中国留学运动与中国近代历史发展息息相关，并跟随中国近代历史浪潮的跌宕起伏而蜿蜒前行；留学生在中国近代历史进程中也扮演了至关重要的角色，为中华民族的救亡与振兴发挥了不可磨灭的巨大作用。

二 清末留学潮及其相关规定

云南留学史与全国留学史是不可分割的，要了解云南的留学运动，需要了解全国的留学潮。而要了解全国的留学潮必须先从清末留学潮，即近代中国第一次留学潮说起。

（一）清末的留学潮

为了寻求救国救民、振兴中华的道路，清末，近代中国掀起了第一个留学潮，这个潮流的源头应当从容闳说起。

容闳出国之前，近代中国的仁人志士已开始突破闭关自守的框架，"睁眼看世界"。林则徐开设译馆，主持编译了《华事夷言》《四洲志》等书籍，使人们开始逐渐了解世界。魏源的不朽名著《海国图志》，在介绍西方社会情况的同时，提出了著名的"师夷长技以制夷"的策略，影响了全国，让世界刮目相看。《海国图志》之后，又有徐继畲的《瀛环志略》，对美国情况进行了较为深入的论述。不过，林则徐、魏源、徐继畲等人，既不懂英语，又未能出国，他们的资料主要是来源于外国人办的一些报纸杂志、传教士的口述，以及少量的图书，其中难免有不准确的地方。

鸦片战争时期，也有个别人踏上了去美国的道路。据已知材料，近代中国早去美国的是福建厦门人林针。林针早年学会了英语，在洋行充当翻译，1847年受聘赴美工作，1849年返回故土，曾著有《西海游记章》，对美国社会风土人情进行了生动的记载。但林针并非出国留学，其文化水平不高，对美国社会的观察也不深入，因而这本书影响并不大。而真正影响深远的留学生是从容闳开始的。

容闳（1828—1912），字达萌，号纯甫，广东香山县南屏村，即今珠

海市南屏镇南屏村人。幼年家贫,父母以耕田糊口。容闳7岁时,进入了外国人办的洋学堂——澳门教会学校。这个学校不收学费,且提供住宿。但好景不长,两年后澳门教会学校停办,容闳只得回家务农,父亲又去世,家境十分贫寒,他曾贩卖糖果,勉强度日。"每日清晨三时即起,至晚上六时始归,日获银二角五分。"[①]

1839年11月,马礼逊学校在澳门兴办,主持校务的是美国传教士、耶鲁大学博士布朗。1841年容闳进入马礼逊学校学习,次年学校迁往香港,容闳也到香港继续学习。容闳英语基础好,学习成绩优秀,深受布朗喜爱。1847年初,布朗夫妇因身体不适,决定回美国,拟带几名学生去美教会学校继续学习。于是容闳与黄宽、黄胜三名中国学生随布朗去美国,进入马萨诸塞州的孟松学校(Monson Academy)学习。孟松学校是一所中学,校长海门也是耶鲁大学毕业生,教学认真负责。1850年,容闳在孟松学校毕业。当时,黄胜因病回国,黄宽起程赴欧学习,只有容闳留在美国,考入耶鲁大学,经过艰苦的努力,于1854年毕业,获文学学士学位,1876年耶鲁大学又授予他法学博士学位,成为中国受过美国系统高等教育的第一人。容闳留学美国,虽然不是官派,而且具有偶然因素,然而此事对后来中国留学潮的影响却是深远的。

1854年容闳在耶鲁大学毕业,希望"以西方之学术,灌输于中国,使中国日趋于文明富强之境"[②]。容闳回国之初,正是太平天国起义高潮之时,容闳对太平天国颇为同情,"几欲起而为之响应"[③],并曾访问太平天国首都天京(今南京)。太平天国失败后,洋务运动兴起,容闳希望借助洋务派的权力,以洋务运动为平台,施展自己的抱负,并开始实施其"留美教育计划"。由于洋务运动的兴起急需科技人才,因而派人出国学习西方先进科学技术,成为时代的需要。在这期间也有少数中国官员出访

---

① 容闳:《西学东渐记》,见钟叔河编《走向世界丛书》第二册,岳麓书社2008年版,第44页。

② 容闳:《西学东渐记》,《走向世界丛书》第二册,岳麓书社2008年版,第62页。

③ 同上书,第69—70页。

欧美，了解西方，对促进中国留学潮也起了一定作用。

其时，曾国藩、李鸿章受到时代潮流的影响，接受了容闳的建议，向清廷上奏，建议派遣留学生，获得批准。为此他们又商定了相关事宜，建立留学预备学校，商定留学生名额，筹划留学生经费，设置"出洋肄业局"，由陈兰彬为肄业局委员长，容闳为副委员长。容闳建议派幼童留学，暂定总额为120人，分四批出国，每批30人，每年派遣一批。学生年龄最低不少于12岁，最大不超过15岁，在美国肄业15年。

这样，1872年8月，第一批30名幼童起航出洋；1873年6月，第二批幼童30名赴美；1874年9月，第三批30名幼童赴美；1875年10月，第四批幼童30名再赴美。这120名幼童中，广东籍84人，江苏21人，浙江8人，安徽4人，福建2人，山东1人。基本集中在东南沿海开放较早的地区，尤以广东为最。然而，由于中西文化的冲突，清廷此后中断了幼童留学计划，于1881年下令幼童分批回国，但仍有十余人留在美国继续学习。近代中国的悲剧，造成了幼童留学中断的悲剧。即使如此，幼童的出国留学，事实上成为清末留学潮的一个起点，具有深远的历史意义。[1]

继留美幼童出国之后，1871年后，清政府又先后派遣81人留学欧洲，主要是英国和法国，学习军事、航海技术及造船等，时间为2—6年，这是近代中国留学欧洲的开始。这批留学生大多为20岁左右的青年人，能独立生活，有一定辨别是非的能力，学习又努力，因而取得了较好的成绩，对促进中西文化交流有积极意义。

清末留学潮的掀起，以留日热为高峰。留日热的掀起，与甲午战争中国的惨败直接相联系。因而留日热既是求学热，也是救亡热，是留学救亡思潮的直接结果。官派留日从1896年开始，清廷派出唐宝锷等13人赴日学习，揭开了留日的序幕。留学与救亡紧密相连，为救亡而留学，为留学而救亡，留学救国推动了留日热。秋瑾赴日留学时，写过一首《泛东海歌》，反映了她寻求救国良方的心情：

愧我年廿七，于世空无补，空负时局忧，无策驱胡虏。

---

[1] 参见钱钢、胡劲草《大清留美幼童记》，当代中国出版社2010年版；[美] 勒法吉：《中国幼童留美史》，高宗鲁译注，珠海出版社2006年版。

所幸在风尘，志气终不腐，每闻鼓鼙声，心思辄震怒。
其奈势力孤，群材不为助，因之泛东海，冀得壮士辅。①

吴玉章东渡日本留学时也赋诗一首：

东亚风云大陆沉，浮槎东渡起雄心。
为求富国强兵策，强忍抛妻别子情。②

1902年以后，一批又一批的青年东渡日本留学，相望于道。留日青年以20岁左右为主，但也有高达六七十岁的老翁和十余岁的幼童。至1906年，留日人数达到了高峰。除官派外，还有不少自费留学生，直到辛亥起义前十年，中国留日学生达到二三万人。延续到1937年，中国留日学生数不下五万人。③ 1905年，孙中山在日本东京成立革命团体同盟会，留日学生成为主要成员。这批留日学生大体上又分为五类，即速成生和普通生，海军生与陆军生，特约生，留日预备生，女留学生。他们进入日本的各类学校达80多个，所学范围相当广泛。科目有工科、理科、外语、师范、史地、政治、军事、手工、音乐、美术、商业、体育、农牧、医药、染织等，学习时间短则几个月，长则八九年，文科学习占大多数，而政法、军事科目则成为热门。

留日学生在日本除学习外，还进行了译书活动，创办报纸杂志，传播新文化，从事各种带有改造社会性质的革命活动等。这批人数众多的留学生，回国后对改造中国、推动革命起了重大作用。

（二）清末留学的相关规定

清末留学的相关措施与规定，是逐步建立、逐步完善的。这些措施和规定，有一个从无到有，从无序到有序，从探索、粗放到逐渐完善的发展过程。我们可以从以下几个方面加以探讨。

---

① 《中国近代史资料丛刊·辛亥革命》第3册，上海人民出版社1957年版，第210页。
② 吴玉章：《辛亥革命》，人民出版社1961年版，第29页。
③ 谭汝谦、林启彦：《中国人留学日本·译序》，三联书店1983年版，第1页。

1. 选拔与资格认定

清末留学开始之初，对留学生无论官费、自费，均加以鼓励，并无资格限制，事实上也不存在选拔问题。早在1870年，清政府批准幼童出国后，容闳拟定了总额120人，分批出国，每批30人，每年派遣一批的计划。1871年形成了一个《挑选幼童前赴泰西肄业章程》，除年龄条件外，其选拔要求只作了一个"聪慧幼童"的笼统规定。容闳在挑选幼童时，侧重于受中西文化影响较深的东南沿海地区，但阻力甚大，到这年夏天，仍未招足第一批30人。他只好到香港补招，才得以凑足人数。因此，对幼童的选拔，实际上仍然等于没有明确的资格要求。

1906年留日潮达到了新的高峰，鱼龙混杂，问题增多，清政府开始考虑作出必要的限制。1907年驻日留学生监督处和日本接受留学生的各学校共同召开了"中国留学生教育协会"，决定早稻田等19所学校为留学生指定学校。1908年2月清政府学部制定的《限制游学办法》，其要点是："学长期者除习浅近工艺仅颁预备语言，于学科毋庸求备外，凡欲入高等以上学校及各专门学校者，必须有中学堂以上毕业之程度，且通习彼国语言，方为及格。""有一不足，应先在本国补习。短期者，除游历官绅可少宽限制，其习速成科者，或政法或师范，必须中学与中文俱优，年在二十五岁以上，于学界政界实有经验者为及格。"而共同要求则是"品行端谨无劣迹，身体强健无宿疾"[①]。一系列相关规定，使留学生质量逐步提高，留学教育逐渐走上正轨。同年7月，学部又通知各省，非具中等学校毕业程度，通习外国文字能入专门学堂者，不得咨送。而进入民国以后，则有了更严格的规定。

2. 经费保障

官派留学人员，经费由政府负责，但经费的数额最初却无明确规定。第一次派遣幼童赴美，才有了明确数额，来往川资及衣物费用，每人790两银（约合银元1180余元），食宿费用每年每人400两（约合600元上下）。而稍后赴欧留学生，每名治装费50镑（约500元），川费400元，

[①]《学部奏咨辑要》第一辑《限制游学办法》，转引自舒新城《近代中国留学史》，上海书店出版社2011年版，第87—88页。

每年学费 120 镑（约合 200 元）。1905 年，清廷外务部与学部上奏之《西洋游学简明章程》中，规定西洋留学生每年以 1200 元为率。同年，学部奏定留学日本学生章程，对官费生学费更作了具体规定，主要内容是：(1) 普通学科及私立大学学习者，每人每年学费日元 400 元；(2) 公立高等学校者，450 元；(3) 由高等学校升入大学者，500 元，只读选科者 450 元。而留学西洋各国者，英国每人每年 192 镑，法国 4800 法郎，德国 3840 马克，俄国 1620 卢布，比利时 4800 法郎，美国 960 美元。而尚在预备班者，每年按上述规定减少 20%。[①]

这个规定在执行中亦有变化，有官费生因参与政治活动，特别是参与反清革命活动，而削去官费资格；民国以后，对官费生的经费保障又有新的规定。

3. 留学生的管理

留学生的管理制度和规定是逐步完善的。1872 年，清政府派幼童留学美国时，即派出陈兰彬、容闳为留美幼童管理的正副委员长，综理其事。因幼童年幼学浅，乃派翻译及教员随同出国，进行必要的国学教育。同时规定三条：(1) 不准半途而废；(2) 不准入籍外洋；(3) 学成后不准在外洋自谋职业。为此，容闳于 1874 年在美设立留美事务所，处理留学生日常事务。而到 1881 年，因中西文化冲突，政府下令将幼童全部召回，实际上幼童留学半途而废。不过有少数人滞留未归，清政府亦无可奈何。

随后至 1902 年前，对留学生虽派有专员监督，但并不稳定。1902 年，因留学生增多，问题与矛盾亦常发生，清政府乃决定设立日本留学生总监督，以外务部员外郎汪大燮为留学生总监督。后继者为杨枢、李盛铎、李家驹、胡惟德等。

1903 年，鄂督张之洞上奏清廷，拟定了《约束游学生章程》《约束学生鼓励毕业生章程》《自行酌办立案章程》等，由外务部通知驻各国使节，留学生监督执行，强化了对留学生的管理。当时各省派遣之留学生监督管理，大体是遵照上述三个章程办理的。

[①]《学部奏咨摘要》第一编，《光绪新法令》第十一册，转引自舒新城《近代中国留学史》，上海书店出版社 2011 年版，第 90—91 页。

1906年，清政府学部又奏请在驻日使馆设留学生监督，派专员综理其事。监督由驻在国大使兼任，副监督则由学部与大使会商奏派。1908年，学部修订了监督处章程，裁撤总监督、副监督和监督员，另设监督（专员），秉承大使办理管理留学生事宜。

而对赴欧留学生，依据1907年两江总督端方及鄂督张之洞所奏和推荐，派江苏淮扬道蒯光典为赴欧各国留学生监督，设立留学生监督处。1909年，蒯光典建议，仿日本留学监督处办法，在各国使署中分设留学监督处，于是向法、德、俄等国分别派出监督。赴欧与赴日留学生管理办法，虽然大体相同，却小有差异，如留日官费学生学习无科目限制，而留欧官费学生则以医、农、理工为限；留日学生有医药费，而留欧官费学生则无。

对留学生的管理，除官费留学生的经费管理与生活关照外，主要是思想管理与学习管理两个方面。思想管理，主要是思想教育，强化思想控制，以期留学生为清政府所用，其次是强化道德品质的培养。学习管理，主要是督促留学生刻苦学习，甚至进行必要的考试，对"品行不修，学业不进"的官费留学生"勒令退学"，或停止官费，或追缴官费，或给予必要的处罚。[①] 思想管理与学业管理事实上都立足于政治上的监督，不允许留学生过多地从事政治活动，特别是不允许从事反清革命活动，否则将给予惩处。如1908年4月，同盟会领导的河口起义爆发后，云南留日学生吕志伊、杨振鸿、赵伸等倡议设立"云南独立会"，并在东京锦辉馆召开了"云南独立大会"，由赵伸主持，到会者有万人之多，大会"以云南独立告天下"，宣布云南与清王朝脱离关系。结果，赵伸、杨振鸿等为中国留日监督处革除"官费"资格，并给予警告。

4. 考核与奖励

为了培养现代化人才，清末对留学虽然有若干"约束"之规定，基本上仍采取了鼓励政策。早在幼童留美之初，即提出留学归国后，根据各人所长，分别赏给"顶戴官阶"之规定。1890年以后，规定出使大臣随带之留学生，三年期满后，可保道府。1903年清政府下令鄂督张之洞拟定约束与奖励留学生章程10条，其中规定留学生毕业归国，品行端谨者，

---

① 中国第二历史档案馆：《中华民国史档案资料汇编》，江苏古籍出版社1997年版。

根据学习年限及成绩，分别给以拔贡、举人、进士、翰林出身，然后授予相当的官职。1904年，清政府制定了《考验出洋毕业生章程》，对留学生考试、手续、奖励办法作了详细规定。1905年，清政府举行了第一次归国留学生考试，考验合格即授予官职。此后，清政府每年都对归国留学生进行考试，合格者即授予相应官职。1907年更规定，仿中国旧日考试进士之殿试与外国高等文官考试之例，凡经学部考核拟授予进士、举人者，均由廷试后，分别授职。

总体上说，清末对留学生之奖励比约束更为有力，这对于官派留学生及自费留学生之鼓励是大有裨益的。

三 云南留学的起步

学习日本，成为中日甲午战争后中国知识界和官僚层的共识，成为甲午战败后中国的一种理智觉醒和反映。甲午战后的第二年，即1896年，清朝驻日公使裕庚在上海、苏州等地招收了13名青年，随其去日本留学，从而开启了中国青年留日的历史。据已知材料记载，也就在这一年，云南出现了第一个自费留日学生刘盛堂，这既是近代云南人留日的开端，也是近代云南人留学的起步。

（一）近代云南第一个留学生

刘盛堂（1860—1923），云南会泽人。他于1896年告别家人，自费到日本留学。他的举动得到了云南当局的首肯。刘盛堂两次赴日本学习实业、考察教育，1905年后在日本加入同盟会。回国后，在重视教育、发展文化、兴办实业方面作出了贡献。

刘盛堂学成回到会泽，把自己的家院腾出来，开设"爱国小学堂"，又与人集资共同举办"楚黔小学""楚黔中学"。他把从日本带回来的经纬仪、动植物标本、人体解剖模型等捐献给学校。还派人到外地购置服装道具，在当地创办了以演唱滇戏为主的"翼教社"。他带头写剧本，演出戒除鸦片、反对贪官污吏以及讽刺帝国主义的剧目，提倡剪辫，反对缠足等，传播新思想、新文化。同时，举办实业，提倡纺纱、织布，种植桑树、发展养蚕业等。在他担任迤东矿务公司临时总办期间，东川矿业公司停运京铜，导致产品积压，经费困难，他便向义仓借粮借钱，以维持工人生活，使汤丹厂矿得以继续运转。之后，他担任迤东矿务公司总办，主管矿山铅锌生产，亲自勘察从者海矿山到迤车的出车线路，以缩短铜锌运往昆明的距离。他还向云南督军署上书《联合少数民族开发金沙江航运计划》的报告。

1923年，刘盛堂因病去世，享年63岁。他为家乡作出了重要贡献，会泽民众曾为其建"功德碑"一块，记述了他造福家乡的事绩。[①] 此碑今已不存。

（二）清末云南的留学政策

20世纪初，为挽救民族危亡，振兴中华，寻求救国救民的办法，中国出现了一股留学热潮，地处边陲的云南也卷入了这股热潮中。这股热潮的兴起，与清末推行"新政"相关，主要内容是"废科举，办学校，派游学"和变官制等。云南于光绪二十八年（1902）实施"新政"，先后创办了高等学堂、方言学堂、东方学堂、法政学堂、工矿学堂、农业学堂、商业学堂、速成铁道学堂、师范学堂、讲武学堂等众多新式学堂及262所新式中小学堂，促进了云南新式教育的发展，也为积极选送青年留学海外创造了条件。

自1896年云南第一个青年自费留学海外以后，就逐渐兴起了留学热潮。云南地方当局对派遣学生留学的态度大体上与中央政府同步，总体上采取鼓励政策。

1. 政府的鼓励

19世纪末叶，清政府已视出洋留学为当务之急，积极鼓励，云南官方亦为之积极响应。云南高等学堂与官方来往函件中认为"出洋游学为当务之急，所以造就通材，培植师范。滇省各属，民智未开，得师不易，尤不可视为缓图，纵一属之财力有限，不能办理，或由一府、州所辖各属通力合作，筹备筹办，亦应一府、州资送一人，能多送者听，一属送一人亦听，总期各属皆有人出洋"。而且要求各地"勿稍诿延"。[②] 这就是希望全省行动起来，不仅昆明，就是云南各府、州、县各属，都应派人留学。针对云南矿产丰富，而矿业人才缺乏的客观事实，云贵总督李经羲还强

[①] 计用辐：《滇东北第一个留学生刘盛唐》，见《敢为天下先的云南人》，云南人民出版社2002年版，第246—248页。

[②] 云南省档案馆藏档：《送日本留学生有关就学经费呈文及省会高等学堂学生名册》，12-9-12。

调，要从云南实际出发，重点选派学习矿冶的学生，他说："滇省禁烟以后，亟应振兴实业，需用矿才甚急。现体察本省情形，出洋官费生亟宜注意矿学。""滇省急用通晓矿学人才，令本省留学生注重矿学。自本年（1910）起官费缺出，应准考入高工采矿冶金科之自费生提前拔补，嗣后五年内滇省出洋学生，概令应习矿科。"他建议，"将滇矿需才迫切情形电咨学部，转告驻使，与日本文部省特别交涉，于高等工业矿科专为滇生加设名额"①。这种迫切的心情，跃然纸上。而且同意将学矿业之自费生改补为官费生。不仅留日，也鼓励留学欧美学生学习矿科。

清末云南督抚大员普遍认为，派员留学，造就人才，为"目前之第一要务"，"方今急务，莫要于此"②。其认识和重视程度，应该说是比较高的。

2. 经费的保障

对官费留学，从中央到地方都有经费保障，对经费的奖励与收支，最初规定笼统，后来逐渐有了较明确的规定。特别是1905年，清政府外务部与学部奏定《西洋游学简明章程》后，对中国官费留学不同的国家的费用，都有了不同数额的规定。参照清廷中央政府规定，云南地方政府制定了相应的经费保障措施。例如，留日学生每年每人约需日钞400元（约合银372两），另有行装川资费每人银200两。但1903年，云南地方政府给每位留学生的学旅费仅为日钞300元，1904年才升为日钞400元。③ 除了学旅费外，对官派留学生，尚有生活方面的诸多关照，尤其是在医药费方面尚有相当的补贴。如1905年批准了《云南留学官费生常年医药费章程》，设立官费留日常年特别医药费，日币1200元，作为每位留学日本官费生每年400元之外的特别筹备，以供治疗疾病之用。④ 对于重病或病亡的留学生，也从人力、财力方面尽量给予帮助，给予必要的补

---

① 云南省档案馆藏档：《派往日本、比利时留学生呈请发给经费报告表》，12-9-46。

② 云南省档案馆藏档：《送日本留学生有关就学经费呈文及省会高等学堂学生名册》，12-9-12。

③ 关于费用的计算，参见周立英《晚清云南留学生与近代云南社会》，云南大学出版社2011年版，第39页。

④ 云南省档案馆藏档：《办东文学堂收支、定远县经费清册，关于日本留学生的经费及留学生的派遣、官费留学生常年医药费的设置方案》，12-9-7，全文见本节附录。

助。经费的提供，对于留学生的安心学习、积极向上，起到了保证作用。

附录：云南留学官费生常年医药费章程

第1条　拟常设官费生特别医药费一项，日币1200元。

第2条　此款为云南留学官费生常年学旅费日币400元之外，特别筹备以供官费各学生不时治疗之用。

第3条　凡官费生遇生疾病时，须经医生诊查认定确有疾病者，方照例支给此项。

第4条　官费生如罹日本之脚气、赤痢、霍乱、热病等症，不得不入医院疗治者，自入院之日即将该生学旅费停止，发给医药费疗养，俟退院入校之日始照常发给学旅费。

第5条　学生入医院疗治之费用医院直接向云南留学生监督领取，或由学生领取亦可，须有医院之证实收领凭证始照发给。

第6条　学生疾病如遇感冒、停食等之轻疾，即由所在学校校医疗治，三日以上五日以下者，即归学生自行疗治，不能支给此项。

第7条　学生医药费原为培植人才，扶持学问，健全身体，为国家前途起见，如有品行不谨致染花柳等症者，经医生验明，概不给费，以示惩戒。

第8条　日本医院有上、中、下三等病室之别，学生遇有疾病入院，经监督验明，病之轻重，以定病室之等第。普通病即入普通病室，如遇特别重症或入特别病室，由临时酌定。

第9条　学生入院惟医药之款、滋养之款照例发给，亦须有医院收领证，其他杂用等费或购品不关于疗治、滋养之目的者，概不承认。

第10条　学生疾病至半年不愈，或愈而不能入校修业者，准其回国调养，酌给川资遣回，自启程之日即将常年之学旅费停止。

第11条　章程实行拟自云南高等学堂总理批准奉文之日为始，每年由云南省筹备此款汇交日本云南留学生监督存置办理。

第12条　此款经费存置监督处开支，每年各学生病状及入院疗治之人数、医疗费之用项及存置，每年终由监督造册列表报销。

第13条　自费学生系由云南学堂咨送，经监督管理者，如遇有经费拮据之时恰罹重症，有向监督借垫医药费者，自应借给，以示特别体恤，但不得逾限三月，即将所借款项交还。又须有确实保人，并与上所定各条件、宗旨相合者，始作允借给。否则，概不承认。

第14条 此次章程自发布之日即实行办理，学生须按照章程各条项遵行。否则，概不承认。

《章程》上报，很快得到回复，省局认为，除"第七条尚不足以示惩戒，应将学旅费一并停止，遣送回国，方足以昭炯戒"外，其余各条均尚妥协，准予照章实行。当然，在具体实行过程中，亦有变通，但总体上是照此办理的。甚至对学生回乡探亲或奔丧，亦发给必要之来往川资，更表示了对留学生之关怀。

3. 考试与奖励

还在1901年初，清廷宣布实行新政，接连颁布上谕，在政治、经济方面进行改革，而对人才的培养则是重头戏之一。因而对教育实行了系列改革，设置新式学堂和派遣学生出国留学是其重要内容。1901年9月，清廷即通令各省选派留学生。对于官费留学生选拔的资格，除了年龄和文化水平有一定要求外，主要是要选择"品行端谨无劣迹，身体强健无宿疾"；"心术端正、文理明通之士"。也就是说对思想道德、学术文化和身体条件都有一定要求。而怎样选拔"心术端正、文理明通之士"呢？这就是要考试，考试是必经之途。在云南，就由云南布政司会同高等学堂主持其事，各地选拔考试合格者，方可送省城昆明会考。对于送省城会考的考生，要求"文理明顺，志趣端正，并无（不良）嗜好习气者"①。对于如何考试，考什么内容，怎样录取，由于缺乏记载，已不甚明了。

不过也有一些具体事例，可以窥见一些蛛丝马迹。例如，1901年，云南石屏州奉命选拔留日学生，初选中，伭鹍、张光灿二人"均堪造就"，遂将二人送临安府考试。考题作文《张骞通西域始通滇国论》，其中张光灿论文力主抵御外侮，主动从外交上先发制人。考官评语是"论古有识，笔亦振拔，能达其所见"。府考合格之后再送省城昆明考试。而

---

① 云南省档案馆藏档：《送日本留学生有关就学经费呈文及省会高等学校学生名册》，12 - 9 - 12。

恩安县（今昭通）禀生参加县考时的文章题目是《勾践卧薪尝胆论》。①地方考试如此，省考大概也不例外。

再如，会泽考生、已取得博士弟子员资格的20岁青年唐继尧，1903年由东川知府周采臣、会泽县令王慎余推荐，赴昆明参加留日学生省级会考。1904年6月，云南省级官费留学生考试，考官级别甚高，阵营庞大。据李根源记载，本次考试主考官为总督丁振铎、巡抚林绍年、督学吴鲁，而以著名学者陈荣昌、孙光庭等参与考核与推荐，结果录取了100多人。②其中，东川录取四人，唐继尧是其中之一。考试的同时，还要求填报入学志愿和所学专业。为此，唐继尧由其父唐学曾在昆明拜见著名学者陈荣昌，征求意见。陈荣昌重视实业，而地方政府亦主张滇省留学生多学矿科，故劝唐继尧选择工科，其时唐即填留学志愿为工科。不过，次年唐继尧到日本后，受东京中国留学生思潮的影响，正如孙中山所说："东京留学界之思想言论，皆集中于革命问题。"③乃感到"工业缓不济急，不如学陆军，异日庶可为国家效用"④。遂改学陆军，入东京振武学校。

对于留学生，清廷不仅加以鼓励，而且制定了相关奖励措施，根据学习时间长短、不同专业及其取得的成绩，回国后分别授予拔贡、举人、进士等资格，并授予相关的官职。云南地方当局亦仿此办理，虽然缺少必要的系统材料说明，但从1909年回到云南的留日学生安排中可见一斑。1909年，云南留日学生回滇后，李根源被安排为云南陆军讲武堂监督，后为总办（校长）；谢汝翼为讲武堂教官、炮兵教练官、管带；张开儒为讲武堂教官、提调；庾恩旸为讲武堂教官、管带；李伯庚为讲武堂教官、陆军小学堂监督；钱用中为云南提学使司课长；周钟岳为云南学务公所课长、两级师范教务长；唐继尧为讲武堂教官、管带、督练公所参谋处提调；顾品珍为讲武堂教官兼马标教练官；罗佩金为督练处参议官、陆军小学堂总办、标统等。对于多数留学归国的学生，都安排了相当的官阶或职务。部分留学生还赴京参加廷试。如李伯庚到京廷试，获得了"陆军步

---

① 海淞主编：《云南考试史》上卷，云南人民出版社2012年版，第134页；又参见周立英《晚清留日学生与近代云南社会》，云南大学出版社2011年版，第36—37页。

② 李根源：《雪生年录》卷一，上海铅印，1930年。又参见谢本书、李成森《民国元老李根源》，云南教育出版社1999年，第42页。

③ 孙中山：《建国方略》，《孙中山全集》第6卷，中华书局1985年版，第236页。

④ 庾恩旸：《再造共和会泽大事记》，云南省图书馆1917年版，第8页。

兵科进士"的称号，后任云南陆军讲武堂教官、陆军小学战术教官和监督等职。

4. 留学生的管理

各省出国留学生之管理，大体上是遵照清廷中央政府相关规定。除清政府对留日学生派总监督、在使馆设留学生监督外，各省亦相应派出护送委员或监督，以强化管理职能。

1902年，云南开始官派留学生，当年即派有6名护送委员随同留学生去日本，他们是试用知县朱勋、试用布经历李辉沅、试用府经历李春晖，试用巡检周声汉、沈汪度，试用典史吴广仁。1904年护送赴日留学生的有试用府经历郑溙、举人孙光庭（后为留日学生监督）。1905年护送留日学生的有云南高等学堂总教习、云南教育总会会长陈荣昌等。

陈荣昌的地位比较特殊。他是在籍翰林院编修、前贵州学政、昆明正经书院山长，时任云南高等学堂总教习、云南教育总会会长。云南地方当局委派他为学务视察员，护送留学生，同时赴日考察，是近代云南高级官绅赴日考察的第一人。他偕进士钱鸿逵赴日考察，同时护送十余名学生赴日。于1905年6月东渡，10月返回上海，12月回到云南。他回国后留下了《乙巳东游日记》一书，详细记载了其在日观感及留学生状况，具有很高的史料价值。[①]

清末，先后担任过云南留日学生监督的有试用知县朱勋、试用巡检沈汪度、丽江府教授钱鸿逵以及袁嘉谷等。留学生监督的职能及其所起的作用，由于史料缺乏，很难深入叙述。

1906年，根据清政府的要求，云南成立学务处。学务处置总理、总参议各一人，下设六个处，即专门教育处、普通教育处、实业教育处、审定处、文案处、会计处。专门教育处负责高等学堂、专门学堂及海外留学事务。1907年裁撤学务处，改设学务公所，留学事务由学务公所下设的专门课负责。1908年改课为科，留学事务由学务公所下设的专门科负责行政管理。而直接负责留学事务的则是由云南巡抚（后为云贵总督）派出的"留学生监督"。

[①]《东游集》还收有诗170首，分为十卷。陈荣昌：《乙巳东游日记》，云南官书局1905年版；又参见周立英点校本，云南美术出版社2007年版。

5. 出国的线路

清末，国内外交通都不甚方便，留学出国线路的选择也颇费考量。以赴日本留学为例，中国留学生赴日，大体上分为南、北两路。北线学生以芝罘（烟台）为出发地，从芝罘至神户，再由神户坐火车去东京。南线学生则以上海为出发地，从上海乘轮船至横滨，再乘火车至东京。云南学生则多去南线。

据1905年到日本考察学务的陈荣昌回忆，从昆明出发，到达东京，约需两个月。[1] 而李根源赴日，则花了近三个月时间，据李根源《雪生年录》记载，李根源与同学赵鳌、张朝甲、李钟本、黄毓成、庚恩旸等人及护送委员郑荻州等人一道，于1904年8月11日从昆明启程，由于交通不便，当时滇越铁路尚未通车，又没有公路，所以开始时完全步行，经杨林、马龙、曲靖、沾益、平彝（今云南富源），过滇黔交界处的胜境关，进入贵州境内。再经亦资、孔普、安郎、岱安、安顺、安平、清镇到贵阳。在贵阳休息，停留5日，游览甲秀楼、螺丝山诸名胜境地。然后过龙里、贵定、黄平、施秉抵镇远，改乘民船，过清溪、玉屏进湖南。再经晃州、沅州、黔阳、辰谿、辰州、桃源、常德、汉寿、湘阴至长沙。

这样，从昆明出发，步行20天到贵阳；再步行8天至镇远，乘民船22天至常德，又步行8日至芦林潭；改乘火轮1日到达长沙。沿途边走边考察，参观游览，对这批第一次出省长途跋涉的青年学子来说，收获及启迪很大。

在长沙又停5日，游览风景名胜，并参观湖南的武庙、师范各学堂，然后乘轮船出湘江，过洞庭湖，望岳阳楼，进入湖北，经临湘、嘉鱼、蕲春、鄂城到达汉口。在汉口住3日，又去武昌，考察各学校，游览各名胜地方，再乘船东下，经九江、安庆、南京、镇江，于10月22日到达上海。这一段经历，李根源著有《赴日游程录》二卷，旅程详细记载了云南、贵州、湖南、湖北及长江一线旅程的山川风土人情，金石古迹、关津险要之地。但该书系手稿，未曾刊印，存老家云南九保，今已不知下落。

再由上海乘轮船，于11月5日到达东京，稍事安排，于11月11日到振武学校报到、注册，最后才入住学校。李根源这段入学旅程，约有三

---

[1] 周立英：《晚清留日学生与近代云南社会》，云南大学出版社2011年版，第43—44页。

个月之久。即使除去沿途参观、考察的时间,事实上已超过两个月。① 可见,从昆明出发留学日本东京,旅途至少需两月之久。如果留学生从府县来到昆明,所需时间则更长。如果途中发生意外,诸如连日阴雨、交通阻碍等,时间也会延长。例如,于1905年护送留学生去日本的孙光庭记录:路经云南沾益时,与调任广西布政使刘藩之兵相遇,旅店拥挤,学生无可居者,乃小住二日以让之。至滇黔交界处平彝、郎岱之间,阴雨连绵,道路泥泞难行,被迫停留二日。而有的学生,不知何故,拖延时日,又只好停留等待。② 诸如此类情形,都会影响旅途的日程。

清末学生留学之旅,途中常常备尝艰辛,这也算是对留学生的一种考验及锻炼。

(三) 清末云南留学生人数

地处西南边陲的云南青年,切身感受到英、法列强入侵的危险,纷纷起而谋求救国之策,其中一部分热血青年,就把出国留学看作是探索救国之路的历程。《云南》杂志在《滇中志愿游学者鉴》的文告中就指出:"欲不使金碧山川黔然黯然,长淹没于腥风血雨之中,欲不使千余万之文明神胄,如束如缚,呻吟于条顿、拉丁民族之下,是赖夫学,是赖于游学。"这是为了"发起其爱国心"之故也。③ 人们把留学视为救乡救国之重要途径。于是云南青年的留学热也逐渐掀起了高潮。

从1902年开始,云南首次选派钱良骏、李荨芬、由云龙、邹光年、陈贻恭、吴锡忠、向鸿翼、刘昌明、李培元、李燮元等10人留学日本。1903年选派10人留学日本。1904年又选派41人入日本师范学校,28名学陆军,20名学实业,即仅见于官方资料记载的,这一年派出赴日留学的已达89人。④ 其中学陆军的有杨振鸿、顾品珍、唐继尧、黄毓英、李

---

① 李根源:《雪生年录》,1929年曲石精庐铅印,第9页。又参见谢本书、李成森《民国元老李根源》,云南教育出版社1999年版,第42—43页。

② 云南省档案馆藏档:《送日本出洋留学学生有关就学经费呈文及省会高等学堂文稿学生名单》,12-9-13。

③ 《滇中志愿游学者鉴》,见《云南杂志选辑》,科学出版社1958年版,第875页。

④ 龙云、卢汉、周钟岳等:《新纂云南通志》卷137"学制考七",1949年铅印本,第41页。

根源、邓泰中等；学习师范、政法的有顾视高、吴琨、秦光玉、周钟岳、王灿、钱用中等。1905年，又派陈荣昌赴日考察学务，添派12人留学。而地方上亦有自筹经费派送留学生者，如普洱府派送4人，临安府2人，赵州2人，姚州1人等。

据周立英有名有姓之统计，1902—1911年，云南仅赴日的留学生即有354人。① 这批留学生大多为官费生，亦有少数为自费生。根据有关方面的推测，辛亥革命前，"滇人士逼于外患，渡海求学者先后达千人"。"多以救国自任"②。可是辛亥革命前云南留学生已达千人之多，但我们今天掌握的名单只有约1/3，还有2/3的人士姓名有待补充。

依据周立英《晚清云南留日学生概况一览表》，我们可以更清晰地看到，1902年云南派出留学生11人：吴锡忠、向鸿翼、刘昌明、李培元、钱良俊、李蕚芬、由云龙、邹光年、陈贻恭、李燮元、张贵祚（兼护送）；另派有专职护送委员6人。

1903年云南派出留日学生10人：郭有俊、袁丕镛、殷承瓛、李厚本、杨振鸿、谌范模、董恩禄、朱学曾、郝嘉福、熊朝鼎。

1904年掀起了留学高潮，云南留日学生达144人：王廷治、叶成林、谢汝翼、孙永安、保廷樑、刘法坤、胡正芳、欧阳沂、郑溱（兼护送）、刘祖武、张开儒、李万祥、李文清、谢光宗、庾恩赐（庾恩旸）、李根源、赵鳌、李沛、李伯庚、周维桢、黄毓成、潘耀珠、叶荃、周永锦、杨文彬、杨发源、郑开文、李钟本、鲁睿、刘盛堂（第二次赴日本，兼考察）、李文治、杨琼、秦光玉、蒋谷、钱用中、周霞、萧瑞麟、赵镜潜、王隆奎、周冠南、李藻、吴琛、潘炳章、李文源、张鸿范、陈文政、严天骏、周世昌、钟庭樾、李春醲、李藩、牛星辉、周钟岳、陈文翰、赵甲南、束用中、杨自新、杨振家、窦维藩、张璞、张儒澜、吴琨、陈畅和、吕占东、寸辅清、李鼎抡、杨觐东、刘钟华、严慕清、林春华、商延年、张景栻、李彝伦、由云龙、张文选、孙光祖、胡祥樾、赵家珍、伢鸥、唐继尧、王继贞、张朝甲、赵伸、周友蒸、周光煦、杨集祥、王承浚、李崧、顾品珍、李文蔚、陈凤鸣、赵钟奇、李润芳、马继五、邓绍湘、华封

---

① 周立英：《晚清留日学生与近代云南社会》附录一《晚清云南留日学生概况一览表》，云南大学出版社2011年版，第232—266页。

② 赵式铭编纂，蔡锷审订：《光复起源篇》，见《云南光复纪要》，云南人民出版社2011年版，第12页。

祝、杨崇基、张含英、李守先、周汝为、陈怡曾、李敏、饶重庆、杨达观、陈显禹、言道一、姜思敏、李长春、姜梅龄、张本钊、李纯禧、熊维春、段朝选、孙光庭（兼护送）、蔡正纬、杨嘉绅、赵舒衡、王詠霓、陆兴基、冯家骢、李鸿祥、赵复祥、李燮羲、李嘉瑗、邓俊湘、禄国藩、李厚本、张福鑫、张肇兴、张金鉴、吴瑸、杨与新、王肇奎、李燮阳、邓永奎、罗佩金、孙志曾、何国钧、孙桂馨、邵光皁、张鼎、黄毓英、黄毓兰、刘震东。

1905年云南留日生13人：钱鸿逵（兼护送）、丁兆冠、苏澄、张子贞、钱良驷、徐为邦、王毓嵩、倪鹗、马标、蔡仲才、周德容、解永嘉、陈荣昌（护送兼考察）。

以下留日学生60人派遣年月不详：董泽、王正福、魏培赖、李辉五、覃宝森、刘青藜、王武、李实、曹观仁、张佩芬、孙清如、杨鸿春、李全本、杨若、李恩阳、金在镕、陇高显、余从周、李雄、杨名遂、刘九畴、钱世禄、李德、张大义、何汉、段宽、李光鼎、刘德榜、杨大铸、彭肇纪、张乃良、周渡、禄俊、杨鸿章、唐允义、李巽如、李毅加、曾鲁光、邹世俊、黄元鼎、曹嘉、符绍阳、丁怀瑾、王纬、杨楷、王坚、郑斌、赵元观、黄涛、李璞、何朝元、李瀛春、赵琳、李廉才、张耀曾、席聘臣、李琪、邹世经、李曰琪、余茂。

1911年辛亥起义前云南留日学生44人：赵家珍、张本利、邓绍先、邹世俊、王灿、陈治宽、丁辉远、李兰芬、王绳祖、兰汝芳、杜韩甫、马骧①、李根源、周友焘、孙时、张国士、赵之硕、李晖阳、钟琦、李俊英、罗为垣、段雄、李员伯、段文海、周景曹、魏尔晟、黄源静、曹观斗、杨文遂、尹锡霖、何璞、罗群英、李奎如、赵锡昌、李毓茂、张鸿翔、肖扬勋、杜润昌、张锡彬、张相时、黎款臣、李延英、李迪、李健。

1905年还派出13名女生留学日本学习师范。此外尚有留日学生72人，他们是：安化、曹元熙、陈文振、陈兴廉、陈宗华、寸嗣伯、刀安仁、刀安文、刀宇安、刀贵生、刀卫廷、刀厚英、刀白英、邓斌、邓泰中、丁其彦、胡源、符绍汤、符廷佐、龚银团、管子才、顾视高、黄嘉梁、黄元鼎、姜思孝、李宝、李华、李立初、李朴、李启善、李贞白、李植生、刘萃华、刘德标、蒙筱懿、唐质先、线小银、杨杰、杨骏业、杨思

---

① 马骧留学的日期，可能在辛亥起义以后。

源、杨世昌、杨震业、由亢、由云龙、余成、吴垚、王九龄、王湘、王志恕、郜安、郜化、张光灿、张培兰、张德成、张士麟、赵端、赵官侯、赵观光、曾鲁光、郑榛、周传仁、李鸿春、李德沛、张雄西、盛延龄、胡商彝、杨晋、李临阳、闵道、李湛阳、黄去病、罗为恆。

上述名单计354人（不含13名未留下姓名之女留学生）。①

关于清末留日学生的分析，所学科目等情况，于波在周立英统计数字的基础上，作了进一步的统计，可供参考。②

清末云南学生赴日留学分布情况统计表

学校名称	人数	学生原籍
振武学校	5	澄江2人，其余不详
陆军士官学校	31	昆明6人，玉溪1人，砚山1人，巧家1人，临安2人，墨江1人，腾冲1人，太和1人，镇沅1人，云县1人，会泽1人，楚雄1人，大理3人，呈贡1人，澄江2人，顺宁1人，陆良1人，其余不详
京都蚕业讲习所	1	昆明人
东京法政大学	13	鲁甸1人，昆明5人，澄江1人，云龙1人，其余不详
同文书院	3	晋宁1人，定远2人
成城学校	5	昆明1人，崇明1人，普洱1人，保山1人，宁州1人
明治大学	7	姚州1人，曲靖1人，澄江1人，蒙化1人，昆明1人，保山1人，石屏1人
早稻田大学	5	昆明1人，普洱2人，曲靖1人，丽江1人
中央大学	1	不详
东斌学校	13	彝良1人，陆良1人，峨山1人，会泽2人，晋宁1人，其余不详
测量专门学校	2	昆明1人，大理1人
经理学校	1	不详
宏文学院	7	晋宁1人，昆明1人，昭通1人，剑川1人，大理1人，其余不详
东京师范学校	1	石屏人
路矿学堂	1	临安人

---

① 据龙云、卢汉修，周钟岳等人纂《新纂云南通志》记载，清末留日学生仅229人，云南人民出版社2007年版。

② 于波：《西方科技与近代云南》，云南人民出版社2013年版，第38—40页。这个统计数字的总人数为322人，较之上述354人，少了32人。不过，仍可窥见一斑。

续表

学校名称	人数	学生原籍
高等师范学校	6	澄江1人，昭通2人，大理1人，太和1人，其余不详
日本警察学校	1	澄江人
仙台高等工业学校	2	普洱1人，大官厅1人
东京高等工业学校	22	呈贡1人，大理5人，永昌1人，广西州弥勒县2人，昭通4人，顺宁1人，曲靖3人，昆明1人，东川1人，临安1人①
仙台高等工业学校	1	昆明人
铁道警察学校	1	东川人
东京高等商业学校	4	保山1人
日本音乐专门学堂	1	大理人
东京实业讲习所	1	不详
高等武备学堂	1	石屏人
正则学校	6	大理1人，昭通1人，弥勒1人，其余不详
日本物理学校	1	会泽人
日本岩仓铁道学校	22	洱源1人，太和2人，赵州2人，鲁甸1人，大关厅1人，镇雄州1人，临安1人，恩安1人，大姚1人，保山1人，大理2人，思茅2人，宁州1人，镇南州1人，顺宁州1人，蒙自1人，大关厅1人，云龙州1人，其余不详
东亚铁道学校	2	贵州1人，昭通1人
女子高等师范学校	1	太和人
东京私立医学专门学校	1	镇南州人
东京帝国大学	4	大理1人，昆明1人，普洱1人，其余不详
私立志成学校	2	弥勒1人，腾越1人
群马县高山蚕社业学校	1	不详
东京音乐学院	1	不详
警察行政研究所	2	不详
清华学校	1	昆明人
其他（护送人员、赴日考察人员、病故、待考）	142	昆明县8人，呈贡县1人，大理7人，昭通5人，崇明1人，陆良1人，太和1人，普洱2人，临安2人，永昌1人，开化1人，晋宁2人，曲靖2人，腾越4人，会泽1人，楚雄2人，富民1人，永昌2人，丽江1人，其余不详
合计	322	

---

① 东京高等工业学校22人，但学生原籍数字仅为20人。原文如此，特此说明。

清末云南学生赴日留学所学科目统计表

学习科目	人数	百分比（%）
政法	29	8
师范	47	15
军事	39	12
经济	7	2
理科	6	2
工科	62	19
农科	15	5
医科	2	1
艺术体育	2	1
其他（护送人员、赴日考察人员、病故、待考）	113	35
合计	322	100

清末五年云南学生赴日留学派遣时间、派遣人数及所学科目统计表

派遣时间　人数　学习科目	政法	师范	军事	经济	理科	工科	农科	医科	艺术体育	合计	百分比（%）
	20	48	30	4	6	22	7	1	1	139	100
1902年	5		1			1				7	5
1903年	3	1	2							6	4
1904年	9	47	26	3	4	16	6	1	1	113	82
1905年	2		1		2		1			6	4
1911年	1			1		5				7	5

由以上三表可以看出，清末云南留日学生集中最多的有三所学校：陆军士官学校、东京高等工业学校、日本岩仓铁道学校。可见当时留学取向一个是实业兴滇，一个是学习现代军事。

周立英的大作，能搜集300多人的名单，并对大多数人作了简要介绍，是非常难得的，很可贵的。然而，其中的介绍，也存在着某些不足或错误，有待进一步考证或落实。如介绍李燮阳说，1904年赴日留学，年25岁，乃自费生，赴日学师范，其他情况不详。[1] 而据家属提供的材料，李燮阳出生于1876年，1904年应为28岁，是1902年考取官费（非自

---

[1] 周立英：《晚清留日学生与近代云南社会》，云南大学出版社2011年版，第252页。

费）留学日本，于1903年去日本（不是1904年），不是学师范，而是先学普通科日语，后考入大阪高等工业学校电气科。1908年又考入美国俄亥俄大学铁路工程科。在美留学期间，曾与美国总统罗斯福在白宫长谈。辛亥革命后回国，任云南实业公司参事、省模范工艺厂监督，滇蜀铁路局局长。1913年当选国会众议院议员。1914年出任美国巴拿马赛会云南出口协会总理。支持护国战争，战后获二等大绶宝光嘉禾勋章，后任总统府外交顾问、云南省政府顾问等职。新中国成立后，于1953年被聘为云南省文史研究馆馆员，1959年病逝，享年84岁。[1] 另外还要说明的是刘盛堂，1896年留学，是云南最早留学日本的人士，1904年又被派遣赴日留学，同时兼考察学务。这是他第二次留学日本。书中未加说明。[2] 1903年出国的云南官费生，尚有饶重庆（1884—1958），云南巍山人，先后入弘文书院、明治大学，专攻法学。[3] 又，留学日本的女生李俊英，云南东川人，日本实践女校毕业。辛亥武昌起义后回国，到湖北省城从事红十字会公益活动，并任武昌起义烈士遗孤教养所所长。1915年护国军兴，被唐继尧电调回滇，任云南红十字会会长，后又兼陆军第三医院院长。[4] 这些该书都没有记载，应进一步探讨、考证。虽然遗漏、错误或不确之处难免，但应予考证或改正，不明之处应予补充。当然瑕不掩瑜，不过希望将来能有进一步的完善。

云南除派青年去日本留学外，于1904年派赴法属越南河内约20人，1907年又续送数十人到越南巴维学校。而在1905年，英属缅甸设中英学堂，云南亦派25人去缅甸留学。

（四）1904年度云南留日学生的辉煌

1904年是清末云南留日的高峰，也是云南派出留日学生有记录可查

---

[1] 李世闻：《先祖事略》，载李世闻《林下漫笔》，2012年3月自印，第5—11页。李世闻乃李燮阳嫡孙。2013年7月25日，笔者访问李世闻。李世闻说，1904年唐继尧等人到日本东京时，是李燮阳到站迎接的。其时，唐继尧性病严重，李燮阳先将唐继尧送医院治疗，病好后才到校报到的。

[2] 周立英：《晚清留学生与近代云南社会》，云南大学出版2011年版，第239页。

[3] 《云南大学志·人物传（三）》，云南大学出版社2013年版，第142页。

[4] 吴宝璋：《云南红十字会史》，云南人民出版社2004年版，第5—6页。

的人数最多的一年。这批留学生归国后,名人最多、最集中,影响也最大,值得我们深入研究。正如我们在研究云南陆军讲武堂历史时,注意到讲武堂丙班(第三期)亦是人数较多,后来名人集中,影响甚大,所以我们将其称为"丙班的辉煌"。① 这里我们也可以说,1904 年度云南留日学生为"04 的辉煌"。

据文献材料记载,1904 年云南共派出留日学生 144 人,全为男性,其中 132 人为公费生,除 3 人因病或遇难死亡外,其余后来基本上都归国服务。从年龄来看,最小的 16 岁,最大的 62 岁。这批留学生中已知在籍的 122 人中,以云南府、大理府、昭通府人数较多,达 64 人,占 52.6%。而云南府 33 人中,昆明县即占 22 人(基本上是今昆明城区),几占 20%。这批留学生文化程度较高,大多接受过较正规的儒学教育,其中至少有 111 人出国前已参加过科举考试并获得功名,包括 2 名进士、29 名举人、34 名附生、21 名廪生等。

这批学生到日本后,目前已知的 107 人所学专业,军事 48 人次,师范 36 人次,法政 15 人次,实业 9 人次,警察 5 人次等。可见学军事的人数最多,其次为师范。②

值得注意的是,这批留学生归国服务,影响甚大。仅从任职的角度和贡献,我们可以看到:

1. 担任省长或相当于省长以上职务和具有将军衔及国会议员身份等,据不完全统计有 29 人。他们是李根源、唐继尧、谢汝翼、刘法坤、刘祖武、张开儒、庚恩旸、李伯庚、黄毓成、叶荃、李文治、郑开文、周钟岳、张儒澜、吕占东、赵伸、顾品珍、沈汪度、赵钟奇、华封祝、李敏、姜梅龄、孙光庭、李鸿祥、赵复祥、禄国藩、李燮阳、罗佩金、何国钧等。

2. 归国后从事文化教育事业、实业或公益事业,有重要贡献的知名人士有 25 人(与前项重复的人名,不再列举)。他们是:谢光宗、杨琼、秦光玉、蒋谷、钱用中、周霞、萧瑞麟、李藻、张鸿范、陈文政、李春酿、牛星辉、陈文翰、吴琨、寸辅清、刘钟华、张文选、杨集祥、王承

---

① 谢本书:《丙班的辉煌》,见《百年军校,将帅摇篮》,云南人民出版社 2010 年版,第 307—313 页。

② 参见周立英《晚清留日学生与近代云南社会》,云南大学出版社 2011 年版,第 58—60 页。

浚、李文蔚、张含英、言道一、李燮羲、张肇兴、黄毓英等。

上述两类人士共54人，几为当年全体留学人员总数144人的40%，这个比例，是一个不小的比例，说明这批留学人员归国后所起的作用是巨大的，影响是深远的。

我们从中选择李根源、唐继尧、周钟岳、张开儒、罗佩金、秦光玉、钱用中、黄毓英八人，再加以说明。这些人士，都是近代云南历史文化名人。

李根源（1879—1965），字印泉，又字养溪、雪生，别署高黎贡山人，云南腾冲人。1904年留学日本，是云南留日学生会会长，1905年加入同盟会，参与创办《云南》杂志。毕业于日本陆军士官学校第六期。1909年回到云南，即任创办时期的云南陆军讲武堂的监督、总办（校长），是讲武堂的灵魂和旗帜。参与云南辛亥"重九"起义，为同盟会、国民党云南支部长，任辛亥云南军政府军政部总长兼参议院院长，云南陆军第二师师长兼迤西国民军总司令，妥善处理了滇西问题。后任北京国会众议院议员。参与反袁护国战争，曾任护国军军务院副都参谋。护国以后，任陕西省长，驻粤滇军总司令、北洋政府航空督办、农商总长兼署国务总理。1923年后隐居苏州。抗日战争时期出任云贵督察使，力主抗战。新中国成立后，任西南军政委员会委员、西南行政委员会委员、全国政协委员、全国政协文史资料委员会副主任等职。1965年在北京逝世，享年86岁。李根源既是文官，又是武将（上将），还是著名学者，是文武全才的民国元老，是民国时期担任过最高级别行政长官的云南籍人士。他的一生贯穿着爱国民主的一条红线，是我省著名的历史文化名人，也是"04"云南留日学生的一面辉煌的旗帜。①

唐继尧（1883—1927），字蓂赓，别号东大陆主人，云南会泽人。1904年留学日本，加入同盟会，毕业于日本陆军士官学校第六期。1909年回国后，曾任云南督练公所提调、云南陆军讲武堂教官、新军第十九镇参谋官及管带等。参与云南辛亥"重九"起义，云南军政府成立后任军

----

① 参见谢本书、李成森《民国元老李根源》，云南教育出版社1999年版。

政、参谋两部次长。1912年率兵去贵州,旋任贵州都督。1913年底返回云南,任云南都督。1915年底,与蔡锷等联合反对袁世凯复辟帝制,任反袁护国军都督府都督兼护国第三军总司令、护国军军务院抚军长。护国战后为云南督军,后任靖国联军总司令、云南省长、建国联军总司令等职。唐继尧在辛亥、护国中有重要功绩,对云南文化建设事业亦有贡献。但护国战后卷入军阀混战,并在大革命高潮中被推翻,旋即去世,享年44岁。唐继尧统治云南14年,是云南民国年间的风云人物,历史文化名人。[①]

周钟岳(1876—1955),字生甫,号惺庵,白族,云南剑川人,1904年去日本,先学师范,后学法政。1907年回滇,任云南省学务公所课长兼省城两级师范学堂堂长,后去北京出席全国教育会议。1911年底返回昆明,先后任云南都督府秘书长,教育司长兼云南光复史编纂局总纂,后任全国经界局秘书长兼评议委员会主任。护国战后,任四川督军署秘书长,唐继尧靖国联军总司令部秘书长、云南省长、云南枢密厅长、民政司长、内务厅长等职。龙云统治云南后,聘为云南通志馆馆长。抗战时期,赴重庆,任国民政府内政部长;后任国民政府委员兼考试院副院长。他是民国时期云南籍少数高级军官之一。1947年返昆,蒋介石委以总统府资政空衔,1949年支持卢汉云南起义。新中国成立后,1952年被聘为云南文史研究馆馆员,1953年任全国政协第二届委员,1955年去世,享年79岁。周钟

---

① 参见谢本书《唐继尧评史》,河南人民出版社1985年版;郑学溥等《唐继尧传》,香港陈鸿澄发行,1997年。

岳著述甚丰，是著名的白族学者兼政治家，无党派爱国民主人士。①

张开儒（1869—1935），字藻林，号香池，云南巧家人。1904年留学日本，加入同盟会，日本陆军士官学校第六期毕业。1909年回云南后，任云南陆军讲武堂教官兼提调。参与云南辛亥"重九"起义，后任云南军政府军务部机械局局长、滇军西进支队长，援川军旅长。护国战争时期，为护国第二军第一梯团长，后为滇军第三师师长，兼南（雄）韶（州）连（县）镇守使。1917年9月为孙中山广州护法军政府陆军总长，兼粤桂湘联军总司令。1918年任靖国第五军军长兼第三师师长，由于坚决支持孙中山护法，遭桂系忌恨，一度被桂系拘禁。1921年，孙中山以顾品珍为云南北伐军总司令，张开儒为副总司令。1923年任孙中山大元帅府大本营总参谋长、参军长、高级顾问。后因病辞职，1935年去世，享年66岁。为将廉洁，死后身无余财。张开儒是滇军著名爱国将领。②

罗佩金（1878—1922），字熔轩，云南澄江人。1904年留学日本，加入同盟会，1909年日本陆军士官学校第六期毕业，回国后先在广西任随营学堂总办，后回云南任第十九镇随营学堂监督、云南陆军讲武堂教官、云南陆军小学堂总办、新军标统。参与辛亥云南"重九"起义。云南军政府成立后，任军政部总长、南防司令、民政长。参与反袁护国战争，任蔡锷护国第一军总参谋长，因出师经费困难，罗佩金将历年积累家产，抵押殖边银行，得洋12万元，资助军费，护国第一军才得以开赴川南战场。护国战争后，罗佩金护理四川督军，后被授以超威将军衔。1921年初，顾品珍统治云南，任罗佩金为滇南巡阅使，从事剿匪。1922年初，唐继尧二次回滇，下令通缉罗佩金等人。罗佩金仓促逃往滇西，在华坪被俘遇害，享年45岁。罗佩金是滇军著名爱国将领。③

---

① 张亚平主编：《周钟岳研究文集》，云南民族出版社2007年版。
② 方树梅辑纂：《续滇南碑传集校补》，云南民族出版社1993年版。
③ 李根源：《罗佩金事状》，见《云南贵州辛亥革命资料》，科学出版社1959年版。

秦光玉（1869—1948），字璞安，号瑞堂，别号罗藏山人，云南呈贡人。1904年留学日本兼考察学务，一年后回国任云南学务公所科长、两级师范学堂监督兼教务长。辛亥起义后历任学政司科长、图书博物馆馆长、省立第一师范学校校长、云南国语讲习所所长。1921年任云南省教育厅厅长、省政府顾问，后辞职专门从事教育事业，参与创办成德中学、求实中学、五华中学、五华文理学院，门生遍及全国，被称为"天南师表"。1927年复任图书博物馆馆长，辑刻《云南丛书》处总经理、通志馆编纂、云南文献委员会主任、《新纂云南通志》顾问。除参与编纂大型丛书《云南丛书》、审定《新纂云南通志》外，著有《滇南名宦录》《明季滇南遗民录》《云南历代名人事略》等多种著作，成果丰硕。1948年病逝，享年80岁。[①] 秦光玉是云南著名爱国教育家、文献学家、历史文化名人。

钱用中（1864—1944），字平阶，云南晋宁人。1904年留学日本并考察学务，回国后任云南提学使司课长、教育厅课长，参与创办《云南日报》。辛亥起义后，任教育厅课长、教育会干事、省师范学校校长、昆明等11县联合中学校长。从事教育20余年，成绩卓著。曾兼省议会议员、省政府秘书，皆以教育为重。1938年兼昆明教育局长，只负责任，不支薪俸。主要著作有《思诚斋》甲集、乙集，《中国社会总改造》《大中华建设新论》《思诚斋联语》等十多种，刊印行世，多次义务讲学。1945年病逝，享年80岁。钱用中是云南著名爱国教育家，历史文化名人。[②]

黄毓英（1885—1912），字子和，云南会泽人。1904年赴日留学，加入同盟会。1908年4月，同盟会河口起义消息传至日本，东京同盟会员发起召开"云南独立大会"，会后黄毓英与杨振鸿一道回国支援河口起义，但他们到香港时，河口起义失败，黄毓英转赴滇西，筹划反清起义。1910年到昆明，入新军任排长，积极活动，争取了包括蔡锷在内的一批高级将领支持革命。参与云南辛亥"重九"起义，打响了起义的第一枪。昆明起义成功后，有人推荐黄毓英为云南都督，他以

---

① 《云南省志》卷八十"人物志"，云南人民出版社2002年版。
② 方树梅：《续滇南碑传集校补》，云南民族出版社1993年版。

大局为重拒绝了。云南军政府成立后,参与援川,后以滇军援黔支队副支队长名义率部入贵州,不幸于1912年5月7日在贵州思南遇难,年仅27岁。黄毓英是著名爱国人士,他的死亡,至今仍是一个谜。[①]

从上列八人事迹中,我们可以看到1904年云南留日学生回国后所起的重要作用,对云南历史发展所起的积极影响,也可以窥见清末留学运动对中国近代历史发展的意义。

此外,我们还要提到,1904年中国留学日本的学生中,年龄最大的为云南大理人周霞,当年已62岁。由于周霞年长,且身材高大,双目炯炯,长眉美须,为人豪爽,强力健步,颇引人注目,人们称为"丈夫"。明治天皇闻其名,乃欲迎见,老人谢绝。老人之名,啧啧噪之中外。毕业归国后,在云南省立师范传习所任所长,后参与大理辛亥光复。民国初年,为乡里修桥补路,多有善举,为人称道。他活到72岁去世。[②] 周霞的事例,也可算是留学运动史上的奇葩。

(五) 清末云南留日学生续录

1904年云南留日学生相对集中,后来成为名人的较多,而其他年代云南留日学生回国后所起的作用,也不可低估。我们这里再列举辛亥革命前留学日本的九人的事迹加以说明。他们是:殷承瓛、杨振鸿、陈荣昌、张耀曾、王灿、刀安仁、顾视高、杨杰、由云龙等。

殷承瓛(1877—1945),字权恒,云南陆良人。1903年赴日留学,加入同盟会,毕业于日本陆军士官学校第五期。回国后任云南新军第十九镇参谋官兼督练处总办、参谋处总办,参与云南辛亥"重九"起义。起义成功后,任云南军政府参谋部总长、西征军司令,率兵进藏平叛。1913年底随蔡锷进京,任全国经界局副督办。参与反袁护国战争,任护国军总参谋长,护国战争后任川边镇守使。次年回云南,退隐山林。1945年病逝,享年68岁。殷承瓛为云南著名爱国将领。[③]

杨振鸿(1873—1909),字秋帆,号思复,云南昆明人。1903年留学

---

① 谢本书:《黄毓英之谜》,《学术探索》2007年第4期。
② 方树梅:《续滇南碑传集校补》,云南民族出版社1993年版,第546—548页。
③ 殷英、杨建虹:《护国上将——殷承瓛》,云南大学出版社1999年版。

日本，加入同盟会，入振武学校。1906年回国，任云南体操专修学堂监督，秘密组织兴汉会、公学会等革命团体。后去腾越（今腾冲）巡防营任管带，开展滇西地区革命活动，组织腾越起义。事泄，杨振鸿出走缅甸，再赴日本，仍进振武学校学习。1908年4月，河口起义爆发，他与吕志伊等人在东京召开"云南独立大会"。会后，他带着捐款，与黄毓英等返滇助战，抵达香港，获知河口起义失败。杨振鸿率部分人员入滇西一带活动，并决定于同年12月23日发动永昌（今保山）起义，风声走漏，清军防备甚严。因此永昌起义未能奏效。杨振鸿不得已下令撤退，以图再举。然而清军追击，杨振鸿劳累过度，又染疟病，呕血不止，于1909年1月2日病逝于永昌蒲缥何家寨，享年36岁。杨振鸿是辛亥革命时期为云南牺牲的第一人，辛亥革命后孙中山追赠杨振鸿为"佐将军"。[①]

陈荣昌（1860—1935），字莜圃，号虚斋，晚号困叟，云南昆明人。1883年中二甲进士，历任翰林院编修、武英殿纂修官、国史馆协修官、顺天府乡试同考官、贵州提学使等职。1905年赴日本留学，考察学务，任留学生监督，著有《乙巳东游日记》，详述赴日考察所得。后因丁忧离职回滇，任滇蜀腾越铁路公司总办，云南自治筹备处总办、学务公所议长、云南教育总会会长。1911年服满入京，推为资政院议员，旋任山东提学使。辛亥革命以后回滇，避居不仕，悉心于学术研究及文化教育，曾任云南国学专修馆馆长，《云南丛书》名誉总纂等。陈荣昌博学多才，著述甚丰，付梓的有《陈氏全书》《虚斋文集》《虚斋诗集》等。他是清末民初云南的国学大师，滇籍许多著名学者都是他的门生，如李增、李根源、方树梅、周钟岳、袁嘉谷、李坤、顾视高等。[②]

张耀曾（1885—1938），字镕西，白族，云南大理人。1903年考入京师大学堂，成绩优异，保送日本留学，入东京帝国大学攻读法律，加入同盟会，任同盟会云南支部机关刊物《云南》杂志总编辑。辛亥武昌起义后回国，任孙中山秘书，南京临时政府参议院参议员，《临时约法》起草委员会委员，协助起草《中华民国临时约法》。同盟会改组为国民党，被推为总干事兼政务研究会主任。1913年被推为北京国会众议院议员，遭

---

① 方树梅辑纂：《续滇南碑传集校补》，云南民族出版社1993年版。

② 方树梅：《陈虚斋先生年谱》，谢本书主编《清代云南稿本史料》上册，上海辞书出版社2011年版。

袁世凯打压，乃再赴日本留学，完成学业，获法学学士。1916年黎元洪任总统时，被任命为北京政府司法总长。1921年冬被聘为太平洋会议高级顾问。1924年后辞官去上海任律师，著述甚丰，有《考察司法记》《民法讲义》等问世。抗战开始，任国民参政会参议员。1938年病逝于上海，享年53岁。张耀曾是民国时期云南著名的法学家，爱国人士。①

王灿（1881—1949），字铁山，又字惕山，云南昆明人。留学日本，入东京明治大学政法科，后为云南留日学生监督。辛亥后回滇，历任云南军政府秘书官、高等警察学校校长、高等法院院长。1916年为云南驻京代表，在京创办《共和新报》，又任《谠言》月刊主编。1921年回昆，后任云贵监察使署秘书长，国民政府最高法院推事，兼云南大学、五华学院教授。著述甚丰，主要辑有《滇八家诗选》《滇六家文选》，著有《掣瓶斋笔记》《知希堂诗钞》等，书法亦佳。王灿于1949年病逝，享年68岁，是云南著名学者。②

马骧（1876—1922），字幼伯，回族，云南大理人。③ 云南早期同盟会员，与杨振鸿、黄毓英并称为"云南革命三杰"。1900年马骧在家乡任玉龙小学校长。1906年杨振鸿发展马骧为同盟会员，马骧建立同盟会下关小组，发展会员20余人。1908年4月，马骧参与河口起义，起义失败后赴缅甸仰光，参与创办《光华日报》。1911年云南昆明辛亥"重九"起义爆发，马骧率昆明同盟会员及各路民军，冲上前线，浴血奋战。起义成功后被授予管带，并协助云南军政府和平解决了滇西问题。随后马骧赴日留学，学习法政，被推为留东总会副会长。"二次革命"时马骧回国，并在昆明创办《滇声》日报，任经理长，揭露袁世凯劣行，加入中华革命党。护国战争时任护国第一军军法处长。护法时期，孙中山委任马骧为云南民军总司令，继任孙中山大元帅府参议官，兼四川宁远各属慰问使。1922年初，唐继尧二次回滇，孙中山大为不满，密令马骧"相机图滇"。

---

① 《云南省志》卷八十"人物志"，云南人民出版社2002年版。
② 同上。
③ 周立英将马骧列入1911年云南派出的留学生，但马骧赴日留学很可能是辛亥起义以后的事，待考。

马骧乃组织力量,成立"改造云南同盟会"和"云南自治讨贼军",拟订《云南自治讨贼军同盟草约》,事泄,唐继尧逮捕了马骧、鄢仕周、崔文英、刘古愚、李梧、李成武等6人,旋即杀害。马骧时年46岁。1987年云南省人民政府追认马骧为革命烈士。①

刀安仁(1872—1913),又名郗安仁,字佩生,又作沛生,傣族,云南干崖(今盈江)人,傣族土司。任职期间,兴利除弊,立志变革,曾率领各族边民抗击英国对云南边疆地区的侵略。1906年在革命党人帮助下,刀安仁将土司职务交三弟刀安善代理,带着十余位男女青年赴日留学。这十余位青年,包括他的二弟以及家族其它成员刀宇安、刀贵生、刀卫迁、刀厚英、刀白英、线小银等。因此有著者认为,此时"云南省出现全族留日的盛况"②,即指刀安仁一行人而言。这并非一般家族,而是边疆傣族土司的家族。刀安仁留日不久加入同盟会,并与孙中山等人建立了深厚的友谊,在经费方面给同盟会以慷慨资助。1908年刀安仁回到滇西,发展实业和教育,被称为近代云南橡胶业的奠基人,同时,积极策划反清武装斗争。1910年初,刀安仁再次东渡日本,会见孙中山,请示革命方略,同年秋返回滇西,积极筹划反清起义。辛亥武昌起义消息传来,1911年10月7日张文光、刀安仁等发动腾越起义,建立了滇西军政府,以张文光为第一都督,刀安仁为第二都督。这是辛亥云南起义的第一个地区。同年底,刀安仁去南京,向临时大总统孙中山汇报滇西起义情况。不久政府北迁,刀安仁、刀安文兄弟遭到逮捕拘押,经孙中山等人营救出狱。刀安仁被授予中将衔陆军部咨议官。但刀安仁于狱中约受半年监禁,身心受到摧残,于1913年3月病逝,年仅41岁。北京政府以"上将恤典"为他举行了隆重的追悼会。孙中山赠与挽联:"边塞伟男,辛亥举义冠遇春;中华精英,癸丑同恸悲屈子。"给予高度评价。但刀安仁冤案至

---

① 李开林、李国庆:《马骧烈士革命事略》,载《昆明文史资料选辑》第36辑,2001年,李娜:《孙中山与云南马幼伯》,见《抚今追昔》,载《中山文史》第64辑,广东人民出版社2011年版。

② 陈潮:《近代留学生》("文史中国"丛书·世界的中国系列),上海古籍出版社2010年版,第48页。据李世闻说,他的祖父李燮阳一家在清末民初,有6人先后留学,也可认为是"全族留学"的又一例。

今仍是一个谜。①

顾视高（1877—1943），字渔隐，号仰山。别署漱石居士，云南昆明人。清末先后中秀才、举人、进士，1906年到日本入政法大学学习。次年归国，充贵胄学堂教习、云南学务公所议绅、云南咨议局议员兼自治筹办处总办、全国资政院议员、民初国会参议院议员，1913年回滇任云南法政学校校长。护国战争时为云南军都督府秘书、富滇银行行长。继因丧偶辞职，退出政界，尽心社会公益事业，任东川矿业公司总经理、耀龙电灯公司常务董事、个旧锡务公司董事监察，云南慈善会董事等职。凡有益于公共事业，无不全力支持，数十年如一日。又赞助求实学校、孤儿院、托儿所，他都率先倡导组织，尽力支持。主持《续修昆明市志》。著述甚丰，主要有《漱石斋诗文集》《读书记》《自有斋日记》《有声集》等。又工书法。为官清廉、廉洁自守、为近代云南历史文化名人。②

杨杰（1899—1949），原名锦章，字耿光，白族，云南大理人。1907年入保定陆军北洋学堂第一期步兵科，1908年留学日本，入日本陆军士官学校第十期炮兵科，加入同盟会。1911年底归国，参加上海光复活动任营长、团长，不久回云南援黔，任贵州威武军随营学堂总教官、步兵团长、骑兵团长、旅长兼重庆卫戍司令、重庆道尹、四川政务厅长。1914年回云南，任讲武学校骑兵科长。护国战争时期，任护国第三军第三梯团第五支队长、挺进军第一纵队长、第四军参谋长兼叙南卫戍司令及第一梯团长。1917年初任北京大总统府军事参议官，陆军部顾问。旋回滇，任靖国联军第四军总参谋长，靖国联军中央军前敌总指挥兼泸州卫戍司令官。1918年任靖国联军总司令部顾问、云南讲武学校教官。1921年初，任云南留学日本士官生监督。为能继续深造，他放弃陆军中将及留日学生监督头衔，以中校军衔自费考入日本陆军大学第十五期，因学习努力，得到日本天皇赐予宝刀，因而有"天才将军"之称。法国著名军事家霞飞称赞说："此人将来必成东亚杰

---

① 刀安禄等：《刀安仁年谱》，云南德宏民族出版社1984年版，曹成章：《民主革命先驱刀安仁》，中国社会科学出版社2010年版。

② 《云南省志》卷八十"人物志"，云南人民出版社2002年版。

出军事人才。"1924年归国，任冯玉祥国民军第三军参谋长、前敌指挥官，后去广东任国民革命军第六军总参议、师长。1927年任第十八军军长，1928年初任国民政府军事委员会委员、办公厅主任，第一集团军总参谋长，7月任总司令部北平行营主任兼北平宪兵学校校长。1929年后任陆海空军总司令行营总参谋长，中央军南路总参谋长，中央讨逆军第二路炮兵集团总指挥、总司令部参谋长、讨逆军第十军军长兼左翼军指挥官。1931年底当选为国民党第四届中央执行委员。1932年任军委会参谋次长，陆军大学校长、教育长。1933年任军委会北平分会参谋长、华北第八兵团总指挥。同年9月赴欧29国考察，苏联斯大林称为"战略专家"，英国国防大臣称赞为"军学泰斗"。1934年11月任国民政府参谋本部参谋次长、代总参谋长。1935年当选为国民党第五届中央执行委员。1937年8月赴苏协商军事援助，1939年3月任军事委员会军令部次长。1938年9月至1940年为中国驻苏大使，回国后为军委会顾问、中央训练团高级教官，重庆陪都警备副司令。1944年春率团访英、美。1945年当选国民党第六届中央执行委员。1945年9月参与组织"三民主义同志联合会"，进行反内战争民主活动。1948年1月发起成立中国国民党革命委员会，当选中央执行委员，曾策动陆军大学学员及云南省主席卢汉起义。1949年夏被定为中国人民政治协商会议特邀代表，9月9日赴香港拟北上赴会，9月19日遭蒋介石特务杀害于香港，享年60岁。新中国成立后，追认为革命烈士。杨杰著述甚丰，代表作为《国防新论》《军事与国防》等。他是近代中国爱国主义军事专家。[①]

由云龙（1876—1961），字夔举，别号定庵，云南姚安人。清末举人，1901年毕业于京师大学堂优级师范科，后留学日本学习教育。回国后先任学部主任，后回云南，任云南省优级师范监学、迤西（大理）师范中学监督，参与创办《云南日报》，任云南教育总会副会长。辛亥革命后任永昌府知府、滇西军政府协理。护国战争时为云南护国军政府秘书厅长、后为盐运使。靖国时一度代理云南省长兼政务厅长。龙云时代任教育厅长，曾赴日本、美国考察实业。抗日战争时为云南省第二届参议会会长、国史馆纂修。1950年为云南省人民代表，云南省政协副主席，云南省文史馆筹委主任。由云龙著述甚丰，主要有《桂堂余录》《定庵诗话》

[①] 参见《杨杰将军文集》三卷本，云南民族出版社2011年版。

《定庵文存》《滇故琐录》等，总纂《姚安县志》《小说丛谈》。由云龙是民国时期云南著名学者、教育家、政治家。①

由上述可见，清末的云南留学生运动，主要目的国是日本，为中国开启了对外开放的一扇大门。这批留学生在国外的活动及其回国后创造的业绩，在政治、军事、经济、思想、文化、教育事业等方面的努力，对中国现代化事业是一个很大的推动力。

---

① 《云南省志》卷八十"人物志"，云南人民出版社2002年版。

四 云南留学生在越南

清末,云南留学生的主要目的地是日本,然而在欧美也有少量云南留学生,其中在越南法属殖民地,其教育属法国系统较为集中。

(一) 留学越南的人数

早在1904年,法属越南即开始吸收云南留学生,为此法国政府在越南河内设立专门学堂,由云南派遣学生前往学习,两年毕业。学习科目包括史地、格言、财政、绘画、音乐、格致、算数、几何、法文等。最初计划吸收云南学生22名,由云南高等学堂负责遴选。消息公布后,来堂报名者百余人。同年9月29日、10月11日在学堂内考试挑选了合格学生李文藻等22人。10月19日,云贵总督部堂在署部堂院复试,最后正式录取12人,其中正取10名:文宝奎、徐濂、王本龙、李文藻、熊钟清、许鸿举、徐宝潜、吴傅声、杨友堂、李余芳;备取2名:赵连元、李孝先。

云南当局为此任命补用知县梁豫为赴越留学生的护送委员,料理留学生的一切事项。护送委员给往返川资银100两,每月薪水60两,先付两月120两。学生10人,每人给川资50两,共500两。学生赴越后,住宿、伙食、洗衣、医药及各种费用,首次给1200法郎,合中国500元之数。每生每年给500元(龙元),先付一年。到堂后实际每生每月只得5元,每年60元。此外,学生们还随带厨役1人,跟丁2人,每人川资20两,共60两,其在河内的工薪、伙食费用,则由法国学堂付给。可见,云南当局对公费留法属越南的留学生,还是颇为关照的。[①]

[①] 云南省档案馆藏档:《清光绪三十年十一月初七为高等学堂会详拟定资送留学生赴越南河内事》,1106-005-01927-005。

而依据《新纂云南通志》，清末云南留学法属越南者有 26 人：徐之琛、李文藻、向孝先、徐濂、文宝奎、赵文龙、钟廷梅、李余芳、杨友堂、吴传声、束於德、赵凤韶、周光鉴、姜汝望、张翼枢、赵申、张邦翰、方宜、卢仲琳、赵荣先、邓鸿逵、夏绍曾、陈作霖、赵莲元、许鸿举、黄蓁。① 这个名单，与档案记载的 12 人，仅有 7 人姓名相同。当时的档案与文献材料常有出入，仅供参考。

除这一批赴越留学生外，还有零星赴越留学生。如云南石屏县学生董镇鑫，亦曾申请赴越南留学。② 还有云南学生就学于云南巴维学校者。③ 赴越南留学的云南青年，人数虽不算多，但其接受法式教育，归国后仍有相当的影响。

（二）清末出国的云南青年

此外，清末出国留学的云南青年，去比利时的有 3 人：杨宝堃（坤）、柳灿坤、张邦翰（先去越南巴维学校留学，后去比利时布鲁塞尔学习建筑科学）。而留学美国的至少有 1 人：李燮阳（先留学日本，后去美国）。

留学法属越南及比利时的云南青年，后来成名者有杨友堂、张邦翰、徐之琛等。

杨友堂（1880—1925），字苇南，白族，云南洱源人，先后留学越南、日本，加入同盟会，1909 年回昆，任云南陆军讲武堂丙班教官。参与云南辛亥"重九"起义，先任蔡锷副官，后任南京临时政府监印官，陆军少将。护国战争时任护国第三军第六混成旅长，1924 年由孙中山指派为出席国民党一大代表，会后留任大元帅府参谋，1925 年因病去世，年仅 45 岁。

张邦翰（1885—1958），字西林，云南镇雄人。1905 年官费留学，留

---

① 龙云、卢汉修、周钟岳等纂，李春龙等点校：《新纂云南通志》（二），云南人民出版社 2007 年版。

② 云南省档案馆藏档：《函请法国领事发给石屏县学生董镇鑫赴越南东京留学长期免费护照》，1106 - 005 - 02091 - 051。

③ 云南陆军讲武堂创办之初的教职员中，有 2 人为越南巴维学校的毕业生，他们是杨友堂、夏绍曾。此外张邦馨也曾进入越南巴维学校。

学越南巴维学校，加入同盟会。1909年赴巴黎，继至比利时布鲁塞尔留学。1924年回云南任云南无线电局局长、航空学校教官、东陆大学筹备委员、教授。1927年后任云南省外交厅长、云南省政府委员兼外交部特派交涉员，国民党云南省党部常务委员、主任委员。抗战时期任军事委员会运输统治局昆明办事处处长、云南驿运处处长。1945年后任国民党中央监察委员会委员、立法委员、省民政厅长。1947年解职回滇，不问政事。后病逝于美国。

徐之琛（1884—1935），字保权，云南蒙化（今巍山）人。1906年留学越南巴维学校，加入同盟会。1909年归国，辛亥革命后任开远、个旧县长，蒙自、河口海关督办，外交部特派云南交涉员，后任云南财政司长兼外交司长、交通司长、殖边银行行长。1935年病逝于昆明。

五　云南留学生在日本

甲午战争最终以中国的惨败而告终,给中国社会及民众造成了极大的伤害和影响,同时也促使许多仁人志士赴日本寻求强国之路。

(一) 豪迈向上的生活气息

清末云南青年留学日本,大多为了挽救民族危亡,振兴中华,寻找救国救民的真理。由于有着这样的信念,因此,他们的生活气息是豪迈向上的,他们迎难而上,刻苦求学,只为报国。

吕志伊,云南思茅人,后为在日本成立的同盟会云南支部长,在1903年去日本留学前写下了一首表达志向的诗:

英雄成败岂由天,大好头颅负少年;
云锁乡关征雁杳,雪穿庭树落花妍。
万家烟火竹王国,千里风尘祖逖鞭;
愿合同胞铸新脑,生存廿纪抗强权。

1904年,吕志伊东渡日本留学,在海上又留下这样的诗句:

直挂云帆赋远游,东瀛奇景豁双眸;
山苍有骨横秋老,海碧无情亘古流。
怒浪掀天驰万马,阴霾匝地斗群虬;

太平洋上风潮急，好挽狂澜奠九洲。①

后为云南都督的唐继尧也留下了这样的诗句：

仲春大雪
百卉争春太不平，梨花浓重柳花轻。
大公最是寒天雪，点缀乾坤一样清。②

戊申元旦
世态炎凉恨不平，苍生多少竟忧贫。
雄心起舞刘琨剑，誓代天官削不平。③

像这样的豪迈向上的情绪，自然对留学的生活气息产生了深刻影响。因而这批留学生在日本期间，生活颇充实，积极向上。据后为国会众议院议员的云南昭通人李燮阳光绪三十三年（1907）写下的日记，可以看出留日学生生活、学习的一斑。试举部分日记为例，加以说明。

正月初二日（按，1907年2月14日。下同。）甲午　午后一时，胡珍府约往小石门高田参观私立女子大学，缘去迟，仅得见中学第二年级女子柔软体操及大学部第一年级女子练习割烹，亦足令人汗颜。其中寄宿舍为他校所不及，凡办学者皆可取法。四时辞出。
正月初四日（2月16日）丙申　清晨八时，送泽普弟归群马，胡同年商彝约重往小石门高田参观女子大学体育部教育研究科，及附属幼稚园，令人对祖国生愧，对外国生羡。十时四十分观毕，旋至西原观农业试验场。……归来已五时过半矣。
正月初七日（2月19日）己亥　作书致同乡罗佩金索其前债。将寝，得西京政法大学复书，谓其预科自四月开始讲，嘱予阳历三月

---

① 叶祖荫：《同盟会云南支部创始人吕志伊先生》，《云南文史资料选辑》第15辑，第37—38页。
② 《唐会泽遗墨》，无印刷时期及地址，手稿注明为唐继尧少年时作。
③ 《东大陆主人言志录》，无印刷日期及地址。戊申元旦，即1908年元旦，正是唐继尧留学时期。

下旬过西京受验云云。

正月初九日（2月21日）辛丑　得书记赵钟奇邮书，谓来日曜午前往总会馆筹议云南边警事件。同乡职员应到会馆报告现在情形。同日午后二时在同乡事务所讨论南定土司事件，并斟酌滇桂联合会章程。

正月十三日（2月25日）乙巳　周君中岳来言冯君家骢顷患肺疾甚危，明日由青森上东京就医，可知会招待员至上野，待其来时代为料理，并送入医院。

正月十五日（2月27日）丁未　午前八时，同乡盛君延龄、胡君商彝来寓，谓今日参观东京监狱所，昨聘之通译，实不能胜任，特请余牺牲半日之功课，指导一切，等情。义不容辞，乃允之。九时，至其处，将外务省书投后，有警察招待至应接室，须臾监狱长出，演说其中管理各法甚详。然后领余等参观中央看守所，及男女未决监、病监、服役所、看守教习所、辩护士所、运动场、击剑场、暗室、接见所、发电所、蒸汽罐室、男女监浴室、交番所、分房、差人所等，种种善法，以祖国监狱较之，相隔天壤矣。

十二时半毕，乘车至日比谷公园午餐，旋至本所区林町参观东京府立职工学校，大概规模与高等工业学校同，仅三年毕业，无英语科。我国学生有志建筑科、机械科者适相宜，以无英语故。

正月十七日（3月1日）己酉　夜十一时，得云南驻沪文报局包家吉寄来滇复同乡会电报二纸。谓法移兵边界，并无其事，已防蒙自关严防密探据复矣。

正月二十日（3月4日）壬午　清晨七时，胡君商彝来，谓前请通译以参观时间过多，不欲再往，惟与东京府约今日考察北丰岛郡，设不践约，未免失信于人，请余牺牲半日课业，偕往指示一切云。欲辞不可，只得诺之。

由新宿乘汽车至板桥，行数武即郡役所。郡长田中端者，演说其中组织最详。午饭毕，命司事金直哉君领至王子村。村长佐藤信敏君复说明村中学校办法，及考察户籍、人口、征税诸法，至五时乃毕。

正月廿九日（3月13日）辛酉　午后，胡君珍府约往观东京府役所，四时卅分归，在锦町西洋料理馆晚餐。

夜阅时报，知岑春萱（煊）近数月运动之结果，得调补四川总督，锡良调补滇督。蜀虽较优，而岑之名损矣。然锡到滇，实足以速滇之亡，鉴其在蜀所行新政，足为寒心。

二月初六日（3月19日）丁卯　清晨八时，持农商务省介绍书往见宝田石油会社长生田义助君，请其先讲凿井之法与制造之法，而后参观。生田君颇不惮烦，讲至十二时半乃止。其意重在要精地质学者，乃可言办石油，否则劳而无功，盖石油井必须顺脉凿之，乃可得油，然亦不期能其逐井见油，缘井有深浅，脉有间断。

午后一时，长冈会议所长多田德君领余等观石油制造场及机械制造场，并出样油十余种一一说明之。旋阅石油箱制造所。四时观毕，出石油井图并其会社成立之由来书，各赠一册。及归旅馆已五时过半矣。

二月初七日（3月20日）戊辰　午前九时，多田德君来寓约往东山观石油井，计程十八里许。乘人力车至浦濑，以山路崎岖且雪深五六尺，车难行进，乃舍车步雪登山，约行七八里，乃临绝顶。将近十二时，其事务员渡边藤吉君已预备午餐待我等久矣，出麦酒多瓶劝各尽量。乃导阅汽罐及机械新凿之井，人力新凿之井与机械所凿者。人力所凿者，已得油之井各一；惟机械所凿者，法最善且便。吾国欲营此业者，非派人留学不可，且非五年不为功。

二月十九日（4月1日）庚辰　午前九时入（西京）法政大学受验，注重在日文、英语、汉文、数学四者，十一时毕，学监中川小石郎君言合格可得入学。

午后，遍地寻住所，得一日本人家，清洁且宁静，适于用功。……惜离校稍远，雨天无不免困难。然近邻是京都第五寻常小学校，立藩来时，于立藩又甚有益也。

二月廿九日（4月11日）庚寅　得东京胡寿生（阳历）四月九日书，谓顾仰山昨夜归来，言北京官场之腐败且甚于前。从前运动尚秘密，今且公然为之矣。立宪之诏，太后颇悔之。外官改制之议业已中止，地方自治，并无除却云贵等省之说。不过有人建议分三级，先直隶，次各省，而云贵等居其后耳。

三月五日（4月17日）丙申　清晨：英文、英语、国语、汉文各一时。午后：英文一。夜：英文一、英语二，归寓。得周钟岳四月十日自上海舟中书，谓余寄写真业已送到，此写真虽未见佳，然心愿已了。

五月初二（6月12日）壬辰　病稍愈，卧读英语三时，阅史地二时。镇日阴雨萧萧，愁煞人也。

……

六月十一日（7月20日）庚午　清晨读英语二，几何、代数各练习二。午后至樱汤沐浴归，作书致公使馆，问熊本高等学校曾复书否。久不上堂听课，令人不安之至，人生如白驹过隙，似此迁延岁月，何时得毕业乎。

六月十四日（7月22日）癸酉　午前，参观冈本清酒造场。日本烟酒税极重，几与制造家除本金而分纯益金。若以此法加诸我国，必谓之曰苛政。而各国则以烟酒非人民必需品，虽重无防于民生，故特重之。

午后，观竹泉陶瓷器制工场，其法悉取诸我国，至着色悉取诸泰西，俗不可言。

……

十月初八（11月13日）丙寅　清晨八时五十分送泽弟之京都城丹蚕业讲习所，道经池田、中山诸驿。遥望两岸，枫叶红似晚霞，快哉此行。东瀛风景，直当冠于五洲。诗人过此，不知添几许诗料也。过石生驿后，汽车沿溪行，中穿隧道二十三，皆崇山峻岭，无殊于三峡之险。

午后一时廿分，往讲习所见所长岩坪君，畅谈二时许，且言经众议决，优待泽弟，不收学费，尽其所长以教，俟其毕业后，欲学其制丝部亦可，并代将住所先期租定。此种高谊，于日本人中仅一见之。

……

十二月廿二日（1908年1月25日）己卯　午后下横滨谒领事吴太守祥龄求给护照。彼谓既在东京留学，必须有公使馆咨文或保送书方可代办。并须写真四枚，且本人须亲自到美领事处验看眼有疾否，若有眼疾则不得去。美国稽查输入较他国严紧，前曾有教习率学生廿余人赴美,中有一人患火眼,竟被拒绝不许入境。①

从日记中可以看到中国留学生的生活气息和精神风貌,有几点值得注意。第一,他们刻苦学习和锻炼的态度令人感动;第二,他们很注意社会考察和实习,以使能更好地学以致用;第三,他们对国内政治动向十分关注,非常关心祖国的前途和命运;第四,他们的生活是紧张的,态度是积极的,对前途是乐观的。

另外,从日记中还可以看出,清末云南学生已开始美国留学之旅。李燮阳就是从日本直接去美国留学的,这一点现存文献未见记载。其孙李世闻说,祖父李燮阳是1908年2月从日本横滨乘坐中国驻美公使伍廷芳的船去的美国。途中曾拜会伍公使,交谈甚为投合。3月末抵旧金山,考入俄亥俄大学铁路工程科。在美国四年,认真读书,勤学苦练,孜孜不倦,惜时如金。1910年李燮阳还曾出席美国总统希·罗斯福在白宫的宴请,并与之长谈。直到1911年辛亥武昌起义后李燮阳才回国服务。②

李燮阳应是云南留美的第一人。

在日本学习的中国留学生,课程安排较为紧张,不刻苦努力是不行的。以振武学校为例,它是一所初级军事学校,1903年7月创设于日本东京牛込河西町,是日本参谋本部专门为中国学生开设的,专门从事日本陆军士官学校或陆军户山学校的预备教育,最初期限为一年零三个月,学习内容有:日语300课时,日文222课时,算术182课时,代数147课时,几何110课时,三角474课时,地理28课时,历史23课时,生理卫生32课时,化学53课时,物理71课时,典令教范165课时,体操278课。③ 1907年后学制定为三年,学习内容与课时略有变化:军事学科265学时,术科615学时,日本语文1734学时,史地246学时,数学(包括算术、代数、几何、三角、解析几何)912学时,理化300学时,博物

---

① 摘自《李燮阳留东日记摘抄》,《昭通文史资料选辑》第3辑,第211—220页。其中1907年4月17日、7月20日两则,依李世闻《先祖事略》补充,见《林下漫笔》,第5—6页。李世闻自印本,2012年。据李燮阳之孙李世闻对作者说,他的祖父日记甚多,但今只保留1907年部分,最晚至1908年1月,其余皆已散失。

② 李世闻:《先祖事略》,见《林下漫笔》,李世闻自印本,2012年,第6页。

③ 谢本书、李成森:《民国元老李根源》,云南教育出版社1999出版,第43页;[日]实藤惠秀:《中国人留学日本史》,北京大学出版社2012年版,第39页。

（包括动物、植物、人体、生理、矿物）104 学时，图画（偏重于军事绘图）189 学时。[①] 可见，课程是相当紧张的。据李根源记录，云南留日青年1903—1906年四年间，进入振武学校学习达40人之多。这批青年在振武学校毕业后，要到日本军队中接受约半年的入伍训练与教育，包括二等兵、一等兵、上等兵和军曹的训练与教育，合格后才能报考日本陆军士官学校，继续上学。哪一个环节出了问题，继续升学的愿望就会落空。

云南留日学生，除了刻苦学好本领外，还积极参与了若干政治活动。

（二）社会与政治活动的参与

云南留日学生出国，在刻苦努力学习、追求新知识的同时，也迫切希望追求救国救民的真理。他们并不满足于书本和技术知识，而是在学习的同时，参与各种社会政治活动，关注国内政局的发展，关注民主革命家孙中山的活动。

1905年7月，东京振武学校组织学生去片濑洗海水浴和游泳。片濑是个风景区，留日云南学生李根源在这里得知孙中山在横滨，遂邀约云南留日青年杨振鸿、吕志伊、罗佩金去横滨拜望孙中山。当时在座的有革命党人陈天华、匡一、刘揆一、仇亮及日本友人头山满、宫奇寅藏等。李根源等人第一次拜见孙中山，孙中山见到云南青年亦非常高兴，勉励他们说："革命是艰苦事，要卖命。"[②] 这对留学日本的云南青年是很大的鼓励。

同年7月底，孙中山召集各地留日学生、旅日华侨代表70余人，在日本东京赤坂区霞关内田良平宅召开筹备会议，商议建立"中国同盟会"的新型政党问题，确立宗旨为"驱逐鞑虏，恢复中华，创立民国，平均地权"。与会者在孙中山的率领下，高举右手，宣誓入盟，成为同盟会的首批会员和发起人。这一天云南代表参加的有李根源、杨振鸿、吕志伊、

---

① 黄庆福：《清末留日学生》，《"中研院"近代史研究所专刊》(34)，永裕印刷厂，1983年，第128—131页。

② 李根源：《辛亥革命前后十年杂忆》，见《新编曲石文录》，云南人民出版社1988年版，第383页。

赵伸、张华澜5人。① 他们事实上也成为了同盟会的创始人之一。

8月20日，中国同盟会在东京赤坂区灵南坂日本人坂本金弥宅召开成立大会，到会者100余人。大会通过了《中国同盟会总章》，以孙中山为总理，黄兴为执行部庶务科总干事，地位仅次于孙中山，实际相当于副总理。云南思茅人、留日青年吕志伊当选为总会评议部评议和云南主盟人。根据孙中山和同盟会总部积极发展会员、建立和健全同盟会地方组织的意见，在吸收会员的基础上，于1906年初，正式成立同盟会云南支部，推举吕志伊为支部长，云南留日学生相继加入同盟的有：杨振鸿、吕志伊、李根源、赵伸、张华澜、罗佩金、殷承瓛、唐继尧、叶成林、赵复祥、黄毓英、黄毓成、张开儒、庾恩赐、刀安仁、周德容、李鸿祥、刘祖武、顾品珍、张子贞、刘法坤、李伯庚、林春华、姜梅龄、赵钟奇、沈钟、黄嘉梁、杜钟琦、言道一、李燮羲、张含英、李曰琪、李植生、张乃良、何汉、何畏、丁怀瑾、杨名遂、杨鸿章、邓九畴、唐允义、邓绍湘、张邦翰、张大义、何伟伯、刘光鼎、杨若、段宽、李贞伯、禄国藩、王九龄、邓泰中、杨大铸、李敏、王武、张朝甲、马标、苏之杰、郗衍、黄去病、张耀曾、曾鲁光、李纯禧、陈凤鸣、苏澄、胡源、谢汝翼等。② 这里列出的名单，显然不是加入同盟会的全部云南留学生。有人说云南留日青年入盟者有一百多人，有人说多达二三百人。例如刀安文与刀安仁同时入盟，介绍人为吕志伊，立盟人为孙中山，时间是1906年5月31日。这个名单中却只有刀安仁，而没有刀安文。③ 根据统计，1905—1907年，有资料可查的同盟会员有379人，留日学生就占354人，占到93%以上。④ 云南留日青年加入同盟会人数之多，在当时各省中还是比较突出的。

在日本以留学生为主的同盟会云南支部成立后，在积极发展会员、壮大自身力量的同时，发动会员，带领群众，积极开展革命斗争。这些斗争可以举出以下事例。

第一，反对"取缔规则"的斗争。

---

① 张天放、于乃仁：《回忆辛亥革命时期的云南杨振鸿》，《云南文史资料选辑》第15辑，1981年，第21页。

② 云南省史学会等：《云南辛亥革命史》，云南大学出版社1991年版，第38页。

③ 刀安禄等：《刀安仁年谱》，云南德宏民族出版社1984年版，第33—34页。

④ 许睢宁：《简论留学人员对辛亥革命的贡献》，《留学人员与辛亥革命》，华文出版社2012年版，第85页。

1905年11月，日本文部省发布了《取缔清韩留日学生规则》（原名为《关于准许清国人入学之公私学校之规程》，此规程中有"取缔"字样，因而被简称为"取缔规则"），不仅限制留日学生的活动，而且"竟把中国和朝鲜并列，这完全暴露了它的侵略中国的狼子野心"[①]。因此中国留日学生义愤填膺，引起万余学生的抗议罢课，分批启程回国的达2000人之多。同盟会员陈天华愤而蹈海，想以此鼓励人们坚持斗争。云南学生总会干事钱良骏、留日学生总会云南分会负责人张耀曾等签名，致信中国驻日公使杨枢，要求转交抗议日本政府书。后任云南留日学生同乡会会长的李根源与黄郛等作为振武学校的中国留学生代表，也积极进行了斗争。经过中国留日学生约两个月的坚决斗争，日本政府被迫让步，答应了十多项条件，承认了中国留日学生会馆的合法性。

第二，派遣同盟会员回云南开展斗争。

从1906年春起，同盟会云南支部陆续派遣留日的云南会员和积极分子回省，发展同盟会员，开展斗争。留日的同盟会员杨振鸿即于1906年初回国，先后在昆明、腾越及邻国缅甸介绍有志青年二三百人加入同盟会，包括著名革命党人、辛亥滇西起义领导人张文光及张成清等。为了团结更多的人士，他们在全省各地组织各种名目的公开和秘密的团体，如"公学会""滇学会""兴汉会""誓死会"等，通过这些组织去团结和争取群众，寻找机会，开展革命斗争。

第三，反对英法霸占七府矿产。

在英、法政府的诱逼下，清政府被迫同意英、法两国在云南七府开采矿产。为此，英、法两国组织隆兴公司拟定的《承办七府矿产章程》于1902年6月得到清政府的批准。根据章程，英、法可以在云南开矿的七个地区是：云南府（今昆明及其附近地区）、临安府（今建水等地）、开化府（今文山等地）、澄江府（今澄江、玉溪等地）、楚雄府、元江直隶州、永北厅（今永胜等地）。这七个地区计五府、一州、一厅，当时统称七府矿产区。矿产章程还称，如该处无矿可采，可选择其他地区"互抵"。这实际上等于允许英、法可以在云南全省各地自由开矿。"章程"是清政府一张不折不扣的卖身契，遭到云南各族人民的反对。云南留日学

[①] 吴玉章：《从甲午战争前后到辛亥革命前后的回忆》，《辛亥革命》，人民出版社1981年版，第77页。

生李根源、杨覸东、寸辅清等积极加入了反抗斗争,他们联名上书清廷,坚决要求取消这个卖国的"章程",否则将采取激烈的行动。正是由于滇省爱国志士、留日学生和广大人民群众的斗争,七府矿产章程终于在1911年8月被撤销,由清政府向英、法赔款150万两白银。这是一场以云南人民胜利而结束的长达十年之久的斗争。

第四,反对云贵总督丁振铎、云南洋务局总办兴禄的斗争。

丁振铎、兴禄在云南为官,贪污腐化,出卖主权、为非作歹,引起云南人民和留日学生的强烈不满和反对。1906年7月,云南留日学生同乡会推举李根源、由宗龙、吴琨为代表,回到北京,向清政府控告丁振铎、兴禄的罪行。李根源为此写了《记丁振铎事》《记兴禄事》,揭露丁、兴罪行,发表在上海《中外日报》及北京《中华报》上,并上书清廷。在云南人民和留学生的反对下,清政府不得已将丁振铎调离云南,任命为闽、浙总督,又遭到福建、浙江人民的反对,无法就任。

第五,反对法国掠夺滇越铁路路权。

法国掠夺了滇越铁路的路权,并于1901年在越南境内动工,1903年在云南境内动工。法国掠夺滇越铁路的修筑权,云南人民以及留日学生深感责不容缓,群起抗争,保卫主权。

云南留日学生在日本创办的《云南》杂志,以宣传民主主义,反对英、法等国侵略云南为宗旨,以大量篇幅,号召人民赶快起来挽救危亡,进行斗争。杂志把保卫路矿权的任务放在首位,喊出了"中国的土地,我中国四万万人之所有"的口号,指出"强索铁路,云南之腹心溃;攫夺矿产,云南之命脉绝",从而造成"云南者法国之云南也"。杂志强调,云南者,云南人之云南也。头可断,身可灭,家可毁,而地不可失,种不可奴,国不可亡。因此,"废约赎路"成为杂志呼吁之重点。为此,杂志先后刊登了《滇越铁路赎回之时机及其计划》《云南留日同乡会为废滇越铁路约上外务部》《云南留越学生上邮传部外务部恳收赎滇越铁路禀稿》《赎滇越铁路万不能再缓之警告》《云南留日同乡会为滇省铁路主张自办意见书》等文,立足点都在保卫路权、赎回路权、自主修筑的问题上,而不是单纯地反对修路。杂志指出:"呜呼,我滇人之生死问题,亦滇越铁路之问题也。"彼败我生,彼成我死。必求生道,乃不可死。生道何在?乃赎回路权,自主修筑,才能不致丧失主权。

1910年初,滇越铁路全线通车,通车典礼在昆明火车站举行。此时,从日本回国、担任云南陆军讲武堂监督的李根源对学员们说,誓必雪此耻辱。这一天,学校放假一日,学员们都到火车站去,见法国人耀武扬威,大家悲痛交集。回校后,国文课以《看滇越铁路通车后的感想》为题作文,学员们深受教育。

第六,支持河口起义。

1908年4月底,同盟会领导的云南河口起义爆发,起义军一度占领河口,并分别向东、向北进军。消息传到日本,云南留日同盟会员吕志伊、杨振鸿、赵伸、黄毓英等商议决定,于5月23日在东京神田锦辉馆召开"云南独立大会",大会宣布云南独立,脱离清政府的统治。与会者达万人之多,捐款数千元。会后留日学生奉同盟会之命赴河口参与工作达100多人,其中云南籍学生20余人。但这批学生到达香港后,闻河口起义已失败,于是决定部分学生返日继续学习,杨振鸿带领部分学生进入滇西,继续进行革命斗争。

这一系列的斗争,反映了云南留日青年为救亡和振兴中国及云南所做的努力。

(三)《云南》杂志的创办

创办《云南》杂志,既可看作是云南留日学生的革命活动,也可看作是其文化活动。

同盟会云南支部成立后,深感"云南之危,危及全国;云南之急,急于各省"①,有必要创办自己的刊物交流。恰于1906年初,孙中山、黄兴约见云南留日青年杨振鸿、吕志伊、李根源、赵伸、罗佩金五人,向他们提出创办同盟会云南支部刊物《云南》杂志的要求,并说:"云南最近有两个导致革命之因素:一件是官吏贪污,如丁振铎、兴禄之贪污行为,已引起全省人民之愤慨;另一件是外侮日亟,英占缅甸,法占安南,皆以云南为其侵略之目标。滇省人民在官吏压榨与外侮侵凌之下,易于鼓动奋起,故筹办云南地方刊物,为刻不容缓之任务。"并表示,若有什么困

---

① 拙人:《救滇惟一之上策》,见《云南杂志选辑》,科学出版社1958年版,第348页。

难,"可随时为之帮助,有事共同商量"①。这批云南留日学生接受任务后,立即进行筹备,在孙中山、黄兴以及留日学生、海外华侨的帮助、支持下,1906年5月,云南杂志社宣告成立,借日本东京神田区三崎町一丁目云南留日学生同乡会房屋的一部分,作杂志社办公地址,以李根源、赵伸为干事,负责全部工作,以张耀曾为总编辑,席上珍、孙志曾为副总编辑。

同年10月15日,《云南》杂志创刊号出版,最初发行数为1000册,到1908年13期时,发行量达5000册,直到辛亥武昌起义爆发才停刊,坚持6年之久,共发行23期及特刊《滇粹》1期。《云南》杂志是在辛亥革命以前,各省以省命名的杂志中,坚持时间最长的一种。

《云南》杂志以宣传民主主义,揭露清廷腐败,反对英、法等帝国主义侵略为主旨,广泛阐述资产阶级革命派的主张,涉及政治、经济、文化教育、中外历史等许多方面。所刊文章大多语言生动,说理清楚,富有战斗力。如发刊词所说:《云南》杂志"非仅商榷学术、启发智识之作,实为同仁爱乡血泪之代表;非激越过情之谈,实不偏不颇,具有正当不易之宗旨;非草率无责任之文,实苦心孤诣,抱有绝大之希望者也"。它号召人们"同心同德,群策群力,万死不懈,以抗强敌",这样才能"内足以固国基,外足以御强敌"②。

首先,《云南》杂志以大量篇幅揭露英、法帝国主义侵略云南的罪行,号召云南人民起来斗争,捍卫民族权益。其次,《云南》杂志猛烈抨击清政府的残暴、腐朽和媚外的卖国方针,号召人民起来将其打倒,把反帝反封建的斗争结合起来。再次,《云南》杂志根据当时人们的认识水平,大力宣传革命者关于国家、人民、主权、民主等方面的理论和主张,以民主主义的理论武装人们的头脑。最后,《云南》杂志还介绍云南,宣传云南家乡的名山大川、人物古迹、资源资产,把爱国和爱乡结合起来,激发人们的爱国主义热情。

《云南》杂志虽然以一省之名命名,主要宣传对象是云南读者,然而它的影响却大大地超越云南一省的界限,成为中国资产阶级革命派的一个

---

① 李根源:《云南杂志选辑·序》,见《云南杂志选辑》,科学出版社1958年版,第1—2页。

② 《云南杂志选辑》,科学出版社1958年版,第1—5页。

重要舆论阵地，是当时留日学生界的"杂志之花"。甚至英国人、法国人还逐期用英文、法文译出，以至伦敦、巴黎的报纸，纷纷惊呼："云南人醒矣，云南人醒矣。"[①]《云南》杂志影响很大，甚至可以说："云南光复，《云南》杂志宣传革命之功不可没焉。"[②]

《云南》杂志发行后，云南留日学生又于1908年秋在日本创办了用白话文编印的《滇话》杂志，成为《云南》杂志的姐妹刊物。杂志以"普及教育，统一语言，提倡女学，改造社会"为宗旨，[③] 其内容与《云南》杂志大致相同，不过文字更浅显、通俗，更适合大众阅读。《滇话》为月刊，共出版了8期，至1910年3月，因经费、人力不足停刊，并入《云南》杂志。

[①]《云南杂志选辑》，科学出版社1958年版，第11页。

[②] 邹鲁：《云南光复》，中国史学会主编《辛亥革命》第六册，上海人民出版社1957年版，第221页。

[③]《发刊词》，见《滇话》第1号，第2页。

六 留学生与云南辛亥革命

中国留日学生之思想言论,"皆集中于革命问题",因而对于促成辛亥革命的爆发有着较大的作用,作出了巨大的贡献。孙中山曾经明确指出:辛亥革命时期的革命思想,乃由留日学生"提倡于先,内地学生附和于后,各省风潮从此渐作"①。又说,当年在日本组织同盟会,主要依靠的是一万多名留日学生,他们"发起救国,提倡革命的风潮。这万余人不久便回到国内,分散各省,宣传我们的主义。那时牺牲的精神很大,所以一经武汉发起,便把满清政府推翻"②。全国如此,云南亦大体相似。

(一) 云南留日学生归国后的活动

云南留日学生归国后,很多从事于救亡的活动,包括组织革命团体,发展同盟会员,宣传民主革命思想,以至组织武装反清起义等,当然也有从事实业、教育的。不过,在清末的乱世里,从事救亡活动的更多。

1906年,同盟会云南支部陆续派同盟会员和留日学生中的积极分子回国开展活动。杨振鸿被誉为"云南民主革命第一人"、"云南革命三杰"之一,是云南留日学生中最早回国为救亡而奔走的一位。他回滇后,先后在昆明、腾越及邻国缅甸介绍有志青年二三百人加入同盟会;又与革命志士李伯东、李治、谢树琼、李鸿祥等20余人,组织救亡团体"兴汉会";又发动同志,组织"敢死会";与留日学生陈文翰、刘九畴等创设"公学会"等。

---

① 孙中山:《建国方略》,《孙中山全集》第6卷,中华书局1985年版,第236页。
② 孙中山:《在广州全国青年联合会的演说》,《孙中山全集》第8卷,中华书局1984年版,第322页。

杨振鸿等人回国后,大力宣传民主革命思想。他在回国之前,就寄回了《敬告滇中父老兄弟书》,通过在滇革命志士散发到全省各地,呼吁救亡图存,因而"人传诵之",影响甚大。① 人们还将杨振鸿的一些文章汇集成书,名《暮鼓晨钟》,指出当前"时势亦惟我云南最危",我们要"力图自强,以期不作桓公之悔"。② 敲响了暮鼓晨钟,以惊醒滇人。杨振鸿回昆后创办体育专修学校,从事革命。

张华澜回滇后,先后在临安师范传习所、昆明农业学堂任教,亦在授课时,充分阐述民族、民权、民生的观念,鼓吹革命。而留学安南(今越南)回国留学生徐濂,与杨振鸿、杨源等组织"演说会",宣传革命,"于是革命思潮遂浸润于三迤"③。胡源与杨友堂、马骧、杜韩甫等同盟会员,以三迤总会为掩护,进行革命宣传活动,经常举行演说会。同时又改良戏曲,灌入新的思想,从而使人们在享受喜闻乐见的艺术形式中,"知道云南危亡,非用死力不能挽救"的道理。④ 这些宣传活动,对于动员群众、组织群众起了积极的作用。

虽然清末政局混乱,但是归国的留学生们还是希望尽力为祖国、为云南的建设作出贡献,因而也从事了力所能及的有益的实业活动。其中,干崖土司、留日同盟会员刀安仁的实业活动尤其引人注目。

1906年刀安仁一行赴日留学途中,路过新加坡,他认真考察了橡胶的种植和加工情况。经过考察后,发现干崖的气候土壤应具有种植橡胶的条件。于是,决定将来回干崖发展橡胶、栽桑养蚕、纺织丝绸和制造火柴等实业计划,随即购买了8000棵橡胶树苗等,派刀卫廷负责运回干崖,并请了两个技术人员,安排好后再去日本学习。这8000棵橡胶树苗种在干崖新城背后的凤凰山山坡上,成为我国引种橡胶之始。此地地处东经98°02′,北纬24°46′,打破了北纬24°以北是橡胶种植禁区的陈规,为祖国橡胶事业的发展作出了重大贡献。

1908年刀安仁返回干崖后,在宣传组织革命活动的同时,继续开展干崖的实业建设,组织干崖实业公司,计划首先兴建火柴厂、印刷厂、丝

---

① 《云南光复纪要》,云南人民出版社2011年版,第13页。
② 《暮鼓晨钟》,见章开沅等主编《辛亥革命史资料新编》第4册,湖北人民出版社2006年版,第498—502页。
③ 《云南辛亥革命长编》,见《云南辛亥革命资料》,科学出版社1959年版,第98页。
④ 唯心:《滇省改良戏曲纪事》,见《滇话》第2号,第51—55页。

绸厂、养蚕厂、铜器厂、机械修理厂、扩大橡胶园、桑园；其次，建立发电厂、橡胶制品厂等。为此还开设了"新成银庄"，发行通用银票。同时发展教育事业，在归城、弄璋、芒线、小辛街等集镇和农林中较大的村寨，办起了学校，由石印厂印刷教材。还改造和发展傣戏，又对土司衙门进行了改造等，① 使干崖地区出现了一番新的气象。

（二）组织武装起义

孙中山领导的同盟会成立后，把推翻清朝统治的武装起义放在首位，从1906年到1908年，同盟会发动多次武装起义，掀起了反清武装起义的高潮。仅在1908年云南境内就爆发了两次反清武装起义，即河口起义和永昌（今保山）起义。如果说，河口起义是孙中山同盟会直接领导的话，那么永昌起义则是由同盟会云南支部直接领导的，其主要领导人之一，就是两次留日的同盟会员杨振鸿。

杨振鸿第一次留学日本，于1904年初回国，沿滇越铁路调查中法军队及滇越交界各隘地，以为抗法斗争之准备。旋到昆明后，拟趁云贵总督丁振泽出巡检阅之机，进行刺杀，控制云南，宣布起义，但丁振泽有所闻，沿途戒备森严，因而未能成功。杨振鸿到昆后，出任体操专科学校校长，向学生宣传革命思想，有很大的鼓动性。同年底，杨振鸿去腾越任巡防营管带，与地方志士密商，拟于1907年夏发动起义。此事为人告发，云贵总督乃令杨振鸿赴昆，另候差委，拟派人暗杀于途。杨振鸿知事泄，乃再去日本，继续在振武学校学习。1908年4月底河口起义爆发后，杨振鸿等携带巨款回国，拟支援河口起义。然而，杨振鸿一行人到达香港后获悉，河口起义已经失败，杨振鸿遂带少数同志秘密进入云南，以图再举。途经新加坡，乃向孙中山请示方略，汪精卫、胡汉民陪同。孙中山说："你们进滇西作革命事业，我有《革命方略》一册，可以遵照办理，决不致错。"② 所谓方略，指革命发动时与发动后之处置计划。

杨振鸿进入滇西后，一方面联络干崖（今盈江）土司、留日学生、

---

① 刀安禄等：《刀安仁年谱》，云南德宏民族出版社1984年版，第31、40—42页；曹成章：《民主革命先驱刀安仁》，中国社会科学出版社2010年版，第235—243页。

② 何畏：《杨振鸿辛亥革命纪略》，见《辛亥革命回忆录》（三），文史资料出版社1981年版，第382页。

同盟会员刀安仁；另一方面又兼办缅甸仰光同盟会缅甸支部机关报《光华日报》，积极运动当地巡防队。仰光遂成为杨振鸿策划永昌起义的中心。

杨振鸿到滇西后秘密策划起义行动为清政府获悉，云贵总督锡良悬赏5万缉拿他。他毫不畏缩，毅然奔走于滇西各地，出没于瘴疠之区，与何畏等商议表示："时不可失。将以一隅号召人心，为天下倡。"[①]并制定了武装反清起义计划，决定于1908年12月23日凌晨起义，进攻永昌，攻取大理、昆明，然后进赴中原，直捣北京。

但起义前夕，消息走漏，清军在永昌已采取了严密防范措施。12月23日凌晨，杨振鸿打响了起义的第一枪，率领傣、景颇、傈僳、汉等各族人民一千多人，向永昌发起攻击。但因清军戒备甚严，进攻未能奏效。杨振鸿不得不下令撤退，另行再举。

杨振鸿退到满林寨，喘息未定，清军追兵随之即到。杨振鸿心急如焚，劳累过度，又染上疟疾，听到清兵将至，恼恨交加，呕血不止。何畏等人背着他转移到蒲缥何家寨治病。但因起义失败，杨振鸿呕血过多，终在1909年1月2日去世于何家寨，年仅35岁。杨振鸿是云南最早为民主革命牺牲者之一，辛亥革命后，孙中山下令追赠他为"佐将军"。

（三）组建云南陆军讲武堂

云南陆军讲武堂是清末民初的著名军校，滇军的摇篮，也是云南革命力量的重要据点，"革命力量的熔炉"。讲武堂的产生，乃为适应建立新式陆军的需要。

清朝末年，民族危机与社会危机都十分严重，为了挽救垂亡的命运，加强对人民的控制，中日甲午战后，在"振军经武，以救危亡"的号召下，清政府决定建立新式陆军（简称"新军"）。20世纪初，清政府决定在全国建立新军三十六个镇（师），地处边疆的云南，因国防需要，计划建立新式陆军两个镇。不过直到辛亥革命前夕，只建成一个镇，番号为新军第十九镇，兵力为10900人。与此同时，全省巡防队也改为营制，共

[①] 李根源：《杨君振鸿事状》，见《云南贵州辛亥革命资料》，科学出版社1959年版，第122页。

62个营。十九镇加62个巡防营，总兵力约35000人。

新军急需新式军官，而巡防营军官素质也待提高，因此创办新式军事学堂成为急迫任务。事实上从1899年起，云南已开办多所军事学堂，而其中最有成效的则是云南陆军讲武堂。1909年，护理云贵总督沈秉堃、云贵总督锡良筹办云南陆军讲武堂，先由胡文澜任总办，不久由高尔登继任，胡、高均为日本陆军士官学校第三期毕业，而讲武堂最重要的领导人则是李根源。李根源是日本陆军士官学校第六期毕业生，1909年8月起任讲武堂监督，负实际责任，仅经1个月努力，即在9月28日（农历八月十五日）正式开学。李根源实际主持讲武堂达两年之久，为讲武堂的发展打下了坚实的基础。

在讲武堂建设之初，共有47名教职员。他们是：高尔登、李根源、罗佩金、张开儒、李伯庚、赵康时、李鸿祥、庾恩赐、谢汝翼、方声涛、沈汪度、顾品珍、刘祖武、吴广仁、刘法坤、唐继尧、李烈钧、韩凤楼、刘存厚、孙永安、叶成林、余鹤松、王廷治、李万祥、张子贞、李钟本、李沛、李文治、张含英、马德骥、王清言、杨友堂、夏绍曾、李华、曹友忠、屈竣、施以惠、张鸿翼、周友蒸、施汝钦、陈兴廉、缪嘉寿、陈官箴、黄德厚、郑榛、李恩焕、张杰。①

在上述47人中，从学历来看，受过新式教育的留学生占绝大多数，在已知担任教官（教员）的40人中，日本各学堂毕业者28人（其中24人毕业于日本陆军士官学校，3人毕业于日本陆军测量学校，1人毕业于日本法政大学），毕业于越南巴维学校者2人，毕业于北京京师大学堂者4人。换言之，国内外留学生人数达34人，占85%。② 出国留学者30人，也达75%。

47名教职员的政治态度：同盟会员有17人，革命分子11人，倾向革命者10人，政治态度不明者9人，没有明显的反动分子。这就是说，47人中倾向革命者38人，占80.9%。③ 特别是1910年5月后，李根源任讲武堂总办，沈汪度接任监督，张开儒担任提调，这样讲武堂的一、二、

---

① 名单见李根源《曲石文录》卷二，又参见谢本书、李成森《民国元老李根源》，云南教育出版社1999年版，第108页。

② 当时云南出省学习者，到国外称为国外留学生，到省外称为国内留学生，统称为"留学生"。这与我们今天所称"留学生"，专指国外留学而言，有所差异。

③ 吴宝璋：《云南辛亥革命与留日学生》，见《留学人员与辛亥革命》，华文出版社2012年版，第156—162页。

三把手，皆为留学归国的同盟会员，李根源还是同盟会云南支部负责人。这样，讲武堂的领导权事实上由革命派掌握。此外，讲武堂军事训练正规，要求严格，因而讲武堂既成为云南革命的据点，也培养了大批杰出的人才，成为近代著名的军校。

以丙班（后称讲武堂第三期）为例。丙班与甲、乙两班（后称讲武堂第一、二期），同时于1909年招生入学，仅因学员对象不同，要求不一，故称甲、乙、丙三班（后称第一、二、三期）。丙班各类学员共388人，据不完全统计，后来成为元帅者1人（朱德），上将者9人，中将者19人，少将者17人，共46人，占388人的12%。加上在各条战线作出贡献的知名人士，所占比例超过了20%。[①] 将星闪烁，名将光辉，凸显了云南陆军讲武堂丙班的辉煌。而丙班既是讲武堂的象征，也是讲武堂的缩影，留学生对讲武堂所起的作用，是不可低估的。

（四）为辛亥云南起义立下了功勋

在辛亥革命及其建立新政权过程中，留学生（特别是留日学生）所起的作用，是难以取代的。云南也不例外。北京大学王晓秋教授说：当了协统（旅长）的蔡锷，在辛亥革命中起了重要作用。而在"云南起义的时候，40多名新军将领中有31名是留日学生，大部分毕业于日本陆军士官学校"[②]。可惜的是，作者未能列出名单。这里列出一个云南辛亥起义及其建立新政权过程中，有着重要贡献的留学生名单，这个名单人数大大地超过了31人。他们是：

新军将领：蔡锷、李根源、唐继尧、刘存厚、沈汪度、张子贞、殷承瓛、罗佩金、谢汝翼、韩凤楼、黄毓成、黄毓英、李鸿祥、刘祖武、韩建铎、张毅、顾品珍、刘法坤、李钟本、庾恩旸、刘云峰、李凤楼、张开儒、叶荃、赵复祥、张含英、姜梅龄、邓泰中、禄国藩、何国钧、杜韩甫、李植生、方声涛、叶成林等34人。

其他革命人士：刀安仁、马骧、周钟岳、蒋谷、李华、陈价、华封

[①] 谢本书：《丙班的辉煌》，见田云翔主编《百年军校，将帅摇篮》，云南人民出版社2010年版，第307—313页。

[②] 王晓秋：《留日学生与辛亥革命》，见《留学人员与辛亥革命》，华文出版社2012年版，第15页。

祝、郭燮熙、吕志伊、吴琨、赵伸、孙光庭、孙永安、杨大铸、马骧、由云龙等 16 人。

这个名单也许并不完善，但其中包含了外省籍在云南的革命志士，如蔡锷、刘存厚、方声涛等，而蔡锷的作用尤为突出。

蔡锷（1882—1916），原名艮寅，字松坡，湖南宝庆（今邵阳）人。1899 年去日本，1904 年在日本陆军士官学校第三期毕业，因成绩优秀，被誉为"中国士官三杰"之一。回国后，在江西、湖南、广西军界任要职，1911 年初来云南新军任第十九镇第三十七协协统（旅长），参与辛亥云南起义的筹划，担任昆明起义军临时总司令，领导了昆明反清武装起义并取得胜利，建立了辛亥云南军都督府，为首任都督，进行了一系列颇有成效的改革。1915 年袁世凯复辟帝制时期，他从北京返回云南，领导了反袁护国战争，粉碎了袁世凯帝制复辟的阴谋，立下了特殊功勋，被称为"讨袁名将"、"护国军神"。蔡锷短暂的一生中，辛亥、护国的两大功绩，都是在云南创下的，他视云南为自己的第二故乡。作为近代中国著名的军事家和爱国主义者，蔡锷是留学生归国创业的楷模。正如朱德说，虽然蔡锷不是同盟会员，却是"一个具有爱国民主思想的人"[①]。

留日学生在云南辛亥三次（腾越、昆明、滇南）起义中，都处于领导、掌舵的地位，尤其是昆明"重九"起义，更主要的是留日学生创下了伟大功绩。辛亥昆明"重九"起义及其建立的新政权，在全国创造了"三连冠"。

第一冠：起义激烈之冠

1911 年 10 月 10 日辛亥武昌起义爆发，云南即于同年同月 27 日、30 日及 11 月 1 日先后爆发了腾越、昆明、滇南起义，三次起义都取得了胜利，全省迅速光复。云南是全国辛亥武装起义的第四个省区，西南的第一个省区。

辛亥云南起义，以昆明"重九"起义为代表，它是由同盟会云南支部直接领导和发动的，这种领导是通过留日学生蔡锷、李根源来实现的。

---

① 朱德：《辛亥革命回忆录》，见《朱德选集》，人民出版社 1983 年版，第 379 页。

云南同盟会员和革命志士,为响应辛亥武昌起义,10月16日到10月28日,连续召开五次秘密会议,以及若干小型碰头会议,进行策划。会议认真分析了形势,细致安排了兵力,推举军阶较高又支持革命的爱国志士蔡锷为起义军临时总司令,随后又以同盟会云南支部长李根源为副总司令,分工负责,共同配合。这次昆明起义,准备充分,策划周密,是各省省城起义中罕见的。如果说武昌起义是"计划外"的革命的话,昆明起义显然是"计划内"的革命。

辛亥昆明起义爆发于10月30日晚(这天恰巧是农历九月初九日,故称为昆明"重九"起义),以云贵总督李经羲为首的清方势力,进行了顽固的抵抗。重九之夜,昆明的战斗异常激烈。仅以同盟会员、新军排长文鸿揆为例。文鸿揆率队进攻昆明城内制高点五华山时,英勇当先,露出半截身子,勇猛射击敌人,被敌人机枪扫射,胸部中弹如蜂窝,壮烈牺牲。① 据说,其所受枪弹,在"万粒之上"。② 正如李根源所说:"是役也,同人一心,将士用命,而人心思汉,大势已成。"③ 经过一昼夜的战斗,昆明起义终于取得了成功。据蔡锷之子蔡端回忆,"10月31日上午,当战斗即将结束时,蔡锷与李根源在翠湖公园碰面,翠湖边用湖水洗手洗脸,两人都笑了,感到了无比的愉快和轻松"④。

昆明"重九"起义,革命志士牺牲150余人,负伤300余人;敌方死者200余人,伤者100余人。⑤ 因而有学者认为:"云南首城起义,是除首义的湖北之外,独立各省革命党人组织的省城起义中,战斗最激烈,代价也是最巨大的一次。"⑥ 因此,对于辛亥牺牲的烈士们,昆明民众举行了庞大、隆重的哀悼仪式,发丧之日,灵柩之多,为世所罕见,延长六七里,送葬者达数万人。

可见,辛亥昆明起义战斗的激烈程度,为响应辛亥武昌起义各省省城

---

① 李鸿祥:《增补辛亥革命回议录》,《辛亥革命回忆录》第6集,文史资料出版社1981年版,第146页。
② 孙种因:《重九战记》,《辛亥革命回忆录》第6集,文史资料出版社1981年版,第247页。
③ 李根源:《雪生年录》卷一,上海铅印,1930年,第21页。
④ 20世纪80年代,蔡锷之子蔡端来昆明的回忆。
⑤ 冯自由:《云南辛亥省城光复实录》,见《革命逸史》第6集,中华书局1981年版,第221页。
⑥ 章开沅、林增平主编:《辛亥革命史》下册,人民出版社1981年版,第145页。

之冠。这是辛亥昆明起义的第一个"冠军"。

第二冠：改革成效之冠

辛亥昆明起义成功后，全省迅速光复。起义后建立的新政权——云南军都督府（云南军政府）的主要领导权，掌握在留日学生革命党人和起义军人手中。

云南军都督府成立之初，设一院三部（参议院及参谋、军务、军政部），主要负责人如下：

都督　蔡锷（留日士官第3期）
参议院院长　李根源（留日士官第6期，同盟会员）
参谋部总长　殷承瓛（留日士官第5期，同盟会员）
次长　刘存厚（留日士官第6期，同盟会员）
次长　唐继尧（留日士官第6期，同盟会员）
军务部总长　韩建铎（留日士官第3期，同盟会员）
后为　曲同丰（留日士官第3期）
后为　沈汪度（留日士官第5期，同盟会员）
次长　张毅（留日士官第2期）
军政部总长　李根源（兼，留日士官第6期，同盟会员）
次长　李曰垓（北京京师大学堂，同盟会员）
次长　唐继尧（兼，留日士官第6期，同盟会员）

由上述可知，辛亥云南军都督府，除李曰垓一人为国内进步学生外，其余都是留日学生，且大多都是同盟会员。军政府都督为蔡锷（一把手），军政府军政部总长兼参议院院长为李根源（二把手），但在重大问题的决策上，李根源成了一把手。李根源说："蔡都督虽主军政，（然）一切事均由源主持。"① 李根源作为同盟会云南支部长，掌握新政府的实权，体现了同盟会作为政党的领导作用。这种情况，当时在全国各省中也是罕见的。

至于说原咨议局及后来的参议院对新政权的支持，对新政权的巩固与社会的稳定，当然起了一定的作用。然而说它们对新政权的成立起了"很大作用"，借这些"老成硕彦"士绅和旧官僚的声望来支撑新政权，

---

① 滇第一军都督编修处编辑：《滇复先事录》，见《云南文史资料选辑》第17辑，第65页。

则言之过实。关键的问题还是领导权掌握在谁的手里，以及掌权领导者到底执行了什么政策。

云南军政府成立后，推行了一系列带有资产阶级性质、发展资本主义的改革措施。其改革涉及内政、经济、财政、教育、实业、交通等多方面。

在内政方面，军政府编制了云南省五年政治大纲，这实际上是五年建设计划。军政府定期召开政务会议，讨论本省一切重大问题。凡讨论决定之事项，由都督下令各机关各单位，限期办理。这样"前清官吏敷衍因循之习，废除殆尽矣"①。在内政改革中，大量更新官员（公务员）是重要一环。军政府从都督到各部、司、局的主要负责人，基本上都是同盟会员或同情革命的人士，撤换了一批贪污腐败的地方官。所以说，辛亥起义后，云南军政府所采取的重要措施之一，就是"更换重要各地行政官"②。这就保证了军政府改革措施得以顺利推进。

财政方面，改革尤为引人注目。清代末年，云南岁入不过300余万两，而岁出需600余万两，相差一半。那时每年除中央政府拨款和四川、湖南、广东等邻省协济共160余万两外，尚差100余万两。可见财政困难到了非常严重的地步。以蔡锷为首的军政府，采取了严厉的整理财政、节俭开支，即开源节流的措施。其中特别要提及的是蔡锷两次带头减薪，都督月薪由600（两）元，减至60元，仅为原薪的10%，与营长月薪相等，以下依次递减，但士兵、工匠不减。这样，"此时都督薪俸之觳，举国未有如云南者也"③。朱德回忆说，这使云南"廉洁成为一时风尚"④。

民国元年（1912），由于全省安定，措施得力，云南财政在没有中央和邻省协济的条件下，不仅没有发生赤字，反而节余滇币近20万元。⑤更有甚者，这一年云南还主动接济贵州5万元，向中央财政提供20万元的资助。⑥这在云南财政史上是奇迹，也是当时中国的云南一省独秀的

---

① 周钟岳：《建设篇》（二），见《云南光复纪要》，云南人民出版社2011年版，第42页。
② 蔡锷：《滇省光复始末记》，见《辛亥革命》（六），上海人民出版社1957年版，第226页。
③ 周钟岳：《建设篇》（二），见《云南光复纪要》，云南人民出版社2011年版，第45页。
④ 李希泌：《如兹风美义，天下知重师》，《社会科学战线》1979年第2期。
⑤ 万湘澂：《云南对外贸易概观》，新云南丛书1946年版，第183页。
⑥ 蔡锷：《致袁世凯及各省都督电》，曾业英编《蔡锷集》，湖南人民出版社2008年版，第653页。

奇观。

由于财政情况好转，云南各方面的改革措施得以顺利推行，为辛亥时期云南政局的稳定打下了良好的基础，使云南成为民国初年安定、稳定的省区，得到了普遍的赞许。"时天下纷纷，或苦兵，或苦匪，而滇中宴然。"甚至法国驻越南总督给其政府的报告中也说："是非姑勿论，若蔡公者，余衷心钦其为人。"英国人也说："若蔡公者，当今第一"[①]。蔡锷也承认，辛亥昆明起义后云南做到了"财政不甚困难，金融机关甚为活跃"。一切善后布置，俱能井井有条，秩序上之严整，实为南北各省之冠。[②]

改革成效成为"南北各省之冠"，这是辛亥昆明起义后的第二个"冠军"。

第三冠：滇军精锐之冠

辛亥武昌起义后20日，昆明响应武昌起义，全省迅速光复。而同一时期，西南地区乃至全国各省，在很大程度上还处于动荡不安的状态之中，川、黔、藏等有关方面，先后给云南来电，请求云南军政府支援，为此云南军政府决定派出滇军支援川、黔、藏相邻地区。

滇军援川组织了一个师，以云南军政府军务部总长韩国饶（建铎）为师长（又称滇军援川军总司令），下辖谢汝翼、李鸿祥两梯团，从1911年11月中旬出发入川，到1912年5月初返滇，完成了任务。曾参与援川的朱德，后来所写《辛亥革命杂咏》组诗中说："忆曾率队到宜宾，高举红旗援兄弟。前军到达自流井，已报成都敌肃清。"滇军援川，支援兄弟，在境外首次显示了自己的威风。

滇军援黔，是云南军政府组织北伐军，以声援武昌起义后的革命形势，最初称为北伐第三梯团，以云南军政、参谋两部次长唐继尧为司令。原并不打算入黔，后因形势变化，滇军才进入贵州，并于1912年3月3日突袭贵阳，一举成功。唐继尧被推为临时都督，后被北京政府正式任命为贵州都督。滇军北伐及其入黔，其初衷是难以否定的，但是唐继尧入黔后的大屠杀及其夺取贵州政权，却难以正面评价。

滇军入藏，乃是经北京政府批准，派兵入藏，协助川军抵御英国的侵

---

① 蒋百里：《蔡公行状略》，《长沙日报》1916年12月26日；又参见曾业英编《蔡锷集》第1523—1524页。

② 蔡锷：《滇省光复始末记》，见《辛亥革命》（六），上海人民出版社1957年版，第227页。

略和平定藏军的叛乱。云南军政府任命参谋部总长殷承瓛为西征军司令官，于1912年8月派兵入藏，连续取得了胜利，受到北京政府的嘉奖。①后因形势变化，滇军西征军于同年12月返回昆明。滇军入藏抵御外侵，平定叛乱，功不可没。

辛亥之际，经过革命洗礼的滇军，云南全省光复后，经历援川、援黔、援藏的军事行动，所向披靡，大显威风，成为令人瞩目的一支新型滇军。所以舆论认为："滇军精锐，冠于全国。"② 这是辛亥昆明起义后的第三个"冠军"。

云南辛亥起义后创造的"三连冠"，凸显了云南辛亥起义在全国辛亥革命史上的地位。"三连冠"使云南成为民国初年全国较安定的省区。其实，除了"三连冠"以外，云南辛亥起义过程中还出现了许多奇迹，都值得总结。例如，辛亥革命发生之后，无论是改良派还是孙中山领导的革命党人都迅速意识到"排满论"会对新国家的主权造成危害。因此，"五族共和"转而成为包括袁世凯的北洋系在内的各方面的政治力量的共识。③ 然而，当"反满"呼声还甚高的时候，是谁首先提出"反清不反满"这个问题值得研究。而辛亥云南军政府可能是最早的一个。据记载，早在1911年12月9日，云南军政府军政部总长兼参议院院长，后为滇军第二师师长兼迤西国民军总司令的云南同盟会支部长李根源指出，此次革命"拨乱反正，实以扫除专制，改造民国为职责。此固政治之革命，不杂种族之问题"④。明确指出，反清不反满，辛亥革命是政治社会革命，而非种族革命。所以，他大胆地委任了原清末云南知府、满人崇谦为楚雄自治局名誉总理。⑤ 这可能是云南的又一创举。

留学生们为云南辛亥起义作出的贡献是众所周知、不可抹杀的。

---

① 《国务院电蔡锷锷溜筒江等获胜嘉奖》，载《民元藏事电稿》，西藏人民出版社1982年版，第38页。

② 赵钟奇：《护国运动回忆》，《近代史资料》1957年第5期，第25页。

③ 梁展：《族群转向与近代中国的国家认同》，《中华读书报》2013年1月23日第13版。

④ 李根源：《曲石文录》卷五，引自《云南贵州辛亥革命资料》第93页注②，科学出版社1959年版。

⑤ 崇谦：《宦滇日记》（1911年12月9日），谢本书主编《清代云南稿本史料》下册，上海辞书出版社2011年版，第642页。

中编

民国时期

七 民国前期的留学运动

民国时期的中国，动荡不安，曾经历过三个历史阶段，一是孙中山南京临时政府时期（1912.1—1912.3）；二是袁世凯及北洋系的北京政府时期（1912.3—1928.12）；三是蒋介石南京政府时期（包括抗战时期的重庆政府时期，1927.4—1949.10）。尽管动荡不安，时期不同，政策亦有变化，但鼓励出国留学、奖励留学生回国服务，这点还是近似的。

（一）留学政策的演化

孙中山南京临时政府时期为时甚短，但仍然坚持鼓励留学生的政策，而且在南京临时政府国务员的名单中，我们可以看到绝大多数都是归国留学生。

除孙中山为临时大总统，黎元洪为副总统外，国务员名单如下：

陆军总长　黄兴（留日）　　　次长　蒋作宾（留日）
海军总长　黄钟英（留英）　　次长　汤芗铭（留英）
外交总长　王冠惠（留日、美）次长　魏宸组（留法）
司法总长　伍廷芳（留英）　　次长　吕志伊（留日）
财政总长　陈锦涛（留美）　　次长　王鸿猷（留日）
内务总长　程德全　　　　　　次长　居正（留日）
教育总长　蔡元培（留法）　　次长　景耀月（留日）
实业总长　张謇　　　　　　　次长　马君武（留日、德）
交通总长　汤寿潜　　　　　　次长　于右任（留日）

在上述18人中，至少有15人有留学外国或长期在国外生活的经历。而在孙中山南京临时政府核心成员12人中，有8人为留学归国者，亦占三分之二，这无疑是一种重要信息。

虽然南京临时政府为时甚短，很难派出留学生，但是政府对国外的留学生仍十分关注。它曾在1912年初，对处于困难状态下的留欧学生，汇去12000元，进行接济，① 这也算是一种支持态度。

另有材料指出，孙中山治国重"海归"。早在1905年孙中山在日本东京成立同盟会时，同盟会主要领导人和地方分会主盟人就是：孙中山、胡汉民、黄兴、邓佳彦、汪精卫、宋教仁、秋瑾、蔡元培、廖仲恺、徐锡麟、吴玉章以及云南的吕志伊等，都是留日学生，他们还是辛亥革命的主要发起者和领导人。中华民国南京临时政府的核心成员，多为归国学者。

而中华民国北京政府的第一任内阁总理唐绍仪，是中国近代历史上第一代留学生——"留美幼童"的佼佼者。1912—1928年，北洋政府先后更换32届内阁，历任国务总理和内阁阁员中分别有四成和五成为"留学"出身。而20世纪20年代的24任外交部长，几乎全为欧美的"海归"。

1923年10月孙中山改组国民党，临时中央执行委员和候补执行委员15人，其中留学归国者13人，占87%。②

在蒋介石的南京政府时期，亦大体如此。据日本外务省情报部编纂，东亚同文会发行的《现代中华民国、"满洲国"名人年鉴》（1932年版），在中国政府中担任显要职务，包括政府主席、政府委员、五院院长、五院副院长等，合计45名，其中：

日本留学18人；美国留学6人；英国留学1人；法国留学1人；德国留学1人；日本兼及西洋留学4人；没有留学14人。

在1932年中华民国南京政府中，担任显要职务的留学生人数是31人，超过了三分之二。③ 这也传递了一种重要信息。

1912年1月，南京临时政府成立时即设有教育部。教育部下设有专门教育司，专门教育司之第一科即负责大学教育及留学生事务。1914年7月北京政府公布了《教育部官制》，教育部下之专门教育司第三科执掌留学事务及相关工作。可以看出，北京政府教育部是南京教育部的承袭，而留学生事务一直是其重要职责。

---

① 李喜所：《近代留学生与中外文化》，天津教育出版社2006年版，第324页。
② 《孙中山治国重"海归"》，见云南《文摘周刊》2013年8月26日。
③ ［日］实藤惠秀：《中国人留学日本史》，谭汝谦、林启彦译，北京大学出版社2012年版，第100页。

从南京临时政府到北京北洋政府时期，虽然政局不稳，留学热潮却未退却，尤其是留日热，仍在继续升温。1913年4月《谠报》（留日共和党机关刊物）刊登《日本留日学生经理员会议处广告》称："民国成立以来，青年好学之士，纷纷自费负笈东渡，现在东京者已达二千人以上，来者日众。"① 又据汤化龙在《对于海外留学事宜之办法》1914年5月11日中说：据"驻日公使函称，在东京官费生千八百余人，自费生近六千人"②。换言之，1914年，在东京的中国留学生几近八千人之多。这个数字，随着政治形势的变迁和日本对华侵略的变化，人数时增时减。然而直到1937年7月卢沟桥事变爆发，日本全面对华战争开始，留日学生情况才发生急剧变化。到1937年10月末，留日学生几乎全部返回中国，留下来的不过20多人。10月底，留日学生总会的干事亦全体归国，机关刊物停刊。

这一时期，为强化对留学生的管理，北洋政府教育部曾颁布了许多法规、章程等。如1914年12月24日颁布的《管理留日学生事务规程》，决定留日学生事务由教育部及各省行政长官分别派员管理，教育部派监督1人，各省或数省合派经理员1人，官费留学生经费即由各省经理员办理。官费学生经费之规定，留学日本帝国大学本科者，每月支给日币42元，其余分别为36元、33元不等，患病者每日治疗费2元等。1918年11月4日颁布的《留日官费自费生奖励章程》，规定对于成绩优秀者，按不同等级给予25—50元、50—100元不等奖励。随后还有1925年3月24日颁布的《驻日留学事务处组织大纲》、1925年3月24日颁布的《管理留学生事务规程》等。③ 这些规章表明，对留学生的管理逐渐正规化、制度化。

1928年，南京国民政府成立伊始，便通令全国，要求整顿留学教育，颁布《选派留学生暂行办法大纲》，严格选派资格，注意应用科学，以造就专门技术人才。到1932年，教育部次长朱家骅指出，最近留学人数约

---

① 《谠报》1913年4月，转引自实藤惠秀《中国人留学日本史》，北京大学出版社2012年版，第71页。

② 《政府公报》1914年5月13日，第724页；转引自《中国近代教育史资料汇编》，上海教育出版社1991年版，第399页。

③ 参见《教育法规汇编》、《专门教育》第430—434、442—443页；《政府公报》1925年3月27日、28日，第3228、3229号。转引自《中国近代教育史资料汇编》，上海教育出版社1991年版，第400—409页。

有5400余人,每年用费国币2000万元左右,已超过国内大学生经费总数的一倍。1933年国民政府遂又公布了留学教育的基本法规《国外留学规则》。按照这个规则,提出了更严格的要求。首先是选派资格,凡公费、自费留学生均需在国内公立或已经立案的私立专科以上学校毕业,或曾在国内担任过两年以上的技术职务;必须经过考试;学习年限少者两年,多则六年,回国后由国家统一分配工作。通过这两个办法、规则,国民政府初步实现了对留学教育的管理和控制。据国民政府教育部统计,仅1929年至1935年的7年间,中国仍在国外的留学生达6000余人,其中自费生有5000余人。而到1937年卢沟桥事变后,中国留日学生几乎全部返回,近代中国留日史基本结束。

随着形势变化,特别是"庚款"留学热、对法勤工俭学,以及对苏留学热的兴起,中国留学生的目的地,逐渐向欧美转移。

还要提及的是,为了加强对留学欧美学生的联系及其归国后的联络,民国二年(1913年)在北京成立了欧美同学会,后来又扩大成立了中国留学人员联谊会。欧美同学会成立以来100年的历史,是同国家民族命运休戚相关的历史,是不断奋斗、不断发展、不断走向辉煌的历史。一个世纪以来,一代又一代留学人员团结在欧美同学会这一具有光荣历史传统的组织中,为国家的强盛、民族的振兴贡献力量,留下了许许多多感人至深、情真意切的故事。欧美同学会的历史,也是中国百年留学史的有力见证。

(二)"庚款"留学热的兴起

中国人留学美国较早,容闳的留美以及120名幼童的留美,就是明证。但1881年120名留美幼童撤回后,留学美国一度中断。进入20世纪初,留美活动又热闹起来,后来成为国民政府财政部长的孔祥熙、著名实业家费起鸿、著名外交家顾维钧以及宋氏三姐妹都是20世纪初进入美国留学的。截至1907年,清政府共派遣220名官费生赴美留学,加上自费生约300人。

1908年5月25日,美国国会通过决议,允许将庚子赔款(简称"庚款")余额退还中国,用以选送优秀的中国青年赴美留学。庚款是1901年八国联军侵华战争后根据不平等条约《辛丑条约》规定的中国政府赔款。其中美国所得超过5%，当时折合美元2500万元，美国国会通过的议案，决定从1907年到1937年，逐年拨款资助中国派遣留学生。具体分配是：1909—1910年，每年483094.9美元；1911—1914年，每年541198.78美元；1915年，724993.42美元；1916—1918年，每年790196美元；1919年，790196.99美元，一直到1937年，每年都规定了具体数额。

1908年首次举行留学美国的"庚款"招生考试，报名者640人中，最后录取了47人。1910年又举行了第二次考试，报名的400人中，最后录取70人。1911年举行第三次考试，录取63人。"庚款"考试，鼓励了留美热，三次"庚款"考试共录取183人（另有3人未经考试，加入了"庚款"留学），1911年，中国留学美国人数达到650余人。[①]

由于"庚款"考试录取者多为教会学校学生，这就提出一个问题，即要更广泛地吸引优秀人才留美，需要创办留学预备学校。为此，清政府批准于1909年在北京西郊成立了清华学堂，1911年4月正式开学。清华学堂在辛亥革命后改称"清华学校"，系清华大学的前身，这也是由"庚款"创办的，作为培养留美学生的预备学校。这所留美预备学校，从1911年到1929年的近20年间，共向美国选派了1279名留学生（其中有少数女生）。这样，以清华为中坚力量，形成了清末民初的留美高潮。著名学者胡适、梁实秋都是清华学校培养出的留美生。据1925年的统计，当时在美的留学生来自97个国家7510人中有中国学生多达2500人，占1/3。[②]

1927年，南京国民政府成立以后，逐渐建立起较为正规的留学制度。然而随着1929年美国经济危机，留学生人数锐减，直到1933年留学生人数才逐步回升，到1935年中国留美生人数为1443人。中国著名科学家、导弹之父钱学森就是在这一时期留美的。抗日战争时期，国家困难，留学生人数大为减少，但战后又迅速恢复。1947年最后一批"庚款"留学生徐僖等5人留美，断断续续30年的"庚款"留学美国，终于告一段落。到1949年在美官费与自费留学生已达3797人。留美学生中，读研究生的比例较高，因而出现了一大批文化素质较高的杰出人才。

[①] 李喜所：《近代留学生与中外文化》，天津教育出版社2006年版，第240页。
[②] 陈潮：《近代留学生》，中华书局2010年版，第38页。

由于美国带了头，一些国家也设立了"庚款"留学经费。从1932年起，比利时的"庚款"留学政策实施，中国利用"庚款"留学比利时的有64人。1922年英国宣布退还庚款，但到1931年4月，中英双方才成立了中英文教基金董事会负责这一工作，从1933年夏举办首届留英庚款公费生考试，此后每年选派一次，至20世纪40年代初，共选派了9批193人，他们中有的人后来成为著名学者，如钱钟书、张文裕、卢嘉锡等。

（三）留法勤工俭学运动

中国青年留学欧洲的国家，主要是英、法、德、比利时等国，时间较早，黄宽与容闳留美后，黄宽于1849年转赴英国爱丁堡大学深造。之后有王韬赴英留学，后为南京临时政府司法总长的伍廷芳则是1874年自费赴英的。1877年后，清政府先后四次派80余人赴英、法学习海军技术，中国启蒙思想家严复就是这一时期赴英的留学生。

中华民国成立之后，留欧潮首先涌向法国，这与对法勤工俭学运动分不开。1912年2月，曾留学欧洲的蔡元培、李石曾、吴稚晖、张继、张静江等发起成立留法勤学会，提倡学生勤工俭学，目的在于"兴勤俭乐学之风"。但只送了两批80余人，因"二次革命"而中断。不过他们并未气馁，在各大城市设立了留法勤工俭学预备学校，共出现过20多所这类学校。1915年4月又成立"留法勤工俭学会"，其《勤工俭学会说明》，规定该会"勤以工作，俭以求学，以进劳动者之知识"为宗旨。1916年6月成立了华法教育会，这是中法两国联合组织的一个教育机构。1919年3月17日，首批留法勤工俭学青年89人从上海起程，经过近两月航行，于5月10日抵达巴黎，掀起了留法热潮。据法国档案馆1920年10月的统计，当时留法勤工俭学学生达1414人。其中有云南籍学生4人。①

留法勤工俭学以普通学生最多，从年龄上看，大多在21—25岁，年

---

① 李喜所：《近代留学生与中外文化》，天津教育出版社2006年版，第334—335页。又据《时报》报道，1920年留法勤工俭学生为1600人。关于留法的勤工俭学云南籍人士数量，至今仍然没有准确的数据。

龄最大的是蔡和森的母亲葛健豪，留法时年已54岁；年龄最小的是王树堂，年仅10岁。还有大学教授刘半农，以及教育界知名人士黄齐生、徐特立等，年已40多岁。

"五四"运动以后，掀起了新文化运动。中国共产党成立不久，又掀起了大革命高潮。中国共产党在留法、留欧人员中获得了较大的发展，不仅涌现了像周恩来、邓小平、蔡和森、陈毅、聂荣臻等杰出人物，而且培养了约500余位共产党员，他们中的50%是留学生，还有50%为在法华工。①

留法勤工俭学的同时，留英、留德的学生也增加了。例如1924年留英学生为250人，1927年为300人。而在1925年留德学生超过500人，到1937年为700人。当然，较之留法人数仍然偏少。留英的人士中出现了黄宽、严复、李四光、丁文江、刘半农等人；留德的人士中出现了蔡元培、蒋百里、朱德、陈寅恪、乔冠华、季羡林等人。

到1933年，国民政府教育部针对留学生中良莠不齐的情况，颁布了新的留学章程，提高出国留学的审查标准，规定只有从专科以上学校毕业或高中毕业后担任技术工作两年以上者，才可申请发给自费留学证书和护照。新的留学章程，在一定程度上限制了之后留学活动的发展，但也提高了留学人员的文化素质。

（四）留苏热的升温

20世纪20年代留苏热的兴起，是特定条件下的产物，而晚清留俄则是后来留苏热的开端。晚清留俄之始，由同文馆派遣，以学习语言为主，稍后随着留俄学生的增多，清政府乃以翰林院庶吉士章祖甲为留俄学生监督，强化了对留俄学生的管理。1910年，学部制定了《欧洲游学管理章程》，其中对留俄官费生和自费生作了详细的规定，留俄的年限最短为3年，最长为7年，并规定官费生不得擅自变换学校和专业。自费生学习医、农、理、工，成绩确实优秀者，可酌情补助部分学费。中华民国成立后，北洋政府继续选派留学生去彼得堡大学和俄国炮兵学校学习。1917年俄国十月社会主义革命后，北洋政府停止了派遣官费留俄学生。然而，

---

① 陈潮：《近代留学生》，中华书局2010年版，第17页。

也正因为十月社会主义革命的胜利引起了中国爱国志士的注意，一部分留欧生转向了社会主义的苏联留学。为此苏联相应地成立了若干大学，以及部分原有的大学，专门招收中国等东方各民族的青年学生。吸收中国学生的苏联院校主要有：莫斯科东方大学、莫斯科中山大学、莫斯科列宁学院、伏龙芝军事学院、列宁格勒托尔马乔夫军政学院、莫斯科飞行学校、莫斯科炮兵学校、莫斯科步兵学校、基辅联合军官学院、海参崴中国列宁学校等。20世纪20年代，中国到苏联的留学生近1400人，而95%的中国留苏学生集中于莫斯科东方大学和莫斯科中山大学。[①] 这里重点介绍这两所大学。

莫斯科东方大学，全称为东方劳动者共产主义大学（简称"东大"），是俄共（布）出资专门为培养和训练苏俄东部各少数民族和东方各殖民地半殖民地国家干部而设立的高等院校，学习共产主义理论等，并由俄方提供经费，于1921年初成立。这样，一部分留法勤工俭学学生转道去了俄国，其中包括聂荣臻、赵世炎、王若飞、蔡畅等。上海的社会主义青年团亦派刘少奇、任弼时、罗亦农等赴俄学习。1924年孙中山改组国民党后，实行国共合作，提倡"联俄、联共、扶助农工"，并派人前往苏联留学。

莫斯科中山大学，1925年3月为纪念孙中山成立，是一所专门为中国国民党培养干部的学校，原名为中国劳动者共产主义者大学，或称孙逸仙中国劳动大学（简称"中山大学"）。中山大学由苏共与国民党联办，实际管理和财政都由苏联负责。到1927年，国民党中央共派遣两批学员赴苏，既有国民党员，亦有共产党员，共计800余人（到1929年为859人）。其中包括蒋介石之子蒋经国，李宗仁之弟李宗侗，邵力子之子邵志刚，冯玉祥之子冯洪国，冯玉祥之女冯伏龙等。1927年国共合作破裂后，大批国民党留学生奉命回国，这所原来主要招收国民党员的学校，成为为中国培养共产主义革命干部的高级政训学校。

虽然国民政府停止向苏联派遣留学生，但中国共产党和其他爱国志士还是踊跃到苏联留学。20世纪40年代，有留学背景的中国共产党领导人中，70%是从苏联回来的，这些人大部分陆续进入了中共中央委员会和中

---

① 张泽宇：《留学与革命——20世纪20年代留学苏联热潮研究》，人民出版社2009年版，第110—111页。

央政治局。① 后来成为新中国元帅的 10 人中,也有 6 位在国外留学或工作过。而在这之前出席中共第一次代表大会的 12 名代表中,有 8 人是归国留学生,占 2/3。

民国时期云南留学生的目的地及其状况,与民国时期整个国家留学生的状况是联系在一起的。

---

① 陈潮:《近代留学生》,中华书局 2010 年版,第 27 页。

八 民国初年的云南留学生

民国初期，云南的留学工作不论是在组织机构还是留学的国别上，较之过去，都有所加强，为中华民族的救亡图存输送了大批精英和人才。

（一）民国初年云南主管留学的机构

辛亥革命时期，成立新政权——云南军都督府（云南军政府），都督府下设一院（参议院）三部（参谋、军务、军政部）。军政部主管内政一切事务，下分民政、外交、财政、学政、实业诸司。学政司下设学政公所，设议长一人，议绅四人，学政公所下设有专门实业课，负责留学生事务。1913年云南成立行政公署，在民政长下设教育司、教育司下设四科，其中第三科职掌专门、实业教育及留学事务。1914年6月行政公署改称巡按使署，政务厅下设教育科，教育科下设三股，留学事务归第三股负责。1917年9月云南成立省长公署。1921年省长公署正式成立教育厅，留学事务归教育厅第三科管理。1922年省政府改组，教育厅下设之第三科负责留学教育相关事务。1927年云南省政府成立，下设教育厅之第三科，掌理留学事务等相关工作。尽管教育机构变来变去，但都有具体部门负责留学事务之工作。

民国成立之初，曾选派有功之革命子弟25人，其中云南籍1人，名曾鲁光者留学日本。又分配各省留学生之官派定额，云南分给留欧美生17人，留日生27人，共44人。[1] 实际上民初云南派出留学生不止此数。

---

[1] 参见《教育杂志》1912年4（8），上海商务印书馆1912年版；中国历史档案馆《中华民国史档案资料汇编》，江苏古籍出版社1997年版。

（二）民国初年云南留欧美部分学生

辛亥革命以后，中华民国的建立，正如云南都督蔡锷所说，革命"为建设而破坏，非为破坏而破坏，破坏而不为建设，不第不为功之首，直为罪之魁矣"①。中国向西方学习科学与实业的心情更迫切，留学热继续升温。还在清末，云南当局根据形势发展需要，培养人才，建设云南，将原来之云南方言学堂改为高等学堂，设英文班、法文班、东文（主要是日文）班，培养准备出国留学的外语人才。辛亥云南军都督府建立以后，在实行一系列改革的同时，也加快了输送留学生的步伐，先后考送欧美及日本留学生100多人。②

云南军都督府于民国元年（1912）将云南高等学堂解散，并从在校学生中选拔五六十人到留学预备班学习，准备用公费送到外国留学，其余学生则全部转入云南两级师范优级学校。经过一年多的留学预备班学习，于1913年秋毕业，并进行出国留学考试。当时参加留学考试的除了留学预备班的学生外，也接纳全省有一定基础的学生参加，因此应考者达数百人。考试由都督府教育司主持，结果录取了合格留学生29人。其中留美生7人：董泽、任嗣达、卢锡荣、杨克嵘、周恕、缪云台、范师武，学习政治、工业、农业等科；留法生5人：李汝哲、姜荣章、窦志鸿、秦教中、柳希权，学习政治与军事、工业等科；留比生2人：熊庆来、杨维骏，学习矿冶。此外尚有2名留学德国的：何瑶、段伟；12名去香港的，学习工艺、医药、电气等科：姚光裕、李炽昌、王承才、张裔昌、陆万钟、吴永立、毕近斗、何昌等。③

---

① 曾业英编：《蔡锷集》（一），湖南人民出版社2008年版，第740页。
② 谢本书：《讨袁名将——蔡锷》，兰州大学出版社1997年版，第85页。
③ 《缪云台回忆录》（中国文史出版社2013年版）第8页称，这批留学生共录取24人，其中去美国6人；去法、比4人；去香港12人；去德国2人。但未附名单。而丁晓禾主编之《中国百年留学全纪录》（珠海出版社1998年版）第2册第669页称，这批留学生共录取13人，其中留美6人，留法5人，留比2人，并附有名单。对去香港、德国的留学生未提及。又据《缪云台回忆录》称，去德国的2人，先到青岛学习德语，不久因第一次世界大战爆发，去德已不可能，最后也去了美国。又据蔡寿福主编《云南教育史》（云南教育出版社2001年版）第505页称，考送入香港的为何昌等8人。又据档案载，1914年云南派送欧美及香港新旧留学生人数，法国5名，比国5名，美国7名，香港8名。参见《签呈核发教育司选送欧美香港留学生民国三年一至六月份经费》，云南省档案馆资料，1106-005-00153-015，这是核发经费的人数，可能更接近真实。

民初这批留学欧美的学生，后来很多都成了名人，其中尤以缪云台、熊庆来、段伟成就较为突出，名声亦较大。

缪云台（1894—1988），原名嘉铭，字云台，云南昆明人。据他回忆，1913年考取官费留学美国，由云南省政府负责留学经费。出发时，留美生每人领到600银元的置装费和零用钱，并规定以后的费用由"天顺祥"票号按期汇给。办理签证和购买船票的费用，则由一位外国老师克里森经手报销。

这批留美生于1913年8月从昆明出发，坐滇越铁路火车至越南河内、海防，由海防坐船到香港，再由香港坐船经菲律宾、大阪、横滨、檀香山，最后到达旧金山。在香港时，由于当时美国对华人入境限制很严，手续相当麻烦。要求留学生：（1）船位要坐头等舱；（2）服装要整齐，要穿西装，表示出学生的模样，不是华工；（3）先要检查眼睛和大便，看是否患有砂眼和钩虫病。检查结果，去美留学的6人中，有1人有砂眼，滞留香港，经3个月治疗好转后才去美国。

那时乘船去美国，路上约需28天。船到日本大阪，为了照顾游客下船游览，游客下船从大阪坐火车去东京，游览后再去横滨，轮船则开到横滨等候。从横滨再乘船去檀香山，然后转往旧金山。由一位青年会的干事介绍，先进入教会办的一所较小的西南大学熟悉环境，练习英语。一年之后，缪云台学矿冶，进了伊利诺伊大学，再转入明尼苏达大学。学习期间，缪云台曾参与实习，到矿坑做过测量工作，在造船厂当过工人。在学习过程中，云南爆发了反对袁世凯复辟帝制的护国战争，为此，1916年初，缪云台利用假期返回云南。路经旧金山时，旧金山原同盟会支部长林森托缪云台带交给护国军政府两张汇票，每张4万美元，两张共8万美元，指定作为护国军军费。护国战争后，缪云台返回美国，完成了学业，并于1918年在明尼苏达大学本科毕业，于1919年秋返国。[①] 缪云台的留学经历在云南留美学生中有一定代表性。

缪云台回国后立志兴办实业，富民强滇，先后任个旧锡务公司总经理、云南省政府委员、省农矿厅厅长、劝业银行行长、云南炼锡公司总经

[①] 《缪云台回忆录》，中国文史出版社2013年版，第9—18页。

理、富滇新银行行长、云南省经济委员会常务委员、国民参政会参政员、云南人民企业公司总经理、行政院政务委员、立法委员、处理美援物资救济委员会委员等职。1949年赴香港，次年侨居美国。1979年回国定居，任中国国际信托投资公司董事、五届全国人大常务委员、五届全国政协常务委员、六届全国政协副主席。缪云台是民国时期云南著名的"理财专家"，为振兴云南经济作出了重要贡献。

熊庆来（1893—1969），字迪之，云南弥勒县人。1913年熊庆来以第三名的成绩，考取官费留学比利时，学习矿冶。以熊庆来为代表的这批留欧生，是云南历史上的第二批留欧生。清末宣统年间，曾选送柳灿坤、杨宝坤、张邦翰三人留比。① 熊庆来、杨维骏在补习了法文以后，于次年报考野日大学矿科，但第一次世界大战爆发，中立的比利时被德军占领。不得已，熊庆来转到巴黎，进入圣路易中学算学专修班学习，后考入巴黎高等矿业学校，后又转入格诺大学、巴黎大学、查伯里大学和马赛大学专攻数学，获得了马赛大学理科硕士学位。熊庆来在法国近八年，历经四所大学，获得五种高等学历证书，且在法期间，发表了《无穷极之极函数问题》等论文，为法国数学界所推崇。熊庆来于1920年返国任教，并于1930年创办清华大学数学系研究部，这是我国第一个数学研究机构，出版《高等数学分析》等著作。1932年到苏黎世参加国际数学家代表大会，继续在法国从事数学研究，写出《关于整函数与无穷极的亚纯函数》等论文，1934年获法国国家理科博士。同年回国，重组清华大学数学系，被推为中国数学会理事长、中央研究院院士。1937年回云南任云南大学校长达12年。1949年到法国巴黎参加联合国教科文组织会议，继续在法国研究数学。1957年回国，任中国科学院数学研究所研究员、全国政协委员。熊庆来是著名数学家，其数学创见被国际数学界称为"熊氏定律"。②

---

① 据云南档案馆藏档：1106-005-02230-001。柳灿坤、杨宝坤、张邦翰三人留比，分别学习察苗、采法、炼化三种专业，每半年一期，三人经费共为5760法郎。到1912年张邦翰先行回国，柳灿坤、杨宝坤二人继续学习，每人学费每年仍需3000法郎。可见，当时官费留学生之费用是比较高的。

② 参见张维《熊庆来传》，云南教育出版社1992年版。

还要提及的是，与熊庆来一道赴欧留学的李汝哲，是云南纳西族留学法国的第一人。他学习刻苦，成绩优异。1916年李汝哲升入大学三年级时，用功过度，咯血不止，卧床不起，于1917年1月医治无效病逝，葬于巴黎贝尔拉什斯墓地。① 这是非常遗憾的。此外，留学美国的自费生陶鸿焘于1915年获"补给官费"生。

段纬（1889—1956），字黼堂，白族，云南蒙化（巍山）人，1913年考取公费留德，先赴青岛学德语，后因第一次世界大战影响，于1916年改为留学美国，入普渡大学学习土木工程，后又入麻省理工学院学习飞机制造，继入法国里昂大学，1923年转入德国学习飞机驾驶。1925年回国受聘东陆大学土木工程系教授，1926年任云南航空大队副大队长、大队长，是云南航空事业开拓者。1928年任云南工路总局技监（总工程师），主持滇黔公路修筑。1938年任滇缅公路总工程处处长，负责修筑并完成滇缅公路，国民政府奖给他一枚金质奖章。抗战胜利后任滇越铁路滇段管理处副处长、昆明铁路管理局副局长。新中国成立后任云南省人民政府顾问、参事等职。1956年病逝。段纬主持修筑的滇缅公路，为中国抗日战争作出了重要贡献。②

在上述民初云南留美生名单中，缺少董泽。董泽是1912年由云南省官费资助的留美学生。

根据档案资料，民国元年（1912）5月18日，军政府财政司核准给予留美学生官费留学，每月银100元，先付给6月费用银600元，另给川资银300元，共计银900元。③

董泽（1888—1972），字雨苍，白族，云南云龙县人。出身书香世家，昆明农业学堂毕业后，于1907年考取官费留学日本，进入东京同文书院学习。1911年10月辛亥武昌起义爆发后，毅然放弃学业回国，参与革命斗争。回到云南后，被蔡锷任命为云南军政府参谋官。1912年，董泽考取官费留学美国，进入哥伦比亚大学，攻读政治及教育学科。1915

---

① 丁晓禾主编：《中国百年留学全纪录》第2册，珠海出版社1998年版，第675页。
② 《云南省志》卷八十"人物志"，云南人民出版社2002年版，第531—533页。
③ 《令学政司办理董泽派赴美国留学案》，云南省档案馆藏档，1106-005-00152-001。

年底，董泽回国参与反袁护国运动，1917年再度返美完成学业，1920年秋获双项博士学位。返国后，奉命筹建东陆大学（云南大学前身），首任东陆大学校长达8年之久。1925年兼任云南省教育司司长、交通司司长、云南富滇新银行总办。抗战时期任财政部贸易委员会驻滇办事处主任，1946年任云南禁烟督察团团长等职。新中国成立后，任第一届省人民代表大会代表、省高等教育委员会委员、省政协委员、省参事室参事等职。董泽对云南教育和建设事业有着重要的贡献。①

（三）云南的"庚款"留学生

云南的"庚款"留学生有多少，由于缺少材料，目前尚难以回答，但至少有一位知名人士——施滉是可以肯定的。

施滉（1900—1933），白族，云南洱源人。1915年毕业于云南中等军医学校，1917年考入由"庚款"资助的清华留美预备学校插班生，并任图书馆学生助理。1919年参与了"五四"运动，游行时一度被捕。1922年发起成立"唯真学会"，实行八不主义：不抽烟、不喝酒、不嫖、不赌、不讲假话等。1924年6月他从清华学校毕业，赴美前专程赴广州拜见孙中山、李大钊等。1924年他到了美国，进入斯坦福大学学习。1926年，加入在旧金山的国民党左派组织，成立"中山学会"。1927年3月，施滉等人加入了美国共产党，他们是清华留美学生中最早的一批共产党员。蒋介石叛变革命后，施滉公开声讨蒋介石叛变革命的罪行，因而遭到蒋介石的通缉，他在云南的老家也被搜查。

施滉在美共中央领导下，秘密设立了中国局，召开了第一次代表大会，被选为中国局委员会书记。施滉还曾前往古巴、加拿大，对古巴、加拿大的华侨进行发动、组织工作。1929年秋天，施滉到达莫斯科，在共产国际学校担任翻译工作。1930年秋，施滉回到中国，先在上海中共中央特科秘书处工作，后到翻译科。1931年4月去香港任海员工会秘书，

---

① 《东陆瑰宝——董泽纪念文集》，云南大学出版社2006年版。

被叛徒出卖被捕，旋经营救保释。后去上海沪西区做工会工作，又去北平任中共河北省委宣传部长，1933年1月任河北省委书记。不久，再遭叛徒出卖被捕，坚贞不屈，惨遭杀害，年仅33岁。

施滉遇害后，远在美洲的华侨悲痛不已，垂泪悼念。美国共产党把每年1月1日，定为"施滉纪念日"。中共河北省委追认施滉为烈士。1949年4月，清华大学解放后的第一个校庆纪念日，在清华园图书馆门厅正面墙上，修建了一块施滉纪念碑，上面镶刻着烈士的头像，镌刻着烈士的简历和下面的题词：

> 他是清华最有光荣的儿子，
> 他是清华最早的共产党员，
> 他为解放事业贡献了生命，
> 施滉的革命精神永垂不朽！

施滉在斯坦福大学攻读东方史硕士研究生时所写的毕业论文，是最早较为全面论述孙中山事绩的学术著作。这个英文本的学术著作，一直未能出版。直到1996年才由云南人民出版社以《孙中山评传》为书名出版，刘彭陶翻译，马曜写了长篇中译本序言。[①]

（四）勤工俭学中的部分云南留学生

民初勤工俭学运动中的留学生，主要集中在中国东部地区，云南亦有少数有志青年参与。但是云南青年参与的规模与人数，却难以核实。其中以张伯简为最有名。

张伯简（1898—1926），字稚青，别名红鸿（洪鸿），白族，云南剑川人。1917年他在驻粤滇军医院当军需，受到广州革命氛围的感染。1919年冬，张伯简以"理财本非所能"为由，辞去军需职务，参与了赴法勤工俭学的大军，于1920年初到巴黎补习法语，年底进入博利午工业学校，一边学习，一边做工。为了坚持勤工俭学，张伯简与赵世炎、李立三等于1921年初提出了"互助、劳动、改造社会"的口号，成立"劳动

[①] 施滉：《孙中山评传》，刘彭陶译，云南人民出版社1996年版。

学会"、"勤工俭学学会"等组织。1921年冬,张伯简转到德国,在柏林继续勤工俭学。1922年张伯简在德国加入中国共产党,并与李立三等组织了"旅欧少年共产党",张伯简任组织委员、中共旅德支部成员,积极开展活动。同年冬,张伯简赴苏联参加共产国际第四次代表大会。会后,留在莫斯科,进入"东方劳动大学"学习。1924年夏,张伯简回国,在上海从事工人运动,同时担任上海大学政治经济学教授,以后又在中共中央宣传部工作,任党中央出版部书记。1925年1月,青年团中央在上海召开第三次全国代表大会,张伯简当选为共青团中央候补委员,代理团中央农工部主任兼《平民之友》编辑。"五卅"运动爆发后,张伯简被派往上海总工会工作。1925年秋到广州担任中共广东区执行委员、军委书记、组织部长。1926年任第六届农民运动讲习所教员,其所著《社会进化简史》,被农民运动讲习所列为理论研究参考书。同时在省港大罢工时期,任中央罢工委员会书记,由于劳累过度,于1926年8月病逝,终年28岁。张伯简是云南勤工俭学中早期留欧的杰出人士。[①]

在勤工俭学的运动中,留英、留美也出现了勤工俭学的云南青年。赵述完就是其中之一。

赵述完(1896—1978),字家通,云南通海人。17岁赴上海复旦大学中学部读书,毕业后参加环球学生会发起的留美勤工俭学,赴美留学。考入美国普渡大学,学习电机工程,1922年获硕士学位回国,参与创办东陆大学,后任云南省无线电总局工程师、电话局局长等职。新中国成立后任昆明市邮电局副局长。赵述完为昆明电机、电讯事业作出了自己的贡献。[②]

勤工俭学过程中,留学生的经济情况甚为困难。时驻法公使陈箓曾联合知名人士蔡元培,于1921年致电北京政府国务院及教育部,教育部乃转电各省督军、省长报告困难情形,要求停止各省继续募工赴法,并对已赴法困难学生给予接济。云南省长公署收到教育部转来电报,即以《省署议拟给予留法勤工俭学学生津贴及回国川资文》答复。文中说道:"该

[①] 《云南革命英烈》,云南人民出版社1987年版,第1—9页。
[②] 《云南大学志》第十卷《人物志·人物卷(三)》,云南大学出版社2013年版,第243—245页。

生等在法既困顿堪怜，自不能不酌量体恤，且勤工俭学生内有张伯简、许嘉锐二名，迭据家属等具呈因家寒无力供给，请按年给予学费等情到厅，当核其所呈艰难情形系属实在，批示俟呈复之案到时再行酌核办理。"为此决定，凡此次滇留法勤工俭学学生，其资格系中等以上学校毕业者，每名暂照鲁省（山东）例，年给津贴300元，由该家属自行领汇，以三年为限。若系高等小学及同等学校毕业或竟未入过学校者，应饬迅速回国，各发回国川资2000法郎。[①] 文中提及张伯简、许嘉铭二人，但从行文叙述中可以看出，云南留法勤工俭学学生不止此二人，同时也看出地方政府对留法勤工俭学学生总体上还是关怀的。

（五）留苏热中的部分云南留学生

民初留苏热，在云南亦有反映，这里我们可以举几个例子来加以说明。

李国柱（1906—1930），别名克内，云南巧家人。1919年入省立第一中学，品学兼优，但因经济拮据，不得不中途辍学，为学校担任图书管理员。1924年在省一中创立青年努力会（青年努力读书会），成为这一时期昆明进步学生的核心组织。1925年秋，在上海读书的张永和、何鸣九回到昆明开展活动，发展李国柱加入共青团，并在省一中建立共青团支部，以李国柱为书记，积极开展活动。1926年6月，中共派杨青田回云南，建立共产党云南地方组织，介绍李国柱加入共产党。李国柱的活动引起了地方当局的注意，准备逮捕他。李国柱遂潜往上海，向团中央汇报云南工作。不久，团中央选派李国柱到莫斯科中山大学学习。1928年7月，李国柱随到莫斯科参加中共"六大"的中共云南省委书记王德三返回云南，担任省临工委委员、共青团云南省委书记。由于叛徒的出卖，李国柱与省委负责同志王德三、张经辰、吴澄等先后被捕，坚贞不屈，于1930年12月31日遇难，年仅25岁。

---

① 云南教育厅：《云南教育公报》1921、1（1），云南教育厅教育公报发行处，1921年。

张经辰（1903—1930），云南盐兴（今禄丰）人。1917年考入省立第一中学。1923年张经辰在其三叔（盐商）的资助下，外出求学，先到南京，后去北京，考入南满医科大学，1925年加入"新滇社"，同时加入中国共产党。同年，张经辰又考入北京大学，成为北大预科生。1927年蒋介石叛变革命后，党中央派他到苏联东方大学学习。1928年7月，王德三代表云南党组织参加了在莫斯科召开的中共"六大"会议。会后，李国柱、张经辰随王德三返回云南，张随即任中共云南临工委委员、宣传部长。1930年6月，组织派张经辰到香港九龙出席会议。考虑到当时云南形势险恶，组织上要他开完会后不要回云南，但他坚持要将会议文件带回云南。结果在当年10月才回来几天，即遭逮捕，宁死不屈，遂于同年12月31日与王德三等人同时遇难。

李国柱、张经辰是民国初年留苏热时期的云南留学生，又是云南地下党的早期领导人，为云南革命事业作出了重要贡献和牺牲。

杨一波（1900—1981），原名杨立贤，字希之。蒙古族，云南路南（今石林）人。1919年考入省立第一中学，1924年加入中国共产党。1927年蒋介石叛变革命后，杨一波被派往莫斯科东方大学军事班学习，后又转到中山大学学习。1930年杨一波回到云南，不久即遭叛徒出卖，共青团省委、共产党省委遭破坏，杨遂出走上海、北京，一度遭逮捕，旋被保释出狱。1937年杨一波回云南工作，任云大附中教导主任、路南县中学校长、县教育局长。1946年杨一波因形势紧张，出走缅甸，任南洋中学校长，建立中国民主同盟缅甸支部。1949年秋，杨一波返国，先后在西南军政委员会、教育部、民盟中央工作，曾任第三、四、五届全国政协委员，1981年病逝于北京。

周保中（1902—1964），原名奚李元，白族，云南大理人。1917年年仅15岁的周保中为生活所迫，来昆明当兵。1918年即连续升为中尉、上尉连长。旋辞职去上海、广州，重新投入滇军，后回云南入讲武堂第17期兵科，毕业后去广州，参加北伐战争，任上尉参谋、团长，1927年加入中国共产党。1927年冬，周保中任新建的第六军18师52团团长、少将副师长，时年26岁。1928年初任湘东警备司令。同年11月，党中央派周保中去苏联学习军事，但到苏后却进入了莫斯科中国共产主义劳动大学,学习俄文和社会科学,后转到列宁学院学习。1931年"九一八"事变,周保中奉命回国参加抗战,去了东北,历任中共满洲省委委员、军委书记,绥宁反日同盟军军事委员会主席、东北抗日联军第五军军长、第二路军总指挥、抗联国际旅旅长。抗战胜利后,历任中共东北局委员、吉林省政府主席、东北军区副司令员。有《东北抗日游击日记》、《战斗在白山墨水》等著作。新中国成立后,任云南军政委员会副主任、云南省政协副主席、昆明军管会副主任、省委统战部部长、国防委员会委员、全国政协委员、中共八届候补中委等,同时还兼任过云南大学校长、云南民族学院院长、西南政法学院院长等职。周保中是白族人民的英雄儿女。

岑纪(1902—1994),原名赵济,字巨川,云南大理人。1920年赴北平入世界语专门学校,1921年加入社会主义青年团。1923年考入上海大学,1924年转为中共党员,北伐时为朱培德部第三军第九师政治部主任。1927年被党组织派往莫斯科东方大学学习,受托派思想影响。1930年秋岑纪返国,不满王明的"左"倾路线,自动脱党。后与中国托派人士联合组织中国共产党"左派"反对派,岑纪任宣传干事。随后岑纪返回云南,从事教育和翻译工作,后进入云南大学任教,担任俄语教授。但因"托派"问题,在1954年"肃反"运动中被捕,判刑15年。1979年恢复自由,受聘为云南文史研究馆馆员,直到去世。①

聂耳(1912—1935),人民音乐家,云南玉溪人,生于昆明,1933年加入中国共产党。中华人民共和国国歌《义勇军进行曲》的曲作者。1935年初,反动派拟逮捕聂耳,党为保护他,决定让他取道日本去苏联学习考察,1935年7月在日本海滨游泳时不幸溺水身亡。

从上述事例可以看到,民国初年云南留苏青年,基本上是中共相关组织所派遣,虽然各人发展情况不一,但大多为中国革命流尽了最后一滴血,为新中国成立,特别是云南的各项进步事业作出了重要贡献。

---

① 《云南大学志》第十卷"人物志",云南大学出版社2013年版,第13—21页。

九　民国前期的云南留学生

民国时期，中国留学日本人数，仍然保留着较高的水平。不过由于政局的变化，以及日本帝国主义侵华事件不断发生，留日学生集体归国事件时有发生，因而出现中国留日学生人数时高时低的现象。

（一）抗战前的云南留日学生

由于民国成立之初，经费奇绌，因而留日留欧美之游学监督处取消，改派经理员料理留学生事务。1914年1月，教育部公布《经理留学日本学生事务暂行规定》，虽然对留日学生之管理官员仍称为经理员，但其职权重于留欧美学生经理员；而且因留日学生较多，除中央政府派一经理员外，各省亦得派经理员，以加强管理。官费、自费留学生皆归经理员管理。经理员之职责为：一是关于官费自费留学生送学事宜；二是关于官费生发费事宜；三是关于考核证明官费生出入留学国境日期及收验官费生证书公文事宜；四是关于考核官费生之品行及学业各事宜；五是关于留学事项应行报告各事宜；六是关于教育总长或各省行政长官或驻日公使临时委任各事宜。

1914年12月，北洋政府教育部又公布《管理留学日本学生事务规程》40条，其中规定将中央政府所派之经理员改为部派监督，各省经理员与部派监督属从属关系。唯清华大学"庚款"选派之留学生，则归外交部董其事。[①]

根据上述文件精神，留日学生监督处裁撤，云南特派经理一人，继续

[①] 《教育杂志》第十五卷第十二期及《清华一览》，转引自舒新城《近代中国留学史》，上海书店出版社2011年版，第110—112页。

办理留学日本的事务。1913年，北洋政府恢复选派留日学生，云南考送40名预备科学生赴日公费留学。这批学生来源，系云南省内中等以上学校学生，录取后，先补习10个月，从1913年2月起至同年12月结业，即送往日本。学习课程以日文日语为主，其他科目如英文、数学等也在补习之列。学生在补习期间，膳宿费均系公费。负责补习生的管理事务由英法专修科办事官李存珖担任。上述学生送往日本后，有的中途辍学回国。毕业于日本京都帝国大学的有李耀高、苏廷桢（民生）等；毕业于东京高等工业学校的有胡邦翰、刘国树、廖方新等；毕业于大阪高等工业学校的有李德和、刀成英、黄福生；毕业于长崎医学专业学校（后改为医科大学）的有刘辉先、张德辉、倪守仁、邓晶、戚景藩；毕业于日本蚕桑学校的有赵良璧；毕业于东京农科大学的有张福延（海秋）、杨振坤、饶发枝、杜家瑜；毕业于名古屋医学专科学校（后改为医科大学）的有段世德；毕业于神户商业学校的有杨宝昌等20人。①

这批学生中，以张海秋为例加以说明。张海秋（1891—1972），名福延，字海秋，白族，云南剑川人。1913年云南选派公费留学日本学生，1918年毕业于东京帝国大学农林部林科。回国不久，任北京农业专门学校教授、中央大学农学院森林系教授。1939年秋任云南大学林学系主任、农学院院长、总务长、训导长、代校长等。解放后继任云南大学农学院院长、昆明农林学院教授、昆明市人大代表、云南省人大代表等。张海秋是云南高等林业教育的创始人，也是中国现代林业教育和林业科学技术的先驱者之一，著作甚多，其代表作有《森林数学》、《中国森林史略》等。他对古汉语文字、音韵亦有重要研究成果。

此外，经查阅云南省档案馆资料，当时留学日本的云南青年尚有：

刘青藜，保山人，26岁，到东二年半，在成城学校，后就学于东京高等商业学校。

兰汝芳，保山人，27岁，到东四年，先在东京同文书院毕业，改入山口高等商业学校，后转入明治大学校、商业大学预科。

张国士，弥勒人，22岁，到东四年，先在东京志成学校毕业，后入东京高等工业学校预科。

孙时，呈贡人，22岁，到东四年，先在东京同文书院毕业，后在东

---

① 陆蔚：《近代云南的海外留学教育》，《昆明史志》2012年第2期，第40页。

京高等工业学校预科。

邵世俊，昭通人，25岁，前在志成学校毕业，后在秋田山专门学校。

曹观仁，昭通人，28岁，到东五年，前在经纬学校毕业，后在大阪高等商业学校。

以上6人为公费留学生。

张培兰，弥勒人，32岁，到东四年，在东京志成学校毕业，后在正则英语学校，预备考高等学校。

魏尔晟，宁州人，25岁，到东四年，先在成城学校毕业，后在正则英语学校，预备考高等学校。

黄源静，弥勒人，22岁，到东四年，先在志成学校毕业，后在正则英语学校，预备考高等学校。

张法成，腾越人，25岁，到东二年，在志成学校。

黄元鼎，镇雄人，21岁，到东二年，前在志成学校毕业，后在正则英语学校，预备考高等学校。

曹观斗，昭通人，23岁，到东四年，前在志成学校毕业，后在正则英语学校，预备考高等学校。

以上6人为自费留学生。①

1913年以后，终止了原来选派的办法，改为学生自行赴日，先入预备学校，待其考入云南当局所指定的学校后，再给予公费补助。这一办法，助长了云南自费留学的潮流，而且原在日本留学的学生纷纷请改公费，大有失控之势，且流弊较多。

根据1913年教育部公布的《留学日本学生事务暂行规定》，对于留学日本之官费生的经费规定如下：官费生分为甲、乙两种。甲种，月给日币42元；乙种，月给日币36元。甲种限于留学日本帝国大学之学生。毕业回国的川资为日币70元，边远省份可适当增加。此外尚有医疗费等支出之规定。1914年12月，教育部又将学费改为三级，一级每月日币42元，二级日币36元，三级32元。受灾、恤费40元，对于后者自费生亦可申请领取。②

―――――――――

① 《饬军政部学政司调查滇省出国留学生情形》，云南省档案馆藏档案资料，1106 - 005 - 02230 - 001。

② 舒新城：《近代中国留学史》，上海书店出版社2011年版，第91—92页。

为了帮助解决留学生的经济困难，省政府增加了财政拨款，还采取一些措施，尽量减轻学生及其家庭之负担。例如，动员有条件的地方和企业，协助解决经费问题，帮助留学生渡过难关。为此，云南盐兴县（今禄丰县）制定了"灶捐留学津贴"的办法，也就是依据该地煮盐之灶所得，按收入的比例捐助云南留学生经费。1929年1月8日，盐兴县教育局发出公函称："敝县灶捐留学津贴，系以奖励人才，增加生产为职志。"历年来都有捐助，唯捐款总额虽不算少，但按留学人员分摊，每人所得甚属寥寥，为此改订章程，自民国二十八年（1939）起，改为奖学金制，特制定相关规则，以便施行。《盐兴县灶捐津贴旅外留学生暂行规则》主要条款如下：

第1条 盐兴煎盐灶户为培养人才，改进产制，特由本项下每盐衡百斤捐本省新币一分六厘，作为留学津贴。

第2条 灶捐留学津贴由盐兴县教育局收支保管，每属年终结算，宣布一次。

第3条 灶捐留学津贴发给学生，取奖学金制，以激励深造进取学生为原则。

第4条 ……

（四）留学外国大学每学期新币100元，但官费生不在发给之列。

（五）凡旅外学生对国家民族有特殊贡献或对科学有发明创造，经官所或著名之学术园证明者，每次津贴奖金新币600元。

第九条 本规则自呈准教育厅备案之日起实行。①

这个资助自费留学生的办法，在云南具有代表性。

然而，由于留学生大量增加，云南财力有限，不堪重负。于是，云南省政府于1926年制订《留日学生管理办法》，规定每年向日本派公费留学生名额为14名，后又分别增加为20—25名。1931年，云南省为加快培养急需人才，又制定了《补选暨管理自费留日学生规则》，规定每年公派留日学生30名（含女生5名）。② 同时鼓励自费生出国。"九一八"事

---

① 云南省档案馆档案：《盐丰县灶捐津贴旅外留学生暂行规则》，1016-1-980-38-008。
② 蔡寿福主编：《云南教育史》，云南教育出版社2001年版，第503页。

变前，云南学生赴日学习的学科主要为经济、文、法律、采矿冶金、医、齿、色染及酿造等。所在学校为东京帝国大学、京都帝国大学、东京高师、东京高工、大阪高工、京都医专、长崎医专、日本大学、明治大学等。"九一八"事变爆发后，留日学生出于爱国热情，悉数罢课抗议，云南公费及自费留学生到1931年底几乎全部返国。艾思奇的事迹就是一个重要例证。

艾思奇（1910—1966），原名李生萱，云南腾越（今腾冲）人，革命家庭出身。1925年考入云南省一中，积极参与学生运动。1927年东渡日本留学。其时腾越人张天放第二次赴日本留学，同时兼任云南留日学生经理员，负责管理官费、自费留学生事宜，并与寸树声、艾思奇同住租赁房屋。艾思奇在日本除阅读马克思主义书籍外，还刻苦学习日语、德语。学习德语是为了更好地学习马克思、恩格斯的原著。1928年5月，日本帝国主义制造"济南惨案"，艾思奇为抗议日本侵华，遂与"留日各界反日大同盟"的志士一同回国。

1930年初，艾思奇为完成学业，再度赴日留学，考入福冈高等工业学校采矿系，入学后刻苦努力，取得优异成绩。但1931年"九一八"事变，日本帝国主义侵略中国东北，再度激起中国留日学生的反抗，于是艾思奇再度毅然弃学，与许多爱国同学先后归国。艾思奇两次留学日本，两次中断学习，起因都是抗议日本帝国主义的对华侵略。[①] 后来艾思奇成为我国著名的马克思主义哲学家，为马克思主义哲学的大众化、时代化和中国化作出了重大贡献。

杨杰（1889—1949），云南大理人，曾两度留学日本。第一次是1907年，入日本陆军士官学校学习。1921年再次东渡日本，但这时的杨杰已是云南陆军留学生监督，专门负责管理云南陆军赴日留学军官事宜，但他既放弃了监督的职务，更放弃了中将的头衔，而以

[①] 谢本书：《战士学者艾思奇》，贵州人民出版社2000年，第65—78页。

中校身份，自费考入日本陆军大学，苦读、钻研，取得了很大成就，从而获得了著名军事学家、战略战术家的称号。

民国初年留学日本的云南青年中，艾思奇和杨杰是杰出的代表。他们的经历，反映了云南留日学生的精神风貌及留日潮的波动状态。

1932年7月，云南又因这些归国学生要求复学而增订了《复学办法》。复学办法的要点是，要求毕业生回国后要回滇工作，如不回滇工作，保证人要负责赔偿留学生在学习期间所花费的全部公费。同时规定，学习成绩不合格，中途辍学，以及违反相关规定者，即停止供给一切费用。到1936年，云南省教育厅将自费留学日本奖学金名额每年增加至20人，每人每月增加日币10元，加原额共30元。到1937年卢沟桥事变爆发后，云南留日学生再度激发爱国热情，随同全国留日学生纷纷返国。留学日本之途，暂告一个段落。

为进一步说明云南留日学生的情况，根据民国十一年（1922）的调查，这一年在日本的云南留学生情况如下：

云南官费留日学生一览表（1922年，25人）

姓名	籍贯	学校	学科
李晖阳	鲁甸	东京帝大	经济
萧寿民	昭通	东京帝大	经济
李乾元	晋宁	东京帝大	哲学
苏霖剑	剑川	东京帝大	哲学
李耀商	丽江	东京帝大	哲学
周锡夔	剑川	三高毕业升入东京帝大	政治
戴时熙	盐津	七高毕业升入东京帝大	经济
李 煜	景东	东京高师	文科
江向宸	嵩明	东京高师	文科
戴鸿猶	盐津	东京高师	文科
张铭勋	盐津	东京高师	色染
陈绍虞	盐津	东京高工	建筑
邓鸿藩	盐津	京都三高	文科
陈仲梅	昭通	七高	文科
萧 家	昭通	七高	文科
陈怡文	昆明	大阪高工	酿造

九　民国前期的云南留学生

续表

姓名	籍贯	学校	学科
吴仲优	昆明	大阪高工	采矿冶金
陈开动	昭通	大阪高工	酿造
刀成英	普洱	大阪高工	机械
明增愿	腾冲	京都医大	医科
张德辉	腾冲	长崎医专	医科
明增龄	腾冲	长崎医专	医科
张　景	昆明	东京高师	文科
寸树声	腾冲	东京高师	文科
赵　鹏	鹤庆	大阪高工	采矿冶金

云南自费留日学生一览表（1922年，14人）

姓名	籍贯	学校	学科
邓泰坤	会泽	大阪高工选科	采矿冶金
李苏翰	陆良	日本大学	法科
陈春培	大关	东亚预备学校	
叶仁基	昆明	已入联队	
罗佩铭	澄江	日本大学	法科
罗　泽	澄江	日本大学	商科
叶　光	云县	预备	
叶家祥	云县	大森体育学校	
李家莫	大理	东亚预备学校	
杨赵丕欣	大理	东亚明华女子医院	牙科
赵　庭	顺宁	预备	
赵　书	顺宁	预备	
赵凤英	顺宁	预备	
段承衡	云龙	东亚预备学校	

由上表可见，1922年云南留日学生有官费生25人，自费生14人，共39人。[①] 这个数字，与实际留学生人数是有差距的。

[①] 云南省教育厅：《云南教育公报》1922.1（9），云南省教育厅公报处发行处，1922年。

这批留日学生回国后多有贡献。我们试以寸树声、张德辉、郑易里等人加以说明。

寸树声（1896—1978），字雨洲，云南腾冲人。1918年冬赴日留学，先后在日本东亚预科、东京高等师范学校和九洲帝国大学文法学院经济系学习，获经济学学士学位，曾指导过在东京留学的艾思奇自学哲学。1931年"九一八"事变后回国。先在北平大学任教，1937年日本全面侵华后去西安，1940年初回云南腾冲，创办云南第一所华侨学校——益群中学，任校长并兼和顺中心小学校长。1942年腾冲沦陷前来到昆明，1944年加入民主同盟。1950年初任第一任腾冲县长，年底到云南大学工作，先后任教授、秘书长、教务长、副校长，1957年加入中国共产党，后为民盟云南省委主委、民盟中央委员，第二、三、四届云南省政协副主席、全国政协常委等职。1978年4月在昆明病逝。寸树声留学归国后，为云南教育事业和民主建设事业作出了贡献。

张德辉（1895—1971），字焕然，号念翁，云南腾冲人。1913年底东渡日本留学，入长崎医专（后为医科大学）学习，1920年毕业，获学士学位，遂在日当医生。1923年回国，在上海开设东方医院。1926年回云南，被委任为上校军医，但张不愿涉足军政界，婉言谢绝。1929年在腾冲设东方医院，为腾冲第一所西医医院。1942年腾冲沦陷，张因其妻怀孕，不便远行。日寇在腾胡作非为，要焚烧和顺，他应乡绅要求，被迫充当日军翻译，任腾冲日伪维持会副会长，但他暗中与游击队、抗战政府保持联系，使抗日队伍取得几次伏击敌人的胜利。战后继续行医。1950年后曾任县政协副主席、县人民政府委员会委员。"文革"中被捕，1971年死于狱中，1979年平反。这里要特别说明，据现有资料，云南留日学生归国后多有贡献，抗日战争中没有出现过汉奸。①

郑易里（1906—2002），原名郑雨笙，云南玉溪人，1924年考入北京大学农学院预科，1927年赴日本东京工业大学学习纺织。1928年济南事变后，郑易里愤而归国，同年底加入中国共产党，并组织翻译出版《资本论》，同时编纂大型《美华大词典》，并于1991年完成了计算机汉字编

---

① 《腾冲县志》，中华书局1995年版，第1023—1024、1027—1028页。

码系统,被称为"郑码"的"字根编码输入法",通过国家权威部门的鉴定,成为我国第一个符合文字规范的编码系统。1994年,第22届日内瓦国际发明展将金牌授予"郑码",以表彰他"对中国和亚洲文化信息事业发展所作出的重大贡献。"郑易里于2002年因病去世,享年96岁。

杨赵丕欣,大理人,原名赵丕欣,留学日本后改为杨赵丕欣,自费学医。从这里也可见民初云南的留学热潮。

从1919年到1928年,据现有材料统计,云南分别选送公自费留日学生62人,留美学生4人,留法学生3人。

(二) 抗战前的部分云南留欧美学生

1913年云南选派留欧美学生后,北洋政府教育部于1916年制定了《选派留学外国学生规程》,有十条规定,如第一条资格规定为:大学部或师范本科毕业及大学任教讲师2年以上,或外国高等学校毕业生。第二条考试规定,第一试为省试,考语文、外语;第二试为中央试,除考语文外,还加口试。第三条规定经费:制装费,欧美为200元,日本为100元。出国费,欧美为500元,日本为70元。每月学费,在英国16英镑,法国400法郎,德国320马克,俄国135卢布,美国80美元。第四条规定为学生出国后每月交留学日记及论文等。

由于形势变化,云南对一些自费生和勤工俭学留法生也给予一定资助。受第一次世界大战影响,1916年后留学生减少,1918年只选送李祖佑、周伟、张问孝3人至香港大学留学。1921年选送袁丕佑、张鸿翼、郜重魁3人赴美国留学。到1921年又制定了《考选派欧美留学办法》规定,考选大学专门学校毕业、曾任2年教员以上者赴欧美留学,要求甚高。次年云南曾一度中断向欧美选送官派留学生。根据1922年的调查,云南在欧美的官费留学生仍有17人,在香港的官费留学生4人。列表如下:[①]

---

① 云南教育厅:《云南教育公报》1922.1 (9),云南教育厅教育公报发行处,1922年版。

国别	姓名	月支学费	起费日期	备考
美国	李炽昌	美金九十元		由香港毕业赴美国实习，期满，汇川资饬其回国
美国	李 昌	美金九十元		汇川资函调回国
美国	李廷规	美金九十元		
美国	王承才	美金九十元	1921年10月	
美国	张鸿翼	美金九十元，外发津贴滇币四十元	1922年5月	现请资回国已准
美国	袁丕佑	美金九十元	1921年11月	
美国	邰重魁	美金九十元		
英国	卢锡荣	英金二十镑	1922年4月	原系留美，本年转英，已函调回国，尚未到滇
英国	柳灿坤	英金二十镑		5月18日由滇启程，学费尚未汇发
法国	柳希权	法金八百法郎	1919年8月	
法国	秦教中	法金八百法郎	1919年8月	
法国（勤工俭学生）	张伯简	每年津贴滇币三百元	1921年	定期三年津贴，已发至第二年
法国（勤工俭学生）	徐锐嘉	每年津贴滇币三百元	1921年	定期三年津贴，已发至第二年
法国（勤工俭学生）	吕其昌	每年津贴滇币三百元	1922年	发过第一年津贴
法国（勤工俭学生）	陈绍康	每年津贴滇币三百元	1922年	
法国（勤工俭学生）	余 铭	每年津贴滇币三百元	1922年	
德国	丁志远	留法勤工俭学生，每年津贴三百元		
香港	吴永立	年支港币一千元	1916年8月	
香港	张间孝	年支港币一千元	1918年9月	
香港	李祖佑	年支港币一千元	1918年9月	
香港	周 伟	年支港币一千元	1918年9月	

民国初年，云南只规定给赴日自费留学生改补官费。因此，云南自费费欧美留学的学生不多，后受赴法勤工俭学运动影响，云南自费赴法国的留学生日渐增多。而这些学生到法国后，遇到了很多的困难，有的经济上甚至到了难以度日的程度，遂请求云南省政府给予补贴。云南乃制定了《欧美留学生自费生津贴办法》，规定凡在国内中等以上学校毕业而自费考入欧美各国高等专门以上学校（云南省指定学校），并在本科二年及肆

业者，可以得到三分之一的津贴；考入第三年者，补给全费。名额定为：欧洲 16 名，美国 12 名，其余香港、安南、印度、缅甸、菲律宾等地则予特别办理，不定名额。补助办法为每生每年发滇币 500 元，以三年为限。① 这就在事实上鼓励了自费留学欧美。

为了规范选派赴欧美留学的行为，云南省政府于 1932 年初特制定《选派欧美留学生暂行规程》。规定计有 18 条之多，比较全面地反映了这一时期云南省政府的基本态度和政策规定，特引用如下。

云南省政府选派留学欧美学生的暂行规程

1. 云南省政府为以省费选派欧美留学生特制定本规程。
2. 选派欧美留学生暂定为二十名，其国别及科目规定如下：

国别	名额	科目
英国	二名	纺织一名、冶金（钢铁）一名
法国	四名	数学一名、医学一名、飞机工程一名、工业制造一名
德国	六名	土木工程一名、电气工程一名、冶金一名、医药一名、机械工程两名
丹国	一名	农林一名
比利时	三名	采矿冶金二名、土木工程一名
美国	四名	教育一名、商科一名、飞机工程一名、农林一名

3. 选派留学生之拔取办法，分为就本省各科人员选拔及就自费留学之合格学生选拔两种。
4. 本省合格人员之选拔，由本省政府组织考选委员会办理之，于每年冬季举行一次，委员会之组织及选拔细则另定之。
5. 凡现籍云南通晓留学国语文，有左列资格之一者，得与考选。
（1）国立大学或专科学校暨经教育部立案认可私立大学或专科学校之本科毕业生，曾在省内外服务二年以上，经审查证明者。
（2）曾任前项大学或专科学校之教授或讲师二年以上，经审查证明者。
（3）在本省行政机关任荐任以上职务，或任中等以上学校校长、高

---

① 蔡寿福主编：《云南教育史》，云南教育出版社 2001 年版，第 505 页。

级中学教员三年以上，确有成绩，经审查证明者。

6. 凡有左列情形之一者，不得与考。

（1）有反革命言论或行为者。

（2）身心不健全者。

（3）品行不端、劣迹显著者。

7. 自费留学国外著名大学或专门学校之学生，入校已满一年以上者，得自行向考选委员会申请免试选拔。前项选拔申请，如遇该留学国之自费生超过定额时，或虽有缺额，而所学科目、年级相同，或成绩复在及格以上者，则将规定之费额，均分补助之。

8. 省费生各项费用，照左列数目支给之。

（1）学费（以每名每月计）

英国：十六英金镑。

法国：九百法郎。

德国：十六英金镑。

美国（西部）：九十元美金。

　　　（中部）：一百元美金。

　　　（东部）：一百一十元美金。

比国：九百法郎。

丹国：十六英金镑。

（2）治装费

英、法、德、美：每人国币二百元。

（3）出国及回国路费

英、法、德三国：每人各国币八百元。

美国：每人各（西部）国币一千元，（中部）一千一百元，（东部）一千二百元。

9. 由自费生选补之省费生，不得请领治装费及出国路费。

10. 省费生留学期限，在省选拔者，自入学之日起算；由自费生选派者，由补给省费之日起算，扣至毕业之日为止。如期满不回者，停发省费。

11. 省费生出国，得预给学费三个月。行抵留学国后，须于三个月内入学肄业，以后学费由入学之日起支。其在三个月内不能入学者，其延长预备之时间，不以费用。

12. 凡选派之省费生，其所须之治装费、出国路费及预给之学费，除由本人出具收条外，并须邀请保人具结担保。

13. 省费生经派选后，须于三个月内起程，并须具实呈报出国日期。具有特别故障未能按期出国者，须先将理由呈报教育厅核准，否则取消其被选资格。

14. 省费生抵留学国后，须向驻在该国公使或留学生监督处报到，转教育厅备案，否则不得支领省费。

15. 省费生毕业回国，应至本省政府报到，听后派遣工作，继续在本省境内服务五年以上，否则向保证人及其家属追缴留学时全部费用。尚在一年以外，政府尚未派定工作者，准其自由就业。

16. 本规程所定省费国外留学生名额应需之各项费用，由省库支给担负之。

17. 关于留学成绩之考核、留学事务之管理，由教育厅另定规程办理之。

18. 本规程公布之日实行，其有未尽事宜，由教育厅随时呈请省政府修正之。①

根据这个规程，云南专门成立了"欧美留学生考选委员会"，由省政府主席龙云亲自兼"委员长"，其下按考试科目，分设国文、英文、农工、教育、党义五个小组，聘请云南著名学者周钟岳、缪云台、柏希文、张邦翰、华秀升等分任学科组长或成员。报考对象是大学生，并有一定"社会服务"（工作经验）的人员，分为省费（官费）和自费两种。前者留学专业必须是云南当时急需的专业，如矿冶、教育、机械等；后者不限专业，但资助费较少。1932年这一年有40多人报考，资格审查合格为21人，外加自费生3人，实际报考为24人。

考试内容包括：（1）共同试验科目：国文、党义。用中文答题。（2）外文：包括论说、翻译、口试。规定用所报留学国家语言作答。（3）专业基础学科，按文、理科分考，仍用所报留学国的语言答题。（4）专业分试学科，按所报留学专业方向考试，如报考"农林"专业，则分试"造林学"、"土壤学"等。（5）口试，由考选委员会现场提问，在笔试之后举行。内容并不限于本专业之内。成绩比例是：外语占60%，专业

---

① 云南省档案馆馆藏：《云南省政府选派欧留学生暂行规程》，1106-005-02252-003。

总分占30%（包括基础学科20%，分试学科10%），国文占7%，党义占3%。

1932年10月，24人经笔试后，淘汰一半，取12名进行口试。10月21日（周五）下午2时，口试在省府大厅举行。考选委员会委员长、省政府主席龙云亲临现场，主持这场历时2小时的口试。其试题如下：

首先是工业问题

1. 重工业与轻工业其性质和用途怎样？哪些比较重要？哪些比较容易举办？

2. 工业生产的要件一是原料，二是动力。本省工业原料蕴藏很多。现在要开办大工业，动力的来源在本省有几种？又以哪几种最便于利用？

3. 苏俄"五年计划"有些什么意义？中国是否可以仿行？

4. 孙中山先生说："云南是全国最丰富的矿区"。现在要着手开发，应从哪一处、哪一种矿产下手比较容易见效？

5. 飞机所有材料我国现感缺乏者是哪几种？若要自行制造，有哪些办法？

其二是农林问题

1. 云南地位和印度北半部纬度相同。印度棉产占世界第二位，但是本省棉产异常幼稚，这是什么缘故？

2. 云南严禁种（大）烟之后，农业方面要用什么东西来抵补？

其三是教育问题

1. 本省现在要成立学校区，有些什么意义？什么好处？大体办法应当怎样？

2. 教育行政和普通行政有哪些地方不同？

3. 职业教育风靡一时，但有人主张职业教育和实业教育建设相辅而行，否则无目的、无出路，和普通教育一样。孔子说过："富而后教"。究竟"富"和"教"应当同时并进呢？或是先富而后教？还是先教而后富呢？

4. 我国兴学三十余年，利害得失参半。其原因何在？是否教育自身不好？抑或其他方面不好？

5. 我国学风以何时代为最好？其好处何在？

6. 云南近三年来的教育，比之三年以前的教育，其优劣得失若何？

7. 云南高中毕业生到外省去升学，往往因程度不够而落第。以后要提高云南中学生毕业程度，其办法若何？

8. 云南普及教育的方针主张"乡村和城市并重"、"男子和女子并重"、"贫寒和富有并重"、"低能和天才并重"、"成人和儿童并重"、"边地和内地并重"。一视同仁，机会均等，固是正办。但在推行上有些什么困难？用何法去解决这些困难？

考试完后揭晓，正取四名，备取一名。

正取四名是：

杨家凤，36岁，鹤庆人，武昌高师毕业，时任昆华女子中学校长，总成绩84.56分，留学专业教育学。

熊廷柱，30岁，腾冲人，东南大学毕业，时任省立一中教师，总成绩76.5分，留学专业农林学。

张铭鼎，30岁，盐津人，武昌高师毕业，中学教师，总成绩61.61分，留学专业采矿学。

徐继祖，35岁，弥渡人，北京高师毕业，总成绩79.51分，留学专业教育学。

备取一名是：

杨鸿烈，29岁，晋宁人，北师大毕业，时任省立师范学院教授，总成绩72.88分，留学专业教育学。因"服务年限稍浅"，作为备取，第二次派遣出国。①

这次考试选拔是认真的，可以看到云南地方当局对留学、培养高端人才的严肃态度。正取录取的四名留学生出国留学入校的情况记载如下：②

姓名	留学国别	学校名称	入学年月	通讯处
杨家凤	美国	米苏里大学	1933年9月	美国米苏里州哥伦比亚米苏里大学或哥伦比亚第五街道四百号
徐继祖	美国	米西根大学	1933年9月	美国米根安阿堡孟罗街道九百一十六号
熊廷柱	美国	米苏里大学	1933年9月	美国米苏里哥伦比亚第五街道四百号
张铭鼎	英国	夏斐德大学	1933年9月	英格兰夏斐德西岸夏斐德学校

---

① 《云南教育行政周刊》，1932年第二卷第十二至十七期。龙云主持口试，见该刊第二卷第二十八期，《要闻》。转引自海淞主编《云南考试史》上卷，云南人民出版社2012年版，第136—138页。

② 云南省档案馆馆藏：《云南省第一期考送欧美留学公费生所入学校及住址表》（1933年10月造），1106-005-02252-011。

1934年，云南省政府还制定了《国外留学自费生奖学金规则》。根据规则，享受奖学金人员只限于本省留学日本及欧美各国之大学本科自费生入学一年以上者。奖学金名额，留学日本15名，每人每月日币20元；留学欧美各国15名，每人每月给该国留学公费金额的1/4。同时规定成绩不及格、退学或休学、触犯国外留学规程、学行不良以及不呈报在学成绩者，将取消其奖学金。① 但享受此种待遇的自费留学生很少，1933—1934年仅有6人。抗日战争全面爆发后，留学教育暂时中断。

云南第一批省费四名留学生，回国后多有杰出表现，这里列举杨家凤、徐继祖为例。

杨家凤（1896—1962），字端五，白族，云南鹤庆人。1923年任昆华中学校长，1929年以云南第一名的成绩考取公费留美生，赴密苏里大学教育行政学院学习。1935年取得教育博士学位回国，继任昆华女中校长，后兼任省教育经费管理局局长、省教育厅金库主任等。1940年后任云南大学教授、总务长、训导长。1956年身体康复后，任昆明工学院教授。

徐继祖（1896—1982），号述先，云南弥勒人。1923年任云南省第一中学校长，1924—1927年任云南驻日留学生经理员，1932年任省立第一师范学校校长。1933年公费留学美国密西根大学。学成回国，于1936年任东陆大学教授兼教育系主任、教务长，并创办云大附中。1937—1942年出任昆华中学校长，1942年任西南联大教育系教授。1948—1949年兼任云南省参议会议长。新中国成立后，任昆明师范学院教授，直至去世。

杨家凤、徐继祖对云南教育作出了重要贡献，是云南教育界的知名人士。此外，在民国初年留学美国，后来也成为教育界知名人士，又都担任过东陆大学校长的还有华秀升、何瑶以及姜亮夫、施莉侠等。

华秀升（1895—1954），名时杰，蒙古族，云南通海人。清末进入北京清华学堂，1919年保送美国留学，入密苏里大学，1921年毕业，取得文学学士学位，后又主修政治和历史，获硕士学位，再获哥伦比亚大学商学院经济学博士学位。1924年回国，任东陆大学教授兼文科主任，又兼高等师范学校校长、美术学校校长。1928年任东陆大学副校长、代校长。

---

① 云南省档案馆馆藏：《云南省国外留学自费生奖学金规则》，1106 - 005 - 02252 - 014。据《云南教育史》第506页（云南教育出版社2001年版）云，根据此规则，留日者20个，每人每月30元；欧美各国15个，留美、俄者，每人每月25元；留英、德者4.5英镑；留法者每月300法郎。这个数据，与档案记载不一，待考。

1933年任云南省审计处处长、会计处处长，1946年任省财政厅长等。

何瑶（1894—1968），字元良，云南石屏人。1917年到美国留学，入普渡大学学习机械工程，1921年获机械工程学学士学位。1925年回国任东陆大学教授，1930年任工学院院长。1932年起代理东陆大学校长5年，任职期间，恢复了被裁撤的云大附中，筹建医学院。1937年，何瑶任云南省经济委员会专门委员，后任云南五金器具制造厂厂长、模范工艺厂厂长等。新中国成立后任云南省工业厅技术处工程师等。

姜亮夫（1902—1995），名寅清，字亮夫，云南昭通人。曾入清华大学国学院研究院，在梁启超、王国维、陈寅恪等人指导下，专攻语言文字学，1934年自费留学法国，遍历巴黎、罗马、柏林等地图书馆、博物馆，拍摄、摹录数千件中国古代艺术珍品和敦煌文献归国，并编成《瀛涯敦煌韵辑》一书出版，这是我国早期敦煌学的代表性成果之一，是敦煌语言学的奠基性作品。此后，姜亮夫一直致力敦煌学的研究，出版了《敦煌学概论》等众多的著作，享有国际盛誉。此外，他在文学、语言学、历史学等方面都有突出建树，也是楚辞学的大师。他历任复旦大学、河南大学、东北大学、云南大学、云南师范大学、浙江大学教授，国家教委教育学术顾问等。1995年病逝于杭州，享年93岁。

施莉侠（1911—1993），女，云南会泽人。15岁留学日本，先学医，后学文，主攻诗词歌赋，出版《唐人曲》诗集。考取法国巴黎大学，先学文，再学史，并在法、英、意等国考察、留学先后达6年之久，获博士学位。1935年回到昆明，这时她才24岁，曾被云南大学聘为外交秘书。新中国成立后在会泽中学任教，后为云南省文史研究馆馆员、云南诗词学会顾问。1993年病逝，享年82岁，终身未嫁。她是云南省第一位留学欧洲的女博士。

到1936年为止，云南省教育厅根据发汇奖学金及回国旅费文件统计，在外留学的尚有留日生13人，留英、德生各1人，留法生2人，留香港生4人。他们分别是：雷廷芳、张静芳（东京女子医学专门学校），孔祥樾（东京武庄高等工业学校），王烈、蒋宝祥（早稻田大学），王谦（京都音乐学院)、高衮父(东京第一高等学校)、杨式谷(东京政法大学)、毛达庸(东京铁道局实习生)、毛友竹(福冈明治专门学校研究生),马季唐、侯奉瑜(东京帝国大学),吴诚梅(东京工业大学),周光琦(不详),杨振镛(英国雯斐大学),杨季文、杨继仪(法国里昂大学),苗仲华(法国汉诺威工业大学),邵俊、方楷、蔡维坤、张家宁(香港工科大学)。

  自民国元年(1912)至民国二十七年(1938),云南赴海外留学者人数分别为:农科18人,工科60人,理科13人,医科14人,文科11人,政法37人,商科7人,艺术4人,音乐3人,体育5人,其他46人,共218人。[①] 这是云南省教育厅的统计,主要指公费留学生,实际人数可能超过此数。

[①] 陆蔚:《近代云南的海外留学教育》,《昆明史志》2012年第2期,第41页。

十 云南留埃及部分学生简况

中国留学埃及的学生并不多,但情况较为特殊,所以这里以专章加以叙述。

(一) 留学埃及的缘起

据相关资料,中国回族学子留学海外,开始于清末光绪年间。首批留学日本的学生,来自直隶、山西、山东、奉天、安徽、江苏、陕西、湖北、湖南、河南、广东、广西、四川、云南等14省区36名回族青年。其中云南回族青年有4人:保廷梁、赵钟奇、孙永安、王廷治。1907年,在清廷驻日公使、粤籍钦差大臣杨枢(回族)的支持下,在日本东京组织"留东清真教育会",翌年创办《醒回篇》杂志,云南学生保廷梁被推为留东清真教育会会长兼《醒回篇》杂志编辑长。他们回滇后,适逢云南回教俱进会成立,遂将留东滇真教育会的思想主张广为宣扬,设振学社,创办《清真月刊》、《云南清真铎报》等刊物,开办中国回族近代史上第一所新型中阿文并授的高等专科学校(高等中阿学校),为中国首批留埃及学生从云南派遣作了思想、人才的准备。[①]

到20世纪30年代初期,中国留埃及学生的联络工作,主要是由云南回教俱进会与埃及爱资哈尔大学进行了首次信函联系之后展开的。

爱资哈尔大学始建于970年4月2日,至今超过千年。1896年起,开始颁发"学者证书"。它不仅是一所大学,还是伊斯兰文化教育的基地,被认为是伊斯兰世界的灯塔,[②] 在伊斯兰世界享有很高的声誉。

[①] 本章主要材料来自姚继德《中国留埃回族学生派遣始末》,高发元、姚继德主编《中国学生留学埃及80周年纪念文集(1931—2011)》,云南大学出版社2012年版。

[②] 马利章:《云南回族与爱资哈尔大学的渊源》,高发元、姚继德主编《中国学生留学埃及80周年纪念文集(1931—2011)》,云南大学出版社2012年版,第76—77页。

1930年8月，云南回教俱进会暨云南明德中学正式致函爱资哈尔大学校长，请求接受中国回族优秀子弟留学深造。这一信函是通过来滇的阿富汗穆斯林学者大章·穆罕默德代笔转交的。云南回族对埃及爱资哈尔大学仰慕已久，早在清代道光年间，云南著名经师马德新（字复初）便借朝觐之机，拜访过爱资哈尔大学。在他著名的《朝觐途记》中介绍说，爱大"朝堂百余座，甚而伟丽者"。爱大校长在收到云南方面吁请函后，于同年12月25日用英、阿两种文字复函云南回教俱进会，表明爱大同意接收云南回族学生前往留学深造。

　　接到爱大回函后，云南回教俱进会协调明德中学拟定考试办法及选派资助规章。经过半年多的筹备，明德中学校长杨士敏给俱进会会长马骢提交了《本校请准支部考送留埃学生》的报告。经俱进会批准，明德中学于1931年10月21日正式举行了书面考试，择优录取纳忠为公费生，马坚、张有成、林仲明3人为自费生。其时明德中学修学主任（同时兼云南省立高中英语教员、昆明市教育局会计科主任），年已47岁的沙国珍，自告奋勇，自备资费申请护送4名学生前往埃及留学，俱进会与明德中学遂聘沙国珍为留学生团指导员，由云南派出的首届中国回族留学生团组成。

　　沙国珍（1884—1970），字儒成，回族，经名穆罕默德·易卜拉欣，昆明人，祖籍大理，自幼受到伊斯兰文化熏陶，笃信伊斯兰教。先后毕业于云南政法学校、香港圣保罗英语学校，曾赴泰国清迈地区考察。1929年任明德中学修学主任等职。1931年底，率云南留埃学生团赴埃及。

　　沙国珍到埃及后，了解到爱资哈尔大学设有各国学生部，各国留学该校学生与学校沟通可以通过他们国家的学生部进行，各国有志留埃学生也可以通过其学生部帮助联系，提供方便。为此，他多次向爱大申请成立中国学生部，1933年5月1日，爱大同意成立中国学生部，特聘沙国珍为中国学生部部长。沙国珍肩任此职，同时考入开罗美国大学教育系读硕士研究生，也成为一名留埃学生，并获得硕士学位。1939年沙国珍回国，任中央训练团教官，后派任海外第三区缅甸视察专员，历时两年，用英、阿、华语进行抗日宣传、组织工作，著有《缅甸视察录》一书。1941年因病返昆明，辞职治病。1947年后，任中央教育专训班讲师、明德中学校长、五华中学英语教师、元谋张二村回民中学名誉校长，在玉溪大营村创办了回民培德女子学校。新中国成立后，更名沙又新，曾任玉溪县人大常务委员、云南省第一届人大会议代表、云南省文史研究馆馆员等。著有

《达尔文进化论阐发》、《论杜威教育学质疑》等。①

（二）六批留学埃及的学生

从云南录取的第一批留埃学生开始，为保证留埃学生的质量，明德中学对考送留埃学生的资格和考取学生应当遵守的条规，作了如下规定。其中，《考选学生资格》有四条：

一是本校学生以具有阿文、国文、英文、算术、史地、博物相当成绩为合格，阿文须《者略》以上能译其意者。国文须清顺通达者。

二是本校学生须得家庭同意签字认可者。

三是本校学生能除送去旅费外，不得累及学校者。

四（略）

《考取学生遵守条规》有六条：

第一，留学生毕业后须回校服务六年（此期费用当由校内相当筹给）。

第二，留学生须坚定意志，卒成其业，不得见异思迁，中途退学，违者由家庭追还公费。

第三，留学生以学宗教哲学礼法天经圣训历史教育等重要科学为限，不得任意学无用之学。

第四，留学生毕业后须即回校服务，不得在外逍遥致误校务。

第五，留学生每月须有文字一篇，寄登《铎报》，借以观其学业志向。

第六，留学生须注意外国学校教授方法科书目录。良好管理，随时报告本校以供择采。②

首届学生4人，指导1人，其中，马坚的情况较为特殊。马坚为前振学社亚文专修学校学生，当时在上海伊斯兰师范学校毕业，曾向校方提出留埃申请。该校校董马晋卿同意资助马坚赴埃及经费，但在上海申办护照签证历

---

① 马博忠、纳家璧：《望重德劭的沙国珍先生》；王子华：《沙儒成先生在埃及所作的贡献》，高发元、姚继德主编《中国学生留学埃及80周年纪念文集（1931—2011）》，云南大学出版社2012年版，第88—108页。

② 《云南清真铎报·留埃学生专号》第27、28期合刊，1932年2月出版，第7—11页。转引自姚继德《中国留埃回族学生派遣始末》一文。

时半年而未果。马坚遂由沪返滇，与纳忠等一道，由云南回教俱进会暨明德中学在昆明办理了赴埃申请手续。因此，马坚赴埃经费，由上海马晋卿私人资助旅费，由云南回教俱进会列入首届留埃学生团，从云南派出。

沙国珍偕同纳忠，于1931年11月9日乘火车沿滇越铁路启程，于次日到达个旧沙甸，会合马坚、张有成、林仲明，于11月13日由蒙自碧色寨车站，乘火车出发，踏上了漫漫征程，经边镇河口签证入越南境。11月14日，由老街乘车赴河内。11月15日，由河内抵海防。11月17日，由海防乘"东京"号邮船，于21日下午抵香港。23日，从香港乘法人"安达礼帮"号邮轮赴越南西贡（今胡志明市），26日到达。29日复乘该轮赴新加坡，12月3日到达。12月6日自新加坡赴锡兰（今斯里兰卡），8日抵哥伦坡（今科伦坡）。12月9日，从科伦坡启程赴亚丁，15日晚抵达。16日晨抵吉布提，16日午后启程过红海。19日抵苏伊士城，午后过苏伊士运河。20日拂晓抵波赛港入关，是日中午乘汽车前往开罗，当日下午抵达目的地——爱资哈尔大学。此行历时41天。①

第一批留埃学生开始了学习的新生活。

第二批留埃回族学生5人，由北平成达伊斯兰师范学校派遣，抵埃时间为1932年12月，这5名学生是韩宏魁（山东泰安人）、王世明（天津人）、金殿桂（山东泰安人）、马金鹏（山东济南人）、张秉铎（河南洛宁人）。本届学生由马松亭校长亲自护送到爱资哈尔大学。

第三批留埃学生3人，由云南明德中学派遣，于1934年3月到达爱资哈尔大学。这三名学生是：纳训（云南通海人）、马俊武（云南开远人）、林兴华（云南蒙自人）。

第四批留埃学生5人，由上海伊斯兰师范学校派遣，于1934年5月抵达爱资哈尔大学。这5名学生是：金子常（山东济南人）、定仲明（湖南常德人）、胡思钧（江苏六合人）、林兴智（云南蒙自人）、马有连（云南盘溪人）。

第五批留埃学生1人，即海维谅（湖南宝庆——今邵阳人）。他先在印度来克脑大学留学，后辗转抵达埃及爱资哈尔大学。

---

① 纳忠：《征程——从昆明到开罗》，原载《广西回教》创刊号，1934年10月。转引自高发元、姚继德主编《中国学生留学埃及80周年纪念文集（1931—2011）》，云南大学出版社2012年版，第33—54页。

第六批留埃及学生15人，由北平成达师范学校马松亭阿訇派遣。其时马松亭向爱大校长穆拉额商洽，继续派遣埃及学生事，新埃及国王法鲁克一世同意接受20名中国学生入爱大，由成达师范学校负责保送。经过考核挑选，录取了20名，由成达师范学院派教员庞士谦阿訇为团长，负责护送前往。但最后20人中仅有15人成行，他们是：马继高（四川成都人）、马宏毅（山西晋城人）、马维芝（河北献县人）、刘麟瑞（河北沧县人）、高福尔（新疆疏附人）、杜寿芝（新疆轮台人）、范好古（河南周口店人）、张怀德（河南庐氏人）、熊振宗（广州人）、杨有漪（北京人）、丁在钦（河北张家口人）、王世清（北京人）、金茂荃（山东泰安人）、张文达（山东沂水人）、李鸿清（北京人）。他们于1936年开始组织挑选，1937年成行，于1938年3月抵达开罗。其间，庞士谦阿訇应聘任爱大中国文化讲座讲师，次年当选为爱大中国学生部部长，接替沙国珍的工作，直到1945年归国。

民国年间，从1931年到1938年，中国留埃学生共6批33人（不含沙国珍、庞士谦，若包括他们2人，应有35人）。云南籍学子为10人：沙国珍、马坚、纳忠、张有成、林仲明、纳训、马俊武、林兴华、林兴智、马有连。

（三）留学埃及学生的经费

中国留埃学生，是由回教社团、学校通过宗教这个特殊的渠道，与埃及爱资哈尔大学联系，获准向该校派遣的，并提供特殊服务。就其性质而言，属于民间文化交流，而非政府行为，其资金只能依靠回民各阶层、热心民族教育事业人士捐助。

究竟有哪些人士参与了留埃学生经费的捐活动，各自捐了多少，哪些学生家长提供资金，学生之间又有哪些资金互助行为，根据现有资料，分别为以说明。

1. 昆明明德中学

昆明明德中学前后共派两届八名（包括沙国珍）留学埃及爱资哈尔大学。1931年为第一届派遣生，其中公派生一名纳忠，由云南回教俱进会资助大洋4000元（往返路费约1200元，在埃9年，每年生活费约300

元，每月计费用月25元，折合埃镑1.5镑左右，加上爱大补助，合计每月生活费3.5镑）。

沙国珍、林仲明为自费，从昆明到开罗旅费每人约650元大洋。沙国珍自筹，林仲明由其父筹集。张有成因家庭困难，由云南回教俱进会滇支部宣传处处长白亮诚单独资助旅费。而马坚，则是由上海伊斯兰学校校董马晋卿私人资助旅费。

1934年，明德中学派遣第二批留埃学生三名（中国第三批留埃学生），均属自费生。同年11月，明德中学教务主任李每生，给留埃及学生纳训信中介绍了筹款情况，本次留埃的纳训、马俊武、林兴华三人，照纳忠例，共需国币（大洋）1800元，使滇币14400元。林兴华父亲交来4000元，马俊武父亲交来4500元，滇真公会补助3500元，崇善公补助500元，利和昌补助1000元，何瑶廷补助400元，马彩廷补助200元，共计14100元。此外尚有马骢（云南回教俱进会会长）、杨士敏（明德中学校长）等尚未确定捐数。其中，林兴华路费由哈吉林建文提供。不久，上海伊斯兰师范学校选送的林兴智等筹集600大洋。归国路费各800大洋（因路价上涨关系），林建文哈吉前后提供资金近3000大洋。

2. 北京成达师范学校

由北平成达师范学校共派遣两批留埃学生共20名，其中第二批5人，第六批16人（含团人庞士谦）。除张秉铎为自费生（自筹路费500元大洋）外，其余成达师范学校筹集。其中，马君图捐资100元（大洋），余立之捐资100元，马少云特捐9000元，马子寅捐资1000元，孙绳武捐资200元，马桂武捐资50元，刘达轩捐资5元，青海回教促进会捐资200元。此外，侯松泉、孙燕翼、马子香、唐柯等亦有捐助。马松亭出国后，家庭生活费则由唐柯三、侯松泉、赵璞华三人分担。

以上捐款人中，马少云、马子寅、马君图为军政界回族人士，孙绳武为蒙藏委员会兼西北中学校长，余立之为青岛回民士绅，马桂府为回民中医，刘达轩为牛街老乡。

1937年成行的留学团16人，出国费用预算为1万大洋，其中白崇禧（回族将军）捐资5000大洋，唐柯三、孙绳武、王曾善、常子春、赵明远等人各捐5000大洋，达浦生、余立之各捐100大洋，香港回教会捐了300大洋，其余则由成达师范学校筹集。

3. 上海伊斯兰学校

第一批留埃生中有上海伊斯兰学校的马坚，费用由校董马晋卿资助，不会少于4000大洋。后来马晋卿还捐出房产一套供马坚归国后翻译《古兰经》用。

1934年上海伊斯兰学校选送金子常、定仲明、胡恩钧、林兴智、马有连等五人留埃（其中二人为云南籍），大部分经费亦有马晋卿提供。归国时，金子常为西北朝觐随团翻译，路费当由该团负责。马有连未归国。定仲明、胡恩钧、林兴智都是单独回国。林兴智属自费生，按上海伊斯兰学校情况分析，也有出国时为公费，归国时为自费之可能。因上海伊斯兰学校最大的资产是马福祥赠给的三千亩水田，经费不会太拮据。①

由上述可知，中国数批留埃学生费用，大多为民间资助。他们为繁荣民族文化，促进中埃文化交流所出的贡献，应该给予肯定。

（四）留学埃及学生回国后的影响

云南先后留埃学生共10人。在埃及学习期间，虽然生活艰苦，但他们仍然从有限的助学金或津贴中，省下一部分经费购买图书，刻苦钻研。在每年长达3个月的暑假阶段，其他大多数师生前往乡村度假，而中国学生则不畏酷暑，一头扎进图书馆，勤奋好学，博得埃及学者们的赞赏。通过几年的艰苦努力，他们顺利通过了爱资哈尔大学最高委员会主持的严格考试，大多学成归国。

他们中的一些学子在埃及学习时，便着手翻译埃及名著并向国内介绍。如马坚翻译的有：《回族哲学》、《回教真理》、《回教教育史》、《回教基督教与学术文化》、《阿拉伯通史》；纳忠翻译的有：《伊斯兰教》、《回教诸国文化史》、《回教学术思想史》；纳训的《全本天方夜谭》；林仲明的《回教历史教科书》等。同时，他们还将《论语》等译成阿文，又用阿文撰写和翻译了《茶神》、《阿伯娶妻》及《中国格言谚语》等。

他们回国后，取得了许多的成绩，影响深远。我们这里试举几例

---

① 马博忠：《他们不应该被遗忘——留埃学生派遣资金问题初探》，见《中国学生留学埃及80周年论文集》第109—112页。

说明。

马坚（1906—1978），字子实，云南个旧人。1928年到上海伊斯兰师范学校学习，1931年去埃及爱资哈尔大学留学，1939年回国，先后在上海、南京、重庆、北京等地从事阿拉伯文经典翻译和教学工作，主编《清真铎报》，被选为中国伊斯兰学会常务委员、中国亚非学会理事。新中国成立后，历任全国政协委员、第一至五届全国人大代表、北京大学东方语言文学系教授。他的主要贡献，可以归纳为以下几个方面：（1）把《论语》译成阿拉伯文，把《古兰经》译为汉文。马坚1935年在开罗翻译了《论语》，并在开罗古籍出版社出版。翻译伊斯兰教最重要的经典《古兰经》则用了更长的时间，至1945年基本完成《古兰经》的翻译。1949年，北京大学出版社和商务印书馆出版了马坚加注的《古兰经》译本前8卷，1981年《古兰经》全译本由中国社会科学出版社出版。（2）主编《阿拉伯语汉语辞典》和《汉语阿拉伯语辞典》。（3）将《中华人民共和国宪法》译为阿拉伯文，将《埃及宪法》译为汉文。（4）将《回教哲学》和《伊斯兰哲学史》译为汉文，将孔子哲学和老子哲学介绍给阿拉伯世界。还在北大创建了阿拉伯语专业，出版了专著《中国回教概论》、《穆罕默德的宝剑》、《回教哲学》、《伊斯兰哲学史》、《回教教育史》、《阿拉伯通史》、《回历纲要》、《回教真象》、《教义学大纲》等。他是留学埃及群体中最具代表性的学者之一，为中阿文化交流作出了积极贡献。

纳忠（1909—2008），原名纳寿恩，字子嘉，云南通海人。1931年以优异成绩考取并由云南回教俱进会公派、首批赴埃及爱资哈尔大学留学的学生。1931—1940年的9年间，纳忠在爱资哈尔大学攻读伊斯兰学、阿拉伯语、阿拉伯—伊斯兰历史和文化，获爱资哈尔大学最高委员会授予的该校最高文凭"学者证书"。1940年回滇，任昆明明德中学教务主任、代校长，后赴中央大学（南京大学）任教授，1947年回云南大学任教授11年。1958年奉调北京外交学院、外国语学院（今北京外国语大学）任教授、系主任、院务委员会委员，曾任全国政协委员、中国伊斯兰协会常委、中国非洲史研究会会长，叙利亚大马士革阿拉伯语言学会通讯院士等。先后去阿尔及利亚、巴基斯坦、马来西亚、沙特等地访问。

纳忠作为中国研究阿拉伯历史、文化的著名学者，著述甚丰。早在1948年即出版《回教诸国文化史》，1997—1999年出版其代表作《阿拉伯通史》（上、下卷），还编写了《阿拉伯语课本》、《阿拉伯语语法》等教材，主持编写了《阿拉伯语》（10册）及《基础阿拉伯语语法》（4册），又出版了《传承与交融：阿拉伯文化》、《埃及近现代简史》、《伊斯兰教的信仰》，主持翻译了《阿拉伯—伊斯兰文化史》（8卷），还译有《伊斯兰教与阿拉伯文明》、《伊斯兰教》、《伊拉克艺术》、《也门社会发展一瞥》等。2001年10月荣获联合国教科文组织颁发的首届沙迦阿拉伯文化国际奖，成为非阿拉伯国家获得这一国际文化大奖的第一人，这是我国阿拉伯语言学界获得的最高奖项。

纳训（1911—1989），字鉴恒，云南通海人。1930年考入昆明明德中学，1934年赴埃及爱资哈尔大学文学院留学，专攻阿拉伯文学。纳训先是翻译介绍中国文学作品，转而翻译阿拉伯文学巨著《一千零一夜》。从1936年到1939年共译《一千零一夜》6卷，托沙国珍带回交商务印书馆出版，前5卷更名为《天方夜谭》。1947年回滇后，先任明德中学教务主任、校长，后调云南民族学院（今云南民族大学）工作。1956年调省文联，将《一千零一夜》译完，由人民文学出版社1957—1958年出版。1959年调人民文学出版社，《一千零一夜》全译本6卷（每卷35万—40万字）于1982—1984年出版。纳训为中阿文化交流作出了重要贡献。

林仲明（1915—2005），字子敏，云南蒙自人。1931年第一批留埃学生中，他年龄最小，仅18岁，张有诚最年长，28岁，马坚26岁，纳忠22岁。1940年林仲明回国，在重庆广播电台用阿拉伯语广播，宣传抗日必胜，1945年在中国驻阿拉伯大使馆任职。1951年回云南任回族联合会秘书，1954年调北京中国伊斯兰协会工作，1958年调北京国际关系学院任教，曾去阿拉伯国家访问。退休后仍致力于阿拉伯语教学工作，被聘为昆明伊斯兰教经学院顾问并担任该校教学工作。

张有诚（1902—1987），又名子仁，原名王成芳，出生于云南文山，落籍云南蒙自。1931年赴埃及留学，主攻《古兰经》学、圣训学、伊斯兰哲学、教义学等科目，选学伊斯兰教法律学。1939年毕业，获爱资哈尔大学博士学位。1940年归国，返回蒙自沙甸，建养成学校，任校长兼阿语老师。新中国成立后继续从事教育事业，并任蒙自县人大代表、个旧市人大代表、红河州人大代表、个旧市、红河州政协副主席，云南省政协常委、中国伊斯兰协会委员等。

云南留埃及学生归国后，成绩显著，影响较大。

（五）滇东南少数民族地区的留学生

滇东南少数民族地区留学生的情况，也有其独特的背景和特点。

滇越铁路通车以后，对滇东南地区发生了重大影响。在滇越铁路通车运行后，滇东南地区现代化交通直接强化了对外的交流，也推动了滇东南少数民族地区的留学热潮。仅以1912—1942年不完全统计为例，滇东南少数民族地区留学日本及欧美人员达40人之多。见下表。

时间	国家	人员
1912—1913年	日本	袁丕佑、陈俪、李□、沈鸿炎、高天爵、侯奉琨、毛增学、梁之相、袁丕明、马秀唐、罗周书、谢树森、廖方新、吴信达、毛达康、刘宝煊、高衮文、侯奉瑜、毛友竹、张杰、陈家骥、沈秀璐、蒋宝祥、王珝
	比利时	熊庆来
	法国	熊庆来、高贵分
	美国	何瑶、袁丕济、何瑷、袁丕佑
1931年	埃及	马坚、纳忠、林仲明、张有成
1942年	美国	周宝瑶、赵国书、袁宗虞、郭启柱、纳忠升、马如鸢、袁绩恂

这些数字和留学生的姓名，在其他章节已有部分论述和说明，这里强调的是滇越铁路运行对滇东南少数民族地区留学生所起的促进作用。①

---

① 王玉芝、彭强、范德伟：《滇越铁路与滇东南少数民族地区社会变迁研究》，云南人民出版社2012年版，第120—121页。

十一 留学生与护国战争

辛亥革命推翻了两千多年的封建帝制，建立了民主共和国。然而不久，袁世凯窃取了辛亥革命的胜利果实，对内独裁，对外卖国，建立了北洋军阀的统治，接着又复辟封建帝制，在1915年12月12日宣布接受帝制，当起了"中华帝国"的"皇帝"，遭到举国上下强烈反对，爆发了反袁护国战争。

（一）反袁护国战争的爆发

袁世凯帝制复辟活动公开化以后，全国各阶层人民、政党、派别、团体，除了一小撮死心塌地追随袁世凯的爪牙外，都在不同程度上进行了反对袁世凯复辟帝制的斗争，形成了空前规模的反袁联合阵线。正是这种大联合，推动了反袁护国战争在云南的爆发。

武装反袁的护国战争首先爆发于云南，不仅反映了全国人民的反袁意志，而且在云南也有自己的优势。这些优势主要是：（1）云南地处偏僻险阻的山区，军事上扼险要之势。（2）云南当时已有军队两师，素质较好，军官差不多都是云南陆军讲武堂或日本陆军士官学校毕业的学生，曾受过严格的教育和训练。（3）云南陆军枪械大多是德国克虏伯的产品，枪炮火力较强，是清朝末年以重金购买来的。所以当时有"滇军精锐，冠于全国"之说。（4）此时的云南，北洋军阀势力尚未渗透，北京政府对云南有"鞭长莫及"之感。（5）云南当时的主要掌权人物和滇军军官，原来大都是同盟会员或倾向革命的人士，对袁世凯复辟帝制非常愤慨。（6）云南各族人民共和观念深入人心，坚决反对复辟。这些优势条件，造就了护国战争首先爆发于云南的主客观条件。此外，受民主、共和思想熏陶的归国留学生在促成云南护国战争的爆发及护国战争的胜利进军方面，也发挥了重要的作用。

归国留学生和滇军军官的积极活动，迫使掌权的云南将军唐继尧（也是归国留学生），在经过一番迟疑和犹豫之后，终于转变到反对袁世凯复辟帝制的阵营中来。唐继尧的转变，为反袁护国战争在云南爆发提供了可靠的后方基地，增加了反袁护国军的安全感。

1915年9月11日、10月7日、11月3日，滇军军官三次召开秘密会议，商讨武装讨袁、安排军事部署，从而在事实上把反袁武装起义提上了议事日程。在云南反袁武装起义即将爆发的时刻，辛亥时期曾任云南都督、后被袁世凯调往北京的蔡锷（也是归国留学生），机智地逃出了北京，于1915年12月19日来到昆明。蔡锷的到来，对云南反袁武装斗争是一个新的刺激，加速了反袁护国战争的爆发。

蔡锷到昆明后两天，于12月21日、22日连续召开了起义前的两次会议，参加会议的人数众多，仅22日参加会议并宣誓的就达39人。他们是：蔡锷、唐继尧、李烈钧、任可澄、罗佩金、戴戡、张子贞、陈廷策、刘法坤、成桄、顾品珍、孙永安、黄毓成、赵又新、殷承瓛、杨杰、戢翼翘、叶成林、欧阳沂、何海清、马为麟、吴和宣、盛荣超、邓埙、唐继虞、李沛、李友勋、徐进、马骢、秦光第、李修家、李朝阳、董鸿勋、赵世铭、李琪、胡道文、李雁宾、王伯群、庾恩旸等。在这39人中，有一半多为归国留学生。会议决定，立即行动，先致电袁世凯，令其取消帝制，然后宣布独立。12月23日，唐继尧等致电袁世凯，要求取消帝制，诛除帝制祸首，限12月25日上午10时答复。后未收到答复，唐继尧、蔡锷等联名向全国发出通电，宣布云南独立，护国首义，武装讨袁。

这样，轰轰烈烈的反袁护国战争就从云南开始了。

（二）留学生中护国军的将领

云南宣布护国独立的同时，组织建立了护国讨袁军和护国军都督府。护国讨袁军和护国军都督府主要将领几乎都是留学归国的学生。具体情况如下表：

护国军梯团长、纵队司令以上军官一览表

职务	姓名	籍贯	毕业学校
护国军都督	唐继尧	云南	日本士官第6期
总参谋长	张子贞	云南	日本士官第8期
第一军总司令	蔡锷	湖南	日本士官第3期
总参谋长	罗佩金	云南	日本士官第6期
第一梯团长	刘云峰	山东	保定陆军军官学堂
第二梯团长	赵又新	云南	日本士官第6期
第三梯团长	顾品珍	云南	日本士官第6期
第四梯团长	戴戡	贵州	日本师范生
第二军总司令	李烈钧	江西	日本士官第6期
第一梯团长	张开儒	云南	日本士官第6期
第二梯团长	方声涛	福建	日本士官第4期
第三梯团长	何国钧	云南	日本士官第6期
第三军总司令（兼）	唐继尧	云南	日本士官第6期
第一梯团长	赵钟奇	云南	日本士官第7期
第二梯团长	韩凤楼	河南	日本士官第6期
第三梯团长	黄毓成	云南	日本士官第6期
第四梯团长	刘祖武	云南	日本士官第6期
第五梯团长	庾恩旸	云南	日本士官第6期
第六梯团长	叶荃	云南	日本士官第6期
挺进军总司令	黄毓成	云南	日本士官第6期（梯团改编）
第一纵队司令	杨杰	云南	日本士官第10期
第二纵队司令	叶成林	云南	日本士官第6期

护国军梯团长，相当于旅长，纵队司令略高于团长。从上表可以看到，除刘云峰1人出身保定陆军军官学校外，有18人出身日本陆军士官学校，1人出身日本师范生。在梯团长、纵队司令以上20人（重复2人已去掉）中，留学归国生竟达19人之多，即占护国军高级指挥官的95%。在这20人中有16人为云南籍，全部是日本陆军士官学校毕业的归国生。此外，在支队长（团长）级别军官中，尚有部分是留学归国生。如何海清、孙永安、刘法坤毕业于日本士官第6期，吴和宣毕业于日本士官第5期，邓泰中毕业于日本东斌学校等。众多的留学生群体成为护国军

的主要将领，保障了护国战争的胜利推进。①

（三）护国战争的胜利

反袁护国战争枪声的打响，是以归国留学生蔡锷领导的护国第一军开始的。

护国第一军第一梯团长刘云峰所属邓泰中（归国留学生）、杨蓁两支队（团）于云南宣布独立前，即向川边移动，于1916年1月16日到达云南、四川边境后，立即发动进攻，于21日占领川南重镇叙府（今宜宾）。护国军首战告捷，军威大震。蔡锷率第一军主力赵又新、顾品珍（皆归国留学生）第二、三梯团所属董鸿勋、何海清、禄国藩、朱德4个支队3000多人，经贵州毕节，进入四川南部永宁（今叙永），向川南另一重镇泸州发起进攻。四川战场是护国战争的主要战场。

袁世凯大为震惊，手忙脚乱，在北京新华宫丰泽园设立"征滇临时军务处"，亲自主持对云南的军事行动，以虎威将军曹锟为征滇第一、二军总司令，负责指挥四川、湖南方面的战争，以广东广惠镇守使龙觐光（广东将军龙济光之兄）为云南查办使，率第三路军向云南进攻。

在反袁护国战争打响不久，1916年1月17日，贵州省宣布独立，响应护国，以刘显世为"护国军贵州都督"。2月2日，驻川南的第二师师长刘存厚（日本陆军士官学校第6期毕业生）在四川纳溪宣布独立，响应护国起义，成为"护国川军总司令"。

当时，护国军中路主力正面的泸州，已集中北洋军张敬尧一师、吴佩孚一旅和川军熊祥生旅，总兵力为1.5万人，装备齐全，战斗力较强，而且后援部队不断增加。蔡锷所率护国第一军中路主力两梯团仅3000余人，加上刘存厚等部川军不过5000人，只相当于北洋军在泸州兵力的1/3。其情势是可想而知的。在1916年2—3月的40多天里，四川南部几乎全部化为战场，纳溪（泸州隔长江以南的县城）三易其手，叙府（今宜宾）得而复失，泸州战势形成拉锯。这是护国战争最艰苦的时刻。

由于战争旷日持久，部队疲劳过甚，加之军需弹药亏缺，后继无援，

---

① 本节材料参考白之瀚《云南护国简史》，《云南文史资料选辑》第63辑，云南人民出版社2006年版；谢本书等《护国运动史》，贵州人民出版社1984年版。

为此蔡锷于1916年3月7日将护国军撤出纳溪一线，总司令部转移到大洲驿永宁河的一条大船上，休整以准备反攻。

正当护国军川南前线战斗紧张之际，龙觐光率部从广西进攻云南南部。同时，广东将军龙济光的子侄龙体乾等，勾结土匪，在滇南蒙自一带叛乱，坐镇云南的护国第三军总司令唐继尧，及准备向两广进军的护国第二军总司令李烈钧（皆归国留学生），两军联手，迅速击溃了龙觐光的进攻，镇压了龙体乾等的叛乱，稳定了护国军的后方基地。3月15日，广西宣布响应护国独立，陆荣廷任护国军广西都督兼两广护国军总司令。

蔡锷抓住这个有利时机，于3月17日发动了全面总反攻。几天之内，护国军反攻得胜，拿下江安、南溪，重新夺回了纳溪。北洋军损失惨重，被迫与护国军议和，四川前线战斗逐渐停顿下来。

眼看袁世凯江山摇摇欲坠，帝国主义各国逐渐改变了对袁世凯帝制的支持态度，加上北洋军阀内部开始分崩离析，战争又使北洋军遭到惨重伤亡。袁世凯被迫于1916年3月22日宣布撤销帝制。这样，袁世凯83天皇帝梦遂成泡影。

袁世凯当不成皇帝，却还想把住大总统位置不放。护国军坚决反对，要求袁世凯退位，全国人民也表示了非袁世凯下台不可的决心。各地反袁斗争形势仍在高涨。4月6日广东宣布独立，4月12日浙江宣布独立。护国军及反袁独立各省为了坚持袁世凯退位，坚持对抗袁世凯非法政权，遂于5月8日，在广东肇庆成立护国军军务院，以代行北京政权，处理军国大事。尽管护国军军务院实际上未起到领导独立各省的作用，但是军务院成立本身表明了护国军一定要袁世凯下台的决心。这对于鼓舞全国人民反袁斗争的信心，起到了积极作用。随后，陕西、四川、湖南又宣布独立，袁世凯无可奈何，一病不起，于1916年6月6日结束了自己的一生。袁世凯一死，标志着以反对袁世凯称帝为宗旨的护国战争胜利结束。

护国战争是近代中国资产阶级领导的仅次于辛亥革命的一次伟大的革命运动。所谓"辛亥首义，民国建立；护国讨袁，共和再现"，其历史地位被充分肯定，而归国留学生在护国战争中所起的重要作用，应给予充分的估价。

十二　抗战初期的留学活动

1937年7月7日卢沟桥的枪声，标志着中国人民全面抗战的开始。卢沟桥事件的爆发，使中国的留学事业受到巨大冲击。一时间海外学子纷纷辍学回国，留日学生首当其冲，几年之内几乎全部归国。中国近代留日史基本结束。然而，在战争的硝烟中，留学事业虽受到国破家亡、经费奇缺的影响，但是留学的脚步并没有停顿下来，只是留学的规模缩小，留学的目的地更多地转向了欧美。

（一）留学生活动的变化

早在1927年蒋介石南京国民政府成立后，施行所谓训政时期，提出"教育为立国之大本"，对教育实行严格控制的同时，发展了高等教育，亦注重发展留学教育。1928年8月17日清华学校改名清华大学，改隶教育部，同年招考留美公费生。1928—1937年的十年间，国民政府在留学教育方面相应地制定了一些措施，要求整顿留学教育，并颁布了《选派留学生暂行办法大纲》，严格选派资格，注意应用学科，以造就专门技术人才。1932年，国民政府教育部长朱家骅指出，最近留学人数已超过5400余人，每年费用总额在国币2000万元左右，已超过国内大学经费总额一倍，但由于对留学人员漫无限制，年龄无限制，资格无限制，所习学科更无限制，结果有的出国只是接受普通教育，造成留学教育的极大浪费。为此，1934年，国民政府公布了留学教育的基本法《国外留学规程》，并立即实施，其中各种规定颇为详细。

从制定《选派留学生暂行办法大纲》到《国外留学规则》，国民政府在较短时间内，初步实现了对留学教育的管理和控制。

国民政府军费支出浩繁，收入有限，留学经费不敷分配，遂提出公费留学以省费为主。因此20世纪30年代，各省派出留学生数量有所增加。由于各省考选留学生须送教育部审查合格者方能派遣出国，故实际上各省的留学教育也纳入了统一的留学教育轨道，受到中央政府的控制。而事实是，自费留学生的增长更为迅速，1929—1935年的七年间，在国外的留学生有6000余人，其中自费生约有5000余人，约占85%。

1937年7月卢沟桥事变爆发后两个月内，6000余留学生中回国者达4000人，到10月留日学生几乎全部返国。

而留学欧美的学生也纷纷回国，共赴国难。抗战前夕，中国在欧美各国的留学生共约4000人，到1938年5月回国者几占一半。留学生归国原因很多，最重要的还是强烈的忧患意识和共赴国难的使命感。归国留学生除大部分留在抗战大后方外，亦有不少人奔赴延安。为此中共中央1939年决定在延安创办自然科学院，德国归国留学生陈康白担任副院长（后为院长）。延安自然科学院是解放区的第一所理工科大学。归国留学生中亦有众多名人赴延安，如柯仲平、田间、高长虹、雷加、臧文远、刘岘、颜一烟、丁日初等。

为适应抗战时期的情况，国民政府教育部于1938年颁布了《限制留学暂行办法》五条，具体内容是：

限制留学暂行办法
（民国二十七年［1938］六月公布）

一、凡选派公费留学生及志愿自费留学生，研究科目一律暂以军、工、理、医各科有关军事国防为目前急需要者为限。

二、凡公费或私费留学生须具有左（下）列资格之一者：

1. 公、私立大学毕业后，曾继续研究或服务二年以上、著有成绩者。

2. 公、私专科学校毕业后，曾继续研究或服务二年以上、著有成效者。

三、现在国外留学生，领有留学证明，出国已满三年以上者，一律限令本年九月以前回国，逾期不回国者，一律不发外汇证明；其有特殊成绩，确需继续在国外研究或其所习学科为军、工、理各科有关军事国防者，经肄业学校及驻外各大公使馆证明后，得予通融延长。

四、现在国外留学生，未领留学生证者，请求外汇时，教育部一律不予证明,其愿即行回国经驻外各大、公使馆证明属实者,得呈请教育部发给回国旅费、外汇证明书。

五、本办法呈由行政院核准公布施行。①

这个办法的颁布,进一步限制了抗战时期的留学活动。

抗战时期仍滞留海外的部分留学生,据1938年5月的统计,在国外的公费、自费留学生尚有2500人,他们主要是留欧美学生,其中以留美生最多。据1939年5月统计,留美学生尚有1163人。抗战前,中国留学生人数,留日最多,留美次之,留欧最少;抗战期间则变为,留美最多,留欧次之,留日最少。当然,国家需要人才,即使在抗战时期,留学教育也未完全中断,只不过人数大为减少而已。1937—1945年9年中出国留学人数为1500余人,仅及战前一年左右的人数,其中最少的1941年和1945年,仅为57人和8人。②

抗战时期(1937—1945)出国留学生数

年度	共计	文科					理科				
		计	文	法	商	教育	计	理	工	医	农
1937	366	138	20	61	33	24	228	46	107	34	41
1938	92	13	2	7	1	3	79	18	34	20	7
1939	65	20	1	9	1	9	45	20	13	8	4
1940	86	32	8	10	7	7	54	8	25	11	10
1941	57	20	3	11	4	2	37	8	19	4	6
1942	228	73	15	39	13	6	155	32	103	7	13
1943	359	181	37	53	84	7	178	28	124	9	17
1944	305	34	8	11	10	5	271	27	164	23	57
1945	8	—	—	—	—	—	8	5	—	—	3

资料来源:民国三十七年(1948)《中华年鉴》下册第1747页附表。转引自周棉主编《中国留学生辞典》,南京大学出版社1999年版,第605页。

1943年,国际反法西斯战争开始明朗化,中国战场的局势亦趋于稳

---

① 云南省档案馆藏档:《限制留学暂行办法》(1938年6月),教育部长陈立夫公布。1016-001-00345-005-003。

② 参见丁晓禾主编《中国百年留学全纪录》第3册第5部,珠海出版社1998年版,第887—895页。

定，国民政府开始放宽留学政策，设置了林森（国民政府主席）留学奖学金和中正（国民政府军事委员会委员长蒋介石）留学奖学金，不过这两个奖学金录取人数都不多。1943年12月，国民政府教育部举办了抗战开始后第一届自费留学生考试，参加考试的有751人，最终录取了327人，于次年陆续出国留学。1944年12月，国民政府教育部分别在重庆、昆明、贵阳、成都、西安、兰州、建阳等地举办英美奖学金及实习生考试，录取并派遣195人赴英美留学。同年，国民政府宣布，所有公费留学生的派遣一律由中央办理，取消各省派遣公费留学生的权力。

抗战胜利后的1946年，举行了全国公费留学考试，应考者多达4463人，出现了辛亥革命后的又一次留欧美热潮。这一次录取148人，分别派遣至美、英、瑞士、丹麦、荷兰等十多个国家留学。同年举办第二届自费留学生考试，这一年出国留学生总人数已上升到730人，其中留学美国554人，占总数的76%。此后，国民政府于1947年与美国签订了"中美文化协定"，成立美国在华教育基金委员会，利用美国剩余战时财产售与国民政府所得2000万美元，在中国各个大学推进英文教学，协助美籍教授来华讲学，派遣留学生及他种教育活动之用。

到1948年，据统计，美国大学的在读中国学生总计达2710人，分布于全美15个州。1949年赴美留学生增至797人，比上年增加40%。[①]

到新中国成立后的1950年，尚留在世界各地的中国留学生和学者有5000多人，其中美国3500人，日本1200人，法国197人，德国50人，丹麦和加拿大各20人。

1937年后，中共延安政权也派出了赴苏留学生，他们多半是高干子弟或烈士子女。其中有李富春之女李特特，刘少奇之子刘允斌，毛泽东之子毛岸英、之女李敏，张太雷之子张芝明，朱德之女朱敏，王若飞之女王继飞，罗亦农之子罗西北等，甚至红军时期担任过军委供给部长的高级领导干部杨至成亦赴苏学习达八年之久。

（二）民国时期的留学生规则

民国时期，国民政府为规范和强化对留学生的考选、活动及管理，曾

---

① 丁晓禾主编：《中国百年留学全纪录》第3册第5部，珠海出版社1998年版，第895—896页。

先后制定了若干条例、办法和规则、规程,而其中最具代表性的是1934年初颁布的《国外留学规程》,抗战时期仍然沿用这一规程。鉴于目前出版物中对这一规程没有完整的记载,有的部分记载,不仅不完整,且错漏不少,甚至把标题"规程"写成"规则",时间也误写为1933年等。为此,我们在这里全文收录这一规程。[①]

国外留学规程
(二十三年［1934］二月教育部颁行)

第一章 总纲

第一条 凡赴国外留学者均须依照本规程之规定办理。

第二条 由各省市教育行政机关(以下简称省市)考试或由公共机关遴选派赴国外研究专门学术,供给其研究期间全部费用者,称为公费生。

第三条 各省市应就其留学教育经费项下设留学奖学金,以鼓励其本省市留学自费生成绩优良者。奖学金名额及办法由各省市规定,呈部核准施行。

第四条 公、自费生有损辱国体或荒怠学业及其他不法行为,得由所在国之管理留学机关报告本部,取消其留学资格,勒令返国,如系公费生并追还其以前所领之一切费用。管理留学机关指留学监督处及使领馆而言。

第二章 公费生

第五条 各省市考选派赴国外研究专门学术者,应注重理工农医等专科。研究科目之种类,公费生名额,留学国别、年限及经费状况等,须由各省市依其地方情形之需要及所研究科目之性质,于每届招生前详为规定,呈部核准施行。但留学年限至少两年,至多不得过六年,实习及考察期间在内。

第六条 各省市公费生经各省市考试后,由本部复试决定。前项考试

[①] 云南省档案馆藏档:《国外留学生规程》(1934年2月,教育部颁行),1106-005-02246-015。

之举行,在同一省市区内每年一次,自二月一日起至三月一日止为报名日期,四月一日起至十五日止为各省市考试日期,七月一日起至七月十五日止为本部复试日期。但距京遥远或有其他特殊情形之省市,得由主管教育行政机关呈部核准,就初试所在地派员或指定机关举行复试。

第七条 各省市考取公费生详细章程,由各该省市教育行政机关依照本规程之规定制定,呈部核准施行。复试办法由本部另定之。

第八条 凡具有下列资格之一者,得报名考试。

一、国内外公立或已立案之私立专科以上学校毕业,并曾任与所习学科有关之技术职务二年以上者。

二、国内外公立或已立案之私立专科以上学校毕业后,曾继续研究所习学科二年以上,而有价值之专门著作或其他成绩者。

三、国内外公立或已立案之私立大学或独立学院毕业而成绩优良者。

第九条 报名时除呈缴毕业证书及最近四寸半身相片二张(一张存各省市,一张送部)外,其具有前条第一项资格者,并须呈缴履历书及服务证明书各两份(一份存省市,一份送部);具有前条第二款资格者,并须呈缴学校成绩证明书、服务证明书或学校成绩证明书,须由服务处所最高主管人员或学校校长签名盖章。

第十条 前条各件经省市审查合格后,方得参与考试。

第十一条 考试事项如左(下)。

一、初试

(甲)检验体格,体格不及格者不得参与乙、丙二项考试。

(乙)普通科目:1. 党义,2. 国文,3. 本国史地,4. 留学国国语(作文、翻译、会话)。

(丙)专门科目:专门科目视所考各学科而定,但最少须考三种科目。

二、复试

(甲)留学国国语(作文、翻译、会话)。

(乙)专门科目:专门科目由初试之专门科目中选考三种,投考人对于留学国国语程度较差,而于他国国语(母语除外)熟悉者,得以他国国语代之。

第十二条 初试成绩之计算,以普通科目中之党义、国文及本国史地共占总分数目百分之二五,留学国国语占百分之二五,专门科目占百分之五十。复试成绩以三种科目平均计算。

第十三条 凡经省市考试及格者,给予初试及格证明书,并须于五月十五日前将考取生各项成绩,连同第九条所举各项证件送部备查。经复试及格者予以复试及格证明书,不及格者不得更请复试。各省市初试得于每学科应派遣名额加倍录取,送部复试。

第十四条 复试考取各生须于三个月内出国,逾期者取消资格。

第十五条 出国及回国川资由各省市视留学国路程其地情形规定之。川资及学费发给手续由各省市规定,但出国时须预给三个月学费。留学经费暂以留学国国币为标准。

第十六条 各省市于每公费生出国时应拨存其留学国管理留学机关准备金一千元,以供灾害救济、疾病治疗等意外之用,其详细办法由各省市规定之。

第十七条 公费生于留学期内非有特别情形,经各省市转呈本部许可者,不得变更其所研究科目及留学国,违者取消其留学资格,勒令返国,并追还其以前所领一切费用。

第十八条 公费生于留学期内须于每学期开始前将上学期之经过及研究之成绩,连同主任教授证明文件,呈请管理留学机关证明,并须分别呈部及各省市审查备案。

第十九条 公费生于每学期开始后一个月内,尚未呈报前条所规定各项,一次者予以记过,两次者援用第十七条办法办理之。

第二十条 公费生在留学期内有办理政府所委托事件之义务。

第二十一条 公费生实罹重病不能继续学业者,得由管理留学机关报告各省市,令其返国,并由本省市报部备案。

第二十二条 公费生遇家庭重大变故,得呈由管理留学机关向本省市请假返国,但须许可后方得启程,此项假期不得超过一年。假期内不给学费,并不给来回川资。

第二十三条 公费生毕业后须将毕业证件,请管理留学机关验印证明。

第二十四条 公费生回国后两个月内,须到本省市报到,如本省市需要其服务时,至少须依照其留学年限在本省市服务,违者得追还其以前所领一切费用,其详细办法由本省市另定之。

第二十五条 公费生回国后须于两个月内将毕业证件送部登记,其办法另定之。

第三章　自费生

第二十六条　赴国外留学之自费生须具有左（下）列资格之一：

一、公立或已立案之私立专科以上学校毕业者。

二、公立或已立案之私立高等职业学校毕业者，并曾在国内任技术职务二年以上者。

第二十七条　自费生每学期须将第十八条所规定之各项，呈请管理留学机关审核后，转部备案。一学期不报者，管理留学机关应予以警告；两学期不报者，取消其留学资格，并勒令回国。

第二十八条　自费生留学经费须依照附表保证书说明栏内所举约数筹备。

第二十九条　自费生有特别成绩者，得请留学学校及管理留学机关证明，还将特别成绩连同证明文件、学历及最近四寸半身相片二张，呈送各本省市暨本部审定认可者，得享受本省市奖学金补助。

第三十条　自费生自得奖金之日起，应受第十七、十八、十九、二十各条之限制。

第三十一条　自费生毕业后，须将毕业证书送请管理留学机关验印证明。

第三十二条　自费生回国后，应于两个月内将毕业证书呈部审查登记，其办法另定之。

第四章　留学证书

第三十三条　公费生出国均须依照本规程之规定，请领留学证书。

第三十四条　公费生请领留学证书，须呈缴最近四寸半身相片二张，证书费二元，印花税一元。经公共机关派遣者，并须呈缴毕业证书及履历书。

第三十五条　自费生请领留学证书，须呈缴毕业证书、保证书、最近四寸半身相片二张、证书费二元、印花税一元。具有第二十六条第二款资格者，并须呈缴履历书及服务证明书（服务证明书须由服务处所最高主管人员签名盖章）。

第三十六条　由公共机关或私法人遣送者，应由遣派机关代请发给留学证书，并须呈缴第三十四条所规定条件。

第三十七条　公、自费生取得留学证书后，须持向外交部或外交部委托发给护照机关，呈请发给护照，并向有关系国之领事馆申请签字（证）。

第三十八条　自费生取得留学证书后，其出国日期以三个月为限，倘至期因故不能出发，须开具理由，检同留学证书，请本部复加签注，得延期三个月，但以一次为限。

第三十九条　自费生取得留学证书后，未出国前如欲改往他国，须将原领证书呈部注销，请求换发改往留学国留学证书，呈请时并须另呈缴保证书及相片一张，印花税一元。

第四十条　留学甲国之自费生，欲改往乙国留学者，须呈请本部核发转往乙国留学证书，并须呈缴最近四寸半身相片一张，印花税一元。

第四十一条　公、自费生行抵留学国二星期内，应将所领留学证书向驻在该国管理留学机关呈验报到。

第四十二条　华侨自费生经管理留学机关考试国文及本国史地及格者，方得由该管理留学机关转请本部发给留学证书。

第四十三条　未领留学证书径赴国外留学者，应受下列之制裁：

（一）不得以留学生名义请领护照。

（二）不得请求管理留学机关介绍入学。

（三）不得呈请奖学金补助。

（四）回国时呈验证书不予登记。

此外，同月（1934年2月），教育部还颁布了《各省市考选公费留学生检验体格办法》五条：

（一）各省市举行考选公费留学生时，应依照《国外留学规程》第十一条之规定，对于应考各生施行体格检验。

（二）前项体格检验由各本省市教育厅、局指定合格之医院或医生办理体格检验单，须由各该医院或医生验证后，方为有效。

（三）各省市教育厅、局应将初试及格各生之体格检验单，检呈两份与《国外留学规程》第十三条所规定各件，一并送部复查。

（四）初试及格各生体格检验单经本部审查，认为有复验之必要时，得令各生等赴指定之医院或医生复验。

（五）各生体格检验单，经本部审查合格后，除一份存部备查处，其余一份由部加盖验记字样，于发给各生复试及格证时，一并发交收执。

上述规程、办法是民国时期最完备的有关留学生的规则。

抗日战争开始后，留学控制较为严格，到1943年由于形势变化，又开始松动。为此，1943年10月国民政府教育部重新制定了《国外留学自费派遣办法》，主要条款如下：[①]

一、本部为改进国外留学教育，造就各专门人才，以配合今后建国之需要起见，凡自费请求出国留学，一律本部统筹派遣并管理之。

二、自费留学生每年派遣人数应从严限制，但以六百名为最高额，额满停止派遣事项。自费生所习科目暂定实科（包括理、工、医、农等科）占十分之六，文科（包括文法、教育等科）占十分之四，必要时得视国内实际需要，酌量增减。

三、自费生留学期间暂以二年为限，如因研究上之必要须延长留学限时，应陈明理由，连同研究证件呈部审核后，再为决定。

四、自费生留学期内关于学业成绩之考核，思想行为之考查，概由本部驻外留学生监督处负责处理，自费生须服从其指导与管理。在监督处未设立前由部委托所在国使馆代为处理。

五、自费生申请出国留学须曾在国内公立或已立案（私立）专科以上学校毕业，并须经过本部考核及格后，由部发给留学证书。

六、自费留学生报名应考时应呈缴左（下）列证件（略）。

七、申请出国留学之自费生所缴证件经部审查合格后，通知考试日期及地点。但在考试前，须由本部指派医师复验体格一次，复验合格后发给准考证，参加考试。

八、考试科目规定如左（下）：

（一）普通学科：1. 三民主义及本国史地；2. 国文及外国文。

（二）专门科目：一种或三种，依考生出国留学拟习学科而定。

（三）口试：注重考生之仪表及思想等。

九、自费留学生考试暂行每年二次，于每年二月、八月各举行一次考试，日期及地点临时决定通知。

十至十八（略）

这个办法沿袭了过去的若干规定，却又有所松动。

[①] 云南省档案馆藏档：《国外留学自费生派遣办法》，民国三十二年（1943）十月二十七日，1016-1-1010-30-001。

十三　抗战期间及以后的云南留学生

自1934年2月国民政府教育部正式颁布《国外留学规程》以后，民国时期留学生的考选、管理等，走向了规范化、制度化。直到1949年为止，这一规程一直在沿用。

（一）抗战期间的云南留学生

根据《国外留学规程》，云南地方政府于1934年5月颁布《云南省国外留学公费生考选暨管理规则》。这个规则分为总则、考送、选派、管理、学费及旅费、准备金和附则7章计25条。其精神与教育部颁布之《国外留学规程》基本一致，只是更具体一些，明确本省派出之国外留学生，其经费由本省负责；录取之名额亦由本省决定，报部批准；毕业回国后应在本省服务三年以上，才能自由择业。亦于同年同月颁布了《云南省国外留学自费生奖学金规则》，分为总纲，奖学金之名额、数量、年限，奖学金之申请手续，奖学金之给奖，奖学金之取消，附则6章18条，较之《国外留学规程》关于自费生的若干规定更具体化。规定了奖学金之名额：日本留学自费生15人；欧美（限英、美、俄、德、法五国）留学自费生15人；日本大学本科以上自费生每人每月日币15元，欧美大学本科以上自费生为每人每月该国留学公费生金额的1/4。[①] 据此，云南省在1937年发给国外自费留学生的奖学金有5人，他们是：法国里昂大学杨维意、王秀文；法国巴黎大学姜演清；德国汉诺威国立工业大学苗仲

[①] 云南省档案馆藏档：《云南省国外留学公费生考选暨管理规则》，《云南省国外留学自费生奖学金规则》，1106-0005-02246-015。

华；美国纽约大学李宝莹。① 这一次汇出的经费供 1937 年秋冬两季使用，共有奖学金额为港币 120 元、英币 27 镑、美币 150 元。②

1937 年卢沟桥事变后，大批留学生回国。但是云南留学生归国人数及情况，由于材料缺乏，一时难以说清。不过，由于归国留学生突然归国，许多人并未办理手续，也未领取留学证书，归国后安排工作遇到了困难。为此教育部原有规定，归国留学生请求登记，以领有留学证书及驻日留学生监督处所发之学籍证明书为限。而对未领部规定留学证书之留日归国学生，教育部制定了三项办法，以帮助这批学生解决困难。这三项办法是：

一是凡未领留学证书留日返国之学生，须按照留学返国学生救济办法之第二项规定，申请登记，并等请求参加战时服务。

二是已登记之前项学生，为在国外学历查明属实，修业成绩优良，品行端正，由我原来之学生登记处给予登记。

三是持有登记证之前项学生等，自行向本国专科以上（学校）求救，请求安排。由所请待入之学校，按照待入生学历试验和年限，酌量编入相当年级，暂行职务。③

对此，从档案记载中发现有证无证之各类归国留学生要求登记之申请，如赴日留学之原东陆大学学生杨国治、张铭颐、郭之梁等之申请。同时教育部还制定了《抗战期间回国留学生服务简则》，以妥善解决他们回国后之工作安排问题。

当抗日战争进入相持阶段以后，一方面旷日持久的战争使留学事业受阻，另一方面留学事业的活动又有了新的动向，虽然人数较少，仍值得注意。根据档案资料，可以列举出若干事例。

1. 中法教育基金的活动简况

1939 年中法教育基金会开始了新的留学活动，依据《民国二十八年中法教育基金委员会留法公费生、津贴生一览及留学费预算数目表》的

---

① 云南省档案馆藏档：《云南省现发国外留学（二十六年秋季汇发）奖学金学生清单》，1106 - 005 - 02243 - 018。

② 云南省档案馆藏档：344 - 1012 - 003 - 00263 - 012。

③ 云南省档案馆藏档：《未领留学证书留日返国学生救济办法》，1016 - 10 - 1017 - 16 - 004。

材料,有如下内容:

留法公费生,(民国)二十八年(1939)全年留学费法国货币378400法郎。

公费

第一届(二十六年录取)

甲种三人(留学期限三年)

　　吴新谋(考取)流体力学　二万四千法郎

　　钱三强(考取)镭学　二万四千法郎

　　王冠儒(考取)微生物学　二万四千法郎

乙种二人

　　陈定民　留学期限二年,二十八年七月期满,语音学、法国文学,二十八年一月至七月公费,由二十七年预算内支付,二十八年预算不再列入。

　　钟盛标　留学期限一年,镭学,已回国。

第二届(二十七年选取)

甲种三人(留学期限三年)

　　熊启渭　北平中学选送法大,化学　二万四千法郎

　　沈国祚　上海复旦大学选送,医学　二万四千法郎

　　樊　诚　国立西南联大选送,算学　二万四千法郎

乙种正在选送中,四万八千法郎。

第三届(二十八年应选录者)

甲种四人　九万六千法郎。

乙种二人　四万八千法郎。

此外还对治装费、旅费等都作了规定。中法教育基金会资助的留学生,不限于昆明。例如,西南联大学生樊诚即已入选。① 这批学生后来都到法国留学,王冠儒、熊启渭、钱三强、樊诚、魏英邦在巴黎留学,吴新谋在都鲁斯,梁佩贞在里昂。而原西南联大学生樊诚还有法文所刊报告三册汇报。这是中国驻法大使馆调查后的总字第五七四一的报告。② 而且吴

---

① 云南省档案馆藏档:《民国二十八年中法教育基金委员会留法公费生、津贴生一览及留学费预算数目表》,1016-001-00180-022-001。

② 云南省档案馆藏档:《中国驻法大使馆致中法教育基金委员会公函(1943年8月)》,1016-001-00345-040-001。

新谋还有致中法教育基金委员会的专函报告，叙述在法留学之困难与经济拮据，希望国内汇款接济。此报告又转交一份给云南大学校长熊庆来。如此看来，留学法国的吴新谋原应是云南大学学生。而樊诚亦有上呈中法教育基金委员会的专题报告，并附上已发表三篇文章，请基金会在经费上继续给予支持。①

2. 部分学生留学印度情况

这一时期，尚有留学印度学生，据档案记载，云南大学副教授李有义、助教田汝康，申请自费留学印度。云南大学审查合格后，将其申请及履历等相关材料，上报教育部。后来，两位学者留学印度都获得了批准。②

此外，云南大学学生熊剑英、蒋硕真等人在1943年申请赴美自费留学，档案中亦有详细记录。

3. 部分学生留学土耳其的情况

1944年，云南大学还主持考选第一届公费留学土耳其的学生。早在1943年3月，教育部长陈立夫给云南大学命令称，批准办理赴土耳其留学事宜留学生共10名，其中学习土耳其语3人，土耳其史地2人，外交3名，政治2人。③ 同时颁布了《教育部考选赴土耳其留学生办法》。这个办法与其他出国留学考选办法大同小异，所不同者，规定考选合格者，先送中央训练团党政训班受训，完毕后才派遣。留学期限为三年，必要时可延长一年，由中国驻土耳其公使馆代为管理。费用为治装费每人60英镑，旅费每人国币9000元，英金100镑，每人每年生活费英金50镑。④ 经过考选，录取了5名，他们是：

---

① 云南省档案馆藏档：吴新谋致中法教育基金委员会并云南大学校长熊庆来的报告，樊诚给中法教育基金委员会报告，1016 - 001 - 00345 - 040 - 001；1016 - 001 - 00345 - 040 - 006。

② 云南省档案馆藏档：李有义、田汝康申请赴印留学报告表，1016 - 001 - 00345 - 047 - 003。

③ 云南省档案馆藏档：陈立夫对云南大学之训令，1016 - 001 - 00385 - 004 - 001。

④ 云南省档案馆藏档：《国立云南大学考选第一届公费留学土耳其初试学生名册》，1016 - 001 - 00385 - 003 - 004。

姓名	性别	年龄	籍贯	所在院系	年级	成绩考核					总平均	留学志愿	备考
						三民主义	国文	英文		本国史地			
陈云杰	男	26	贵州省	文法学院经济系	四	(学期)三	三	上(二)	下(三)	五三			记大过一次
蒋阜南	男	22	云南剑川	商学院政治系	二	六九	七八	五九		三五	60.25		
李尚华	男	23	云南澄江	同上	二	七二	六一	六一		四二	59		
李近林	男	23	云南元江	同上	二	六七	七三	七四		六五	65	政治	
王大昕	男	26	江苏武进	同上	二	八五	七四	六二		五五	69	外交	

而最后录取者仅为三人，即蒋阜南、王大昕、李近林。然而非常遗憾的是，教育部后以"土耳其生活程度甚高，土政府奖学金数额决不敷用"，以及"国库外汇短绌"为由，暂缓派遣。赴土耳其留学之事，遂不了了之。①

4. 林森奖学金与中正奖学金

抗战时期，国民政府曾设立林森奖学金（林森为国民政府主席，奖学金全名称为"林主席七秩寿辰纪念奖学金"）。教育部在1941年8月通知西南联合大学（昆明），林森主席七秩寿辰纪念奖学金第二届甄选公费留学生考试，将于年内进行，分别于重庆和昆明两地进行。而在之前已设立中正（蒋中正，即蒋介石）留学奖学金。按照教育部的指示，凡已领受公费、免费贷金及他种奖学金的学生，不得再申请林森奖学金和中正奖学金。后经云南方面多次申诉，当此物价高涨、生活艰难之际，为体恤优秀清寒学生，请酌情变通办法，对于已得公费、免费或贷金学生，经考试合格者，再给此项奖学金。教育部最后同意："姑念最近物价高涨，暂准照办"。最后的评选结果为：

中正奖学金

A类：

1940年1人：饶娴熟。

1941年3人：表天才、杨祖海、杨大谋。此3人毕业后又补3人：

---

① 云南省档案馆藏档：《甄选学生赴土耳其留学一案暂缓派遣》，1016-001-00386-021-001。

李毓槐、易营道、叶树藩。

B类：照章加选4人：林乃祥、黄锦焕、李希勋、段世德（该生已得自费生贷金）。

林森奖学金

A类：甄选5人：缪鸾和、林万骥、刘鸿璧、胡翠金、徐德基。

B类：照章加选5人：李荣富、安庆澜、苗华殿、吴劭真、陈光庭。

后又加选林森奖学金海外侨生1人：蔡宜天。①

5. 腾冲县奖学金

1940年，时任云贵监察使的云南腾冲人李根源（归国留学生），为腾冲地方人士推举为腾冲县国内外留学生之奖学基金主持人。为此拟定了《腾冲县国内外留学生奖学金规则》。这个规则说，1937年度腾冲募集之救国公积券国币142000元，上交省政府及富滇新银行暂存，这笔款项今已如数发下。经地方人士公议，一致赞同拨充国内外留学生之奖学基金，由李根源主持其事。规则规定，每年只准用息，不准动本。凡属腾冲县籍之学生，经指定考入大学或专科学校，不分性别，不论自费公费，得享有本县奖学金之待遇。国外大学每人年发300元新滇币，国内公立大学年发200元，私立大学年发100元，农工商业甲种学校年发60元。此办法自1940年3月1日起实行。相应成立了腾冲奖学基金保管委员会，委员皆为当地知名人士，他们是：王灿均、董朝钦、杨耀东、训文辉、刘楚湘、熊廷柱、董友薰。②在国难当头的危急时刻，腾冲作出这样的创举，是不容易的。

而在1941年，云南省政府主席龙云向教育部部长陈立夫上呈报告，该报告并转蒋介石，称云南省将派出自费留学生最少40余人。③后来上报44人名单，赴美留学。但教育部却以这44人成绩太差为由，不予派送。④

---

① 云南省档案馆藏档案：1016-001-0547-013-027。
② 云南省档案馆藏档：《腾冲县国内外留学生奖学金规则》，1032-001-00145-024。
③ 《滇省所派留学生40余名事电教育部陈部长》，云南省档案馆藏档案：1106-005-02244-009。
④ 丁晓禾主编：《中国百年留学全纪录》第3册第5部，珠海出版社1998年版，第895页。

（二）1945年的云南公派留美生简况

为了谋划抗战后的建设事业，选送公费留学生就成为一项最基本的长期投资。在龙云的支持下，时任云南省经济委员会主任的留美回国生缪云台，早在1941年即主持制定了云南省公费选送留美学生的方案，大意如下：

一是公费来源完全由经济委员会自其事业的盈余中开支，无须中央或省政府的任何补贴。

二是由于云南的教育事业不发达，大学毕业人数有限，素质也不一定很高，因此以选送中学毕业生赴美，接受大学本科教育为原则。

三是考试方法绝对大公无私。凡本省中等以上学校毕业生，都可以报考，录取完全以考试成绩为标准。

四是学习的科目以理、工、农、医四项为限。录取的学生依其志愿，在这四项内选择美国有名的大学申请入学。为了保证他们赴美学习后能够符合标准，成立预备班进行短期训练。

五是留学的年限以四年（受完大学教育）为原则，成绩优异者可以续请公费进修硕士或博士学位，留学生毕业回国，须由经济委员会分派工作若干时期。

由于资送留学生不需要省库拨款，所以方案很快就通过了。1941年12月，省政府成立了云南省选送留美学生委员会，以缪云台为主任委员，龚自知（教育厅长）、陆崇仁（财政厅长）等6人为副主任委员。

该方案对于选送者的资格要求，突破了教育部的规定。因为教育部规定公派留学生必须是大学毕业生，再工作两年。这可以说是云南从地方实际出发的创新之举。据缪云台回忆，之所以这样做，当时的考虑是：

其一，抗战期间国内的大学教育办理困难，学生素质不高，如选送大学毕业后的学生出国，则可能仅有镀金之名，而不一定能学得真实的学问，结果浪费很大。

其二，国内能受大学教育之青年，多半是出自比较富有的家庭，以中学毕业生为挑选的起点，才能使这项政策的益处，惠及清寒人家的子弟。

其三，云南的大学毕业生不多，可挑选的对象少，再加上工作两年，年纪偏大。①

选送委员会规定,留学生公开招考,不得托情通融,实行公平竞争。还特别规定,全省高级官员的子女一律不能报考,以避嫌。这是抗战时期云南第一次招考留美学生,所以社会各方面极为重视。

为了更好地实现公平竞争,选送委员会不直接办理考试事宜,而委托在昆明的西南联合大学办理招生考试事宜,成立以西南联大常委、各系主任和知名教授组成的考试委员会。考委会请清华大学校长、西南联大常委梅贻琦为考试委员会主任委员,清华大学教务长、西南联大社会学系教授潘光旦任副主任委员,北京大学校长、西南联大常委蒋梦麟和国立云南大学校长熊庆来担任监试委员。而梅贻琦在考试后又任阅卷委员会主任委员,蒋梦麟则任命题委员会主任委员。参与命题的教授有:罗常培(国文)、陈福田(英语)、杨武之(算学)、吴正之(物理)、杨石先(化学)、雷海宗(历史)、张印堂(地理)。试卷(含命题)密封后,交梅贻琦保管,考试当天才允许当场启封。闻一多、莫泮芹、江泽涵、霍秉权、张青莲、王信忠、鲍觉民、唐崑源参与阅卷。英语会话考试由陈福田、莫泮芹、缪云台、潘光旦、梅贻琦担任考官。这些人都是各自学术领域里的顶尖学者。大师们为云南的这次考试操刀上阵,将基础知识与学生独立思维能力的考察相结合,充分体现西南联大的人才理念,如化学题"膳食中应含何种营养成分?士兵之膳食和学生之膳食就学理而言,应有何种不同之点?"又如地理题"云南省名有何地理意义?"等等。

1941年12月,选送委员会向全省发出布告,规定20岁以下的滇籍高中毕业生,均可报名参加选拔。1942年5月11日完成初试,经考试委员会改卷评定成绩,有61人合格。8月8日,龙云在五华山省政府所在地亲自主持面试,从初试合格者中选择45人作为预备留美学员,但实际入学参加培训的学员为46人。所增加一人未参加考试,是龙云亲笔书写字条特例交办的。为此,选送委员会还在上课地点张贴告示,说明该生系龙云特别安排,虽有"特例",但在相当程度上仍是公开、公正、透明的。

考试结束后,选送委员会给每位考试委员送上国币300元车马费。梅

---

① 全国政协文史和学习委员会编:《缪云台回忆录》,中国文史出版社2013年版,第104—105页。

贻琦没有接受，并致信缪云台和龚自知："弟等自来昆明，关于校事种种，备承两兄及省政府诸公指导帮助，厚意浓情，时在念中，无论此番留美考试，弟所担任工作微乎其微，即有稍费时力之处，亦未能答诸公嘉惠于什一，故弟之不敢受酬者，实不敢言劳也。至于后关于预备班训练问题尚有弟可襄助之处，望勿吝赐教，弟必当竭力以赴也。"后来缪云台改送他一坛绍兴花雕酒为谢。君子之交淡如水，尤为感动。①

所录取的学生，云南各地都有，为保证他们日后学习顺利，于1943年元旦，开办了留美预备班进行补习。这个班由缪云台任主任，清华大学秘书长、西南联大总务长沈履，耀龙电灯公司总经理兼总工程师金龙章为副主任。沈履兼教务长，金龙章兼总务长。教学工作、教师、设备借助于西南联大，器材消耗由选送委员会承担，地点借用新建成的大兴街昆明图书馆。

留美预备班为开阔学生视野，拓展思维，西南联大精心策划大师讲座，每周一次的纪念周活动时，安排知名教授到班做专题演讲。在53期的纪念周活动中，云南留美预备班成了名家大讲堂，讲座内容涉及中外政治、社会、经济、科技等领域，既有基础知识的普及，也有诸多领域的最新成果。如：梅贻琦讲《科技发展与中国文化》，蒋梦麟讲《美国人民精神与哲学》，罗常培讲《近百年来中国民族自救及演进》，杨振声讲《中国诗与中国画的关系与特点》，戴文赛讲《西方音乐》，吴泽霖讲《美国民族之组织》，陶葆楷讲《土木工程》，施嘉锡讲《中国工业之沿革与趋势》，李辑祥讲《机械工程发展及趋势》，王德荣讲《航空工程之趋势及发展》，陈岱孙讲《经济统治与政治》等。

留美预备班以国文、英文、数学、自然科学、本国文化以及工厂实习等科目为主，西南联大安排著名教授担任各科教师：国文教授朱自清、游国恩，化学教授杨石先、邱宗岳，生物教授李继侗，中国民族和中国文化教授潘光旦，美国史地教授雷海宗，英文教授莫泮芹、赵诏能，算学教授赵访熊、赵淞，物理教授朱物华、霍秉权，木工教授刘德慕，金工教授强明伦，锻铸工教授褚士荃，工程绘图教授董树屏等。这些教授，都是久享盛名的大师。

为培养学生健全的人格和健康的心理，预备班由沈履负责，朱自清、

----

① 李艳：《云南留美预备班：谋划抗战后建设的务实新举》，《云南日报》2012年8月3日。以下部分内容，也引自此文，特此说明。

朱物华担任导师，在观音山举行暑期夏令营，安排体育、音乐、骑射、学术、康乐会等活动，并借七九步枪10支，子弹1000发，马4匹，供学生练习骑射。在辩论和学术活动中，围绕"青年应注意教育文化"、"交友与恋爱"、"抗战胜利后我们怎样对待日本"、"新诗与旧诗"等问题举行辩论和座谈，学员们对出国前是否应该结婚问题尤感兴趣，展开讨论，气氛热烈。康乐会活动，学员们演唱云南山歌，用假嗓唱女声，模仿男女对唱。夏令营还围绕青年心理健康的相关问题，安排李树青讲《都市文化与乡村文明》，杨西孟讲《战时物价问题》，查良钊讲《西南边疆文化》，罗庸讲《诗与人生》等。

根据当时规定，出国留学需经中央政府批准，才能领取护照。为此，龙云反复与蒋介石、陈立夫、宋子文函电请示、协商，并协调中央派员复试等问题。最后蒋介石复电同意进行复试。1944年6月24日，教育部派高等教育司司长吴俊升来昆举行复试，吴俊升为主试考官，梅贻琦、蒋梦麟、熊庆来、龚自知、李书华等为副考官，口试考官吴正之、黄子坚、吴雪屏均为西南联大教授。复试结束后，经教育部批准、同意录取40名。在接到教育部批准出国通知前，录取学生暂到云南各工厂、农场、医院实习，或去大学借读。西南联大即接受26名学生借读，并具修业证明，避免学生在国外重修课业。不及格的4名同学分别进入西南联大相关专业二年级学习。尚有2位学生，1位中途退学，1位因奔丧未参加复试。

1945年6月，这40名学生由金龙章率领，借道印度加尔各答转孟买，经两个月辗转，于8月2日到达美国纽约，分别进入麻省理工、康奈尔大学、理海大学、密歇根大学、俄亥俄州立大学、芝加哥大学等高等学府学习。出国时，云南省经济委员会拨交国币1900万元（约合美币50万元），给纽约华美协进社代存，按月发给学生使用。

对这批赴美留学生的管理，按以前清华留美学生管理章程，拟定了管理规则。公费的标准，也是比照清华的标准。规则如下。

云南省留美公费留学生管理规则

第一条 云南省政府于民国三十四年派遣留美公费留学生之留学管理事项，依照本规则办理。

第二条 学生留美期间之学行管理，除委托美国各大学及清华大学留美公费学生临时管理委员会指遵外，仍由本省选送留美公费学生委员会查考留学成绩，按其学年备报云南省政府备案。

第三条　学生出国回国之旅杂费及在美留学期间之学费生活费等项，均按照云南省选送留美公费学生经费支付办法、标准办理。

第四条　学生在所入大学之院系，皆以核定者为限，其在学年限，除医学另有规定外，概以四年毕业。

第五条　学生留美毕业后，其必要实习或留美深造者，应先行呈经本省选送留美公费生委员会核准，限期结业。

第六条　委托清华大学留美公费生临时管理委员会代办事项如左（下）：

（甲）关于经费事项，每月按期发给留美学生之学费、生活费及其他规定费用，检同收据函报备查。

（乙）关于成绩事项，每学期查考留美学生在学之学业成绩、操行成绩，备报考核。

（丙）关于转学事项，留美学生之习学科，应照本省省政府定案，以农、工、医科为限，并照指定学校入学肄业，如遇有必要转学之正当理由者，应先呈报代办机关，详加审查，签注意见，送经本省选送留美公费学生委员会同意后，始能转学。

（丁）关于实习事项，留美学生毕业后，有其呈经本省选送留美公费生委员会核准实习者，仍于实习期限以内，每月查考实习成绩，函报备查。又实习期间学生领有实习机关之报酬者，应停发公费，其报酬不及原领公费定额者，得补发其不足之数。

（戊）关于奖励事项，留美学生学行优异者，经其所在学校或教务长发表证明后，函报本省选送留美公费生委员会予以荣誉奖状。

（己）关于惩戒事项，应照系列各款分别办理。

（1）关于操行不检有损留美声誉者，应予警告或记过。

（2）学生行为有辱国体或危害国家利益，或触犯所在国家或地方之法律者，除受该国法律制裁外，应取消其留学资格，遣送回国，并责成其家长赔缴在学习期间一切费用及来往旅费。

（3）学生违背所在学校规章，经学校除名者，应予取消留学资格，遣送回国，并责成其家长赔缴回国旅费。

（4）学生在校期间，无故旷课继续至两周，或实习期间潜自他往者，应予取消留学资格，遣送回国，并责成其家长赔缴回国旅费。

（5）学生学绩低分者，应按考核情节，随时予以警告。其学绩过于低劣不堪造就者，应予取消留学资格，遣送回国。

（6）学生身体过于衰弱或患疾病需长期休养，或神经失常不能继续求学，经医生证明者，应取消留学资格，遣送回国。

（庚）关于其他事项，学生有重大疾病或发生意外事情时，应电告本省选送留美公费学生委员会，并酌量妥为处理之。

第七条 关于第六条委托代办一切事项，应由代办机关将其经过，按月或按学期函报本省选送留美公费生委员会补查，如遇紧急事项，得专案报告之。

第八条 学生毕业或实习结业回国时，应予领获归国旅费后，立即回国报到，查验证书，听候分派服务。有违背情事，应责成其家长赔缴留学期间一切费用及来往旅费。

第九条 本规则未尽事宜，悉照部颁《国外留学规程》办理。

第十条 本规则自呈准备案公布日实行。[①]

另外还制定了《云南省选送留美学生经费支付办法》，详细规定了各种开支项目及其数额，其中规定治装费每人美金300元，在美生活费每人每月美金100元等。这些规定、办法，详细明确，操作性强。可见，云南省政府对这批留学生寄予了很大的希望。

到1949年夏天，这批留学生除少数留在美国实习和继续攻读外，基本回国。但那时解放军已过长江，全国形势急转直下，较早回到昆明的9人，向省经济委员会下属之云南人民企业公司报到，请求分配工作。然而由于交通受阻，到华北和华中各地就业者有20余人。他们中的不少人，为新中国建设事业作出了重要贡献。例如：

谭庆麟，冶金学家，中国贵金属领域的主要奠基者。1982年建昆明贵金属研究所，任所长；后任昆明工学院（今昆明理工大学前身）院长、云南省政府研究室主

[①] 云南省档案馆藏档：《云南省留美公费学生管理规则》，《云南省选送留美学生经费支付办法》，1106-005-02205-004。

杨凤，四川农业大学校长，中国农学会副会长，为中国南方特别是四川养猪业的科学发展作出卓越贡献。

周春晖，生产过程控制专家，我国生产过程控制化、化工自动化教育的开拓者之一，1978年任浙江大学副校长。

宋文彪，昆明工学院化工系教授兼环境工程研究所研究员，中国环境科学学会化学专业委员会委员，中国有色金属学会论文评审委员会委员，冶金部学位授予权评审委员。

卢濬，云南泸西县人，曾留学瑞士、法国，新中国成立后回国。1951年在昆明师范学院任教授，历任系主任、教务长、副校长、校长。超龄工作至2000年，在西南联大和云南师范大学共任教50余年。长期担任中国心理学会、中国教育学会理事长。

陈永定，冶金部钢铁研究院物理化学系主任、主任工程师，国务院学位委员会第二届学科评议组成员。

袁宗虞，中国石油化工总公司石油化工规划设计院副总工程师、高级工程师，第六届全国政协委员。

傅君诏，1953年到北京钢铁学院（今北京科技大学）任教，任中国金属学会秘书长，1984年当选为日本钢铁学会外籍名誉会员。

此外，尚有李振家、方宝贤、赵国书、和惠桢、刘御等，也取得了重要成就。

例如，方宝贤（1922—2011），云南丽江人，纳西族，1945年去美国留学后，取英文名保罗（paul），入俄亥俄州立大学，获得学士学位后，继续留在美国深造，获物理学、数学硕士学位，1953年又获天主教大学物理学博士学位，即留在美国工作，担任美国大学教授、研究机构研究员等，成为杰出的太阳能专家，并获得美国9项发明专利，对航天飞机太阳能电池有着重要贡献。①

---

① 郭大烈：《方先生，归来兮，故乡等着你——旅美纳西族科学家方宝贤周年祭》，《云南民族》2012年第9期。

（三）抗战后的云南留学生

抗日战争结束后，人们普遍希望和平建设自己的国家，因而留学热潮未减。但由于内战很快爆发，国内动荡不安，经费奇缺，因而公费派遣留学生，受到很大限制，人数亦大为减少。不过，云南省教育会决定继续派遣留学生，并于1946年拟定了如下办法。

云南省教育会选送欧美公费研究生暂行办法

（1）本会培植本省教育学术人才起见，自三十五年（民国三十五年，1946年）度起，每两年选送欧美公费生两名。

（2）资格。应具备教育部规定之留学资历，且为本省籍贯，曾在教育界服务二年以上，成绩优良者。

（3）考选。由会呈请教育厅转呈教育部准予原规定公费生名额外，代为考选本籍研究生二名。

（4）科目。研究科目本年度以教育学科为限，若无人中选，得选送其他科目研究。

（5）年限。研究年限定为两年，但经申请酌予延长一年。

（6）公费金额。比照去年本省政府选送留美学生之公费数目，按期汇发。唯第一年之旅费及治装费由本人负担。

（7）回省服务。研究期满，必须回到本省教育界服务三年，始得自由择业。[①]

然而这一《办法》，执行如何，却缺少记载。公费留学人数有限，而自费留学生人数却有所增加。为此，就在1946年4月，云南省政府拟定了自费留学生奖金规则，计总纲、奖学金之给予、奖学金之取消、附则等6章17条。主要规定，云南每年自费留学美国为30名，留学欧洲（限英、法、俄、德、比）30名，其他国家（专案核准）10名。对成绩优秀

---

① 云南省档案馆档案资：《云南省教育会选送欧美公费研究生暂行办法》，1106-005-02239-008。

者，美国留学生每人每月奖美金50元。①

这一时期，曾发生大理自费留学生杨标因资金困难寻求帮助的事宜。杨标于1934年毕业于昆华高级职业学校，1940年毕业于国立唐山交通大学土木工程系，回滇任教二年，又在滇缅铁路工程局任职二年，于1944年考取教育部第一届自费赴美留学，1945年赴美，入康奈尔大学研究生院研究土木工程系之公路及桥梁、房屋建筑等项工程专科技术，并获硕士学位。本人希望继续完成博士学位，但家庭已无法提供自费费用。据其父亲杨瑞昌报告，由于"家庭环境极为清寒，两年以来，一切费用为数不资，除田产分别出卖供给外，并向各亲友张罗，以致债台高筑，痛苦万状"。现在已求助无门，罗掘俱穷，为此报告云南省政府，请求给予官费，以便完成学业，服务乡梓。② 此报告已转呈教育厅长王政及省政府主席龙云，但档案缺少完整记载，其结果不得而知。估计问题得到了解决，至少获得了自费留学奖学金。

据缪云台回忆，1948年，有若干云南学生考取教育部自费留学，其中有些清寒学生，云南人民企业公司发给每人3000美元的补助费，资助他们出国留学。③ 每人3000美元，为数不算太少，但是资助了多少人，尚需进一步查实资料。

据档案记载，1948年有黄微、徐天祥二人赴美国密西根丹佛大学自费留学，但因经济困难，省政府援例请云南人民企业公司公费遣送留学，"饬人企公司量予资助，以符为地方育才之旨"④。看来人企公司资助云南自费留学生是确有其事的。

这期间，全国曾组织招考留美学生，云南只有1人被录取，名孙阳谷，但因面临解放，未能赴美留学。⑤

---

① 云南省档案馆藏档：《云南省国外留学自费生奖学金规则》，1106-005-02239-003。
② 云南省档案馆藏档：1106-005-02240-004。部分档案，原案件无标题。
③ 全国政协文史和学习委员会编：《缪云台回忆录》，中国文史出版社2013年版，第106页。
④ 云南省档案馆藏档：1016-001-00386-034-011。
⑤ 陆蔚：《近代云南的海外留学教育》，《昆明史志》2012年第2期。

十四 西南联大与留学生

西南联合大学是抗日战争时期，由中国三所顶尖的大学——北京大学、清华大学、南开大学在昆明联合组成的一所学校。西南联大在昆明的八年（1938—1946）中，师生们满怀着"中兴业，须人杰"和抗战必胜的信念，艰苦办学，培养出大批杰出人才，其中有许多蜚声中外的一流科学家。

（一）西南联大的留学生简况

联大校友仅"两院"（中国科学院、中国工程院）院士就有 172 人（其中学生 90 人）。还有荣获诺贝尔物理奖的杨振宁、李政道，荣获国家最高科学技术奖的黄昆、刘东生、叶笃正、吴征镒、郑哲敏；在国家表彰的"两弹一星"（原子弹、氢弹、人造卫星）功勋奖章获得者 23 位专家中有 8 位出自西南联大，他们是赵九章、郭永怀、陈芳允、屠守锷、杨嘉墀、王希季、朱光亚、邓稼先；后来担任党和国家领导的有 8 位出自西南联大，他们是中共中央政治局常委宋平，全国人大常委会副委员长王汉斌、彭珮云、费孝通，全国政协副主席钱伟长、周培源、朱光亚、孙孚凌；在哲学社会科学方面，也涌现了不少杰出的学者。西南联大在昆明八年，创造了战时高等教育史上的奇迹。[①]

西南联大能够创造如此辉煌的奇迹，原因是多方面的。其中一个重要原因，是与留学生的作用和影响不可分割的，可以说，如果没有留学生就没有西南联大的奇迹。根据 1939 年的数据，当时在校的教授、副教授有 179 位，其中就有 156 位出国留过学，归国留学生占到 85%，其中 97 人留学美国，38 位留学欧洲大陆，18 人留学英国，3 人留学日本。而 3 位

[①] 中国人民政治协商会议昆明市委委员会编：《西南联大在昆明——纪念西南联合大学成立 75 周年》"前言"，云南美术出版社 2013 年版，第 1 页。

常委、5位院长（文学院、理学院、法商学院、工学院、师范学院）皆出国留过学。其中除了张伯苓是赴日本、美国考察教育和留学外，其余7位都是留美归国生。① 可见，留学生对西南联大的影响是巨大的，不可取代的。

（二）西南联大教师中的留学生

根据现有材料，西南联大教师中有许多留学生现列表如下：

1. 三常委

姓名	职务	职称	留学情况
张伯苓	南开校长、联大常委	教授	曾赴日、美考察、留学
蒋梦麟	北大校长、联大常委	教授	留美
梅贻琦	清华校长、联大常委	教授	留美

2. 文学院·中国文学系

姓名	职务	职称	留学情况
朱自清	清华中文系主任	教授	游历欧洲
闻一多	清华中文系主任	教授	留美
刘文典	清华中文系代主任	教授	留日
罗庸	联大中文系代主任	教授	留日
游国恩	北大中文系副主任	教授	
浦江清	清华中文系代主任	教授	游学欧洲
许维遹		教授	
杨振声	联大秘书主任	教授	留美
罗常培	联大中文系代理系主任，系主任	教授	
魏建功		教授	
王力		教授	留法
唐兰		教授	
陈梦家		教授	留美

---

① 谢本书：《西南联大——多重文化的交汇与碰撞》，《西南联大研究》第1辑，中国大百科全书出版社2005年版，第4页。

3. 文学院·外国语文系

姓名	职务	职称	留学情况
叶公超	联大外文系主任	教授	留美、英
柳无忌	代理联大外文系主任	教授	留美
陈福田	联大外文系主任	教授	留美
吴 宓	清华外文系代主任	教授	留美、英
莫泮芹	联大外文系代主任	教授	留美
潘家洵		教授	留英
袁家骅			留英
陈 嘉		教授	留美
钱钟书		教授	留英、法
赵诏熊		教授	留美
胡 毅		教授	留美
卞之琳		教授	留英
吴达元		教授	留法
闻家驷		教授	留法
陈定民		教授	留法
林文铮		教授	留法
冯承植		教授	留德
杨业治		教授	留美、德
温 德		教授	美国籍
白 英		教授	英国籍
陈 铨		教授	留美、德
傅恩龄		教授	留日
燕卜荪		教授	英国籍

4. 文学院·历史学系

姓名	职务	职称	留学情况
刘崇鋐	联大史地系主任	教授	留美
雷海宗	联大史地系主任	教授	留美
郑天挺	北大秘书长、联大总务长	教授	
钱 穆		教授	

续表

姓名	职务	职称	留学情况
姚从吾	北大历史系主任	教授	留德
向达		教授	留德、英
毛准		教授	留德
陈寅恪		教授	留欧、美、日
邵循正		教授	留法、德
王信忠		教授	留日、美
吴晗		教授	
张荫麟		教授	留美
噶邦福			俄国籍
皮名举		教授	留美
蔡维藩	师院史地系主任	教授	留美

5. 文学院·哲学心理学系

姓名	职务	职称	留学情况
汤用彤	联大哲学心理学系主任	教授	留美
冯友兰	联大文学院院长	教授	留美
冯文潜		教授	留美
贺麟		教授	留美、德
郑昕		教授	留德
洪谦		教授	留德、英
容肇祖		副教授	
王维诚		教授	留英
金岳霖	清华哲学系主任、文学院长	教授	留美、欧
沈有鼎		教授	留美、德
王宪钧		教授	留奥、德
陈康		教授	留英、德
孙国华	清华心理学系主任	教授	留美
周先庚	清华心理学系主任	教授	留美、欧
敦福堂		教授	留德、英
陈立		教授	留英、德

6. 理学院·算学系

姓名	职务	职称	留学情况
姜立夫	南开算学系创始人	教授	留美、德
杨武之	联大算学系主任	教授	留美
江泽涵	联大算学系主任	教授	留美
申又枨		教授	留美
曾远荣		教授	留美
刘晋年		教授	留美
赵访熊	联大算学系代主任	教授	留美
程毓淮		教授	留德
蒋硕民		教授	留德
华罗庚		教授	留英
许宝騄		教授	留英
陈省身		教授	留德、法

7. 理学院·物理学系

姓名	职务	职称	留学情况
饶毓泰	联大物理系主任	教授	留美
吴有训	联大理学院院长	教授	留美
叶企孙	联大理学院院长	教授	留美
周培源		教授	留美、德
赵忠尧		教授	留美、德
朱物华		教授	留美、英
郑华炽	联大代理教务长	教授	留德、奥
霍秉权	清华物理系主任	教授	留英
余瑞璜		教授	留英
孟昭英		教授	留美
吴大猷		教授	留美
张文裕		教授	留英
王竹溪	清华物理系主任	教授	留英
范绪筠		研究员	留美
马仕俊			留英

8. 理学院·化学系

姓名	职务	职称	留学情况
杨石先	南开化学系主任、联大教务长	教授	留美
黄子卿		教授	留美
曾昭抡	北大化学系主任	教授	留美
张子高		教授	留美
钱思亮		教授	留美
孙承谔		教授	留美
朱汝华		教授	留美
刘云浦		教授	留美
高崇熙		教授	留美
张大煜		教授	留德
张青莲		教授	留德、瑞典
邱宗岳	南开理学院院长	教授	留美
严仁荫		教授	留美
苏国桢	联大化学系主任	教授	留美

9. 理学院·生物学系

姓名	职务	职称	留学情况
李继侗	联大生物系主任	教授	留美
张景钺	联大生物系代主任	教授	留美
崔之兰		教授	留德
陈桢		教授	留美
吴韫珍		教授	留美
沈嘉瑞		教授	留英
杜增瑞		教授	留德
吴素萱		教授	留美
殷宏章		教授	留美
赵以炳		教授	留美
彭光钦		教授	留美
沈同		教授	留美
徐仁		助教	留印

续表

姓名	职务	职称	留学情况
吴征镒		助教	
牛满江		讲师	留美
汤佩松		教授	留美
娄成后		教授	留美
戴芳澜		教授	留美
刘崇乐		教授	留美

10. 理学院·地质地理气象学系

姓名	职务	职称	留学情况
孙云铸	联大地质地理气象系主任	教授	留德
王 烈		教授	留德
袁复礼		教授	留美
冯景兰		教授	留美
张席禔		教授	留德、奥
王恒升		教授	留瑞士
米 士		教授	德国人
谭锡畴		教授	留美
张印堂		教授	留英
林 超		教授	留英
鲍觉民		教授	留英
钟道铭		教授	留英
陶绍渊		教授	留美
洪 绂		教授	留法
李宪之		教授	留德
赵九章		教授	留德
张寿常		副教授	留德

11. 法商学院·政治学系

姓名	职务	职称	留学情况
张奚若	联大政治系主任	教授	留美、欧

续表

姓名	职务	职称	留学情况
钱端升	北大法学院院长	教授	留美
邵循恪		教授	留美
王赣愚		教授	留美
浦薛凤		教授	留美
吴之椿		教授	留美
萧公权		教授	留美
崔书琴		教授	留美
王化成		教授	留美
张佛泉		教授	
楼邦彦		教授	留英
龚祥瑞		教授	留英、法
周世逑		教授	留美
罗隆基		教授	留美、英

12. 法商学院·经济学系、商学系

姓名	职务	职称	留学情况
陈岱孙	联大经济学系主任	教授	留美
秦瓒		教授	留美
周炳琳	联大法商学院	教授	留美
赵廼抟	北大经济学系主任	教授	留美
周作仁		教授	留美
伍启元		教授	留英
杨西孟		教授	留美
萧蘧		教授	留美
徐毓枬		教授	留英
戴世光		教授	留美
滕茂桐		教授	留英
余肇池		教授	留美
张德昌		教授	
徐维嵘		副教授	
丁佶	联大商学系主任	教授	留美

续表

姓名	职务	职称	留学情况
周覃绂		教授	留英
李卓敏		教授	留美
贺治仁		副教授	

13. 法商学院·法律学系

姓名	职务	职称	留学情况
戴修瓒	北大法律系主任	教授	留日
燕树棠	联大法律系主任	教授	留美
陈瑾昆		教授	留日
李麎寿		教授	留日
蔡枢衡		教授	留日
张企泰		教授	留法
费青		教授	留德
罗文干		教授	留英
芮沐		教授	留法、美
章剑		教授	留法
李士彤		教授	留德
赵凤喈		教授	留法

14. 法商学院·社会学系

姓名	职务	职称	留学情况
陈达	清华国情普查所所长	教授	留美
潘光旦	联大社会系主任	教授	留美
李景汉		教授	留美
吴泽霖		教授	留美、欧
陈序经	联大法商学院院长	教授	留美、德
李树青		教授	留美
费孝通		教授	留英
陶云逵		教授	留德

15. 工学院·土木工程学系

姓名	职务	职称	留学情况
施嘉炀	联大工学院院长	教授	留日、美
蔡方荫	联大土木工程系主任	教授	留美
陶葆楷	联大土木工程系主任	教授	留美、德
张泽熙		教授	留美
王裕光	联大工程处主任	教授	留美
吴柳生		教授	留美
李谟炽		教授	留美
王龙甫		教授	留美
阎振兴		教授	留美
李庆海		教授	留美
陈永龄		教授	留英、德
刘恢先		教授	留美

16. 工学院·机械工程学系

姓名	职务	职称	留学情况
李辑祥	联大机械系教授会主席	教授	留美
刘仙洲		教授	留英
孟广喆		教授	留美
褚士荃		副教授	留德
刘德慕		教授	留法
强明伦		副教授	留法
董树屏		副教授	
殷文友		教授	留美
殷祖澜		教授	留美
贝季瑶		讲师	留美
艾维超		讲师	留美
王遵明		副教授	留美

17. 工学院·电机工程学系

姓名	职务	职称	留学情况
顾毓琇	清华工学院院长	教授	留美
赵友民	联大电机系主任	教授	留美
倪 俊	联大电机系主任	教授	留美
任之恭	联大电机系主任	教授	留美
章名涛	联大电机系主任	教授	留英
叶 楷	联大电机系主任	教授	留美
张友熙		教授	留美
范绪筠		教授	
马大猷		教授	留美
董维翰		教授	留德
范崇武		教授	留英
陈荫谷		教授	
钱钟韩		教授	留英、瑞典
杨津基		副教授	留德

18. 工学院·航空工程学系

姓名	职务	职称	留学情况
庄前鼎	联大航空工程系主任	教授	留美
冯桂连	联大航空系主任	教授	留美
王德荣	清华航空系主任	教授	留英
张捷迁		教员	留美
宁 榥		教授	留英
梁守槃		教授	留美
杨彭基		教员	留比
王宏基		教授	留意
程本蕃		教授	留美
周惠久		副教授	留美
吴学蔺		讲师	留美
丁履德		教授	留意
李锦安		教授	留法

19. 工学院·化学工程学系

姓名	职务	职称	留学情况
张克忠	联大化学系主任	教授	留美
谢明山	联大化工系主任	教授	留英
潘尚贞		教授	留美
张明哲		副教授	留美
陈国符		教授	留德
汪德熙		助教	留美

20. 工学院·电讯专修科（缺）
21. 工学院·算学科（缺）
22. 师范学院·国文学系
23. 师范学院·英语学系

姓名	职务	职称	留学情况
孙毓棠		教授	留日、美

24. 师范学院·史地学系（缺）
25. 师范学院·数学系（缺）
26. 师范学院·理化学系（缺）
27. 师范学院·教育学系

姓名	职务	职称	留学情况
邱 椿	联大教育系主任	教授	留美、德
陈雪屏	联大教育系主任	教授	留美
陈友松	联大教育系代主任	教授	留菲、美
樊际昌	联大教务长	教授	留美
黄钰生	联大师范学院院长	教授	留美
查良钊	联大训导长	教授	
胡 毅		教授	
沈 履	清华大学秘书长	教授	留美
徐继祖		教授	留美
吴俊升		教授	留法

续表

姓名	职务	职称	留学情况
孟宪承		教授	留美
罗廷光		教授	留美

28. 师范学院·公民训育学系

姓名	职务	职称	留学情况
田培林	联大训育系主任	副教授	留德
倪中方		教授	留美
杜元载		教授	留美

根据上表不完全统计，在有一定影响的教师（大部分为教授）276人中，有留学经历的达253人，占91.6%，其中有几位本来就是外籍人士，有的更留学多国。而未出国留学的仅有23人。① 可见留学生对联大的巨大影响。

（三）西南联大学生中的留学生

西南联大教师中留学生的比例很高，直接影响到西南联大学生出国留学的强烈愿望。但西南联大在昆明8年，到底有多少出国留学生，却缺乏准确的统计。仅据留美学生数量的统计，在1938—1945年间，西南联大进入美国留学的学生，即达228人，其中获得了美国大学学位的有137人。② 至于留学其他国家的人数，则难以计算。在这批留学生中，取得成绩的不少，尤以杨振宁、李政道获得诺贝尔物理学奖最为突出。

杨振宁，1922年生于安徽合肥，其父杨武之是著名数学家，西南联大教授。杨振宁的幼年是在颠沛流离中度过的，1929年秋随父母迁居北平，1933年入北平崇德中学。1937年即将升入高中二年级时，卢沟桥事

---

① 西南联大北京校友会编：《国立西南联合大学校史》第86—332页材料整理，北京大学出版社2006年版。

② [美]史黛西·比勒：《中国留美学生史》，刘艳译，之"附录三：1854—1953年中国留学生赴美进入大专院校的中国学籍"，三联书店2010年版，第431页。

变爆发,遂又辗转来到昆明。1938年以同等学历报考西南联大,考入西南联大化学系,入校后改上物理系,得到了众多名师的指教,其中吴大猷教授收他为徒,进行直接指导,1944年获西南联大(清华)硕士学位。就在他毕业的这一年,恰逢全国第六届考选留美公费生,录取了22名,杨振宁作为"物理学"留学生被选中。在等待出国期间,他到联大附中任教。1945年8月,杨振宁动身赴美,先乘飞机到印度加尔各答,在那里等了两个半月,才搭上美国的运兵船,于同年11月底到达美国纽约。然后进入美国芝加哥大学,追随费米、泰勒等著名教授,并于1948年夏获得芝加哥大学物理学博士,留在美国从教和研究。1954年提出的非阿贝尔规范场理论(杨—密尔斯场论),是理论物理中的一项划时代的成果。1956年他和李政道共同提出的弱相互作用下宇称不守恒理论,获1957年诺贝尔物理学奖。这就意味着,从1925年量子力学创立的时候起,一直被认为是无可置疑的物理学基本定律之一——宇称守恒定律被推翻。杨振宁、李政道成为最早获得诺贝尔奖的中国籍科学家。杨振宁后任普林斯顿高等研究院教授、理论物理研究所所长等职。1985年杨振宁获美国国家科学技术奖,1993年获美国哲学会富兰克林奖,1994年获费城富兰克林学会鲍威尔科学贡献奖,被誉为20世纪一位伟大的物理学家。1965年当选美国科学院院士,1994年当选中国科学院外籍院士。2004年回国定居,在清华大学任教。

李政道,1926年生于江苏苏州。在那动乱的年月,他小学、中学、大学都没有毕业,1943年以同等学历考入浙江大学物理系,1945年转入校址在昆明的西南联大物理系就读。李政道刻苦钻研,人又聪明,在联大杰出教授的指导下,尤其是吴大猷教授对李政道特别栽培、提携。仅在1945—1946年一年多的时间里,念完了大学三、四年级的全部课程。由于李政道在物理学上突出的成绩,1946年夏,他与朱光亚等结伴赴美留学。李政道慕费米教授之名,来到芝加哥大学,但这两位只读了两年大学的青年,不符合入研究院的规定,虽经吴大猷介绍,仍有困难,他只得先旁听。由于成绩优秀,最后破例正式进入芝加哥大学研究院,并得到芝加哥大学的奖学金。1950年获芝加哥大学博士学位,后历任哥伦比亚大学费米物理学讲座教授、哥伦比亚大学教授、普林斯顿高等研究院教授等职。在量子场论、基本粒子理论、核物理、统计力学、流体力学、天体物理等多方面多领域中作出了重要贡献。1956年他和杨振宁共同提出弱相互作用下宇称不守恒理论,获1957年诺贝尔物理学奖。1964年当选为美国科学院院士,1994年当选为中国科学院外籍院士。

西南联大学生留学国外回国后,作出杰出贡献的比较多。例如:

屠守锷,1940年毕业于西南联大,1941年赴美麻省理工学院航空工程系学习,获硕士学位,1945年归国。1984年荣立航天部一等功,获航天部劳动模范称号,1985年获国家科技进步特等奖。

王希季,云南大理人,1942年毕业于西南联大机械工程系,1948年赴美国弗吉尼亚理工学院研究院留学,获硕士学位。1950年归国,后为中国科学院院士。1982年获航天部一等功,1985年和1990年各获一项国家科技进步特等奖,1987年获国家科技进步二等奖。

朱光亚,1945年毕业于西南联大物理系,1946年赴美国密执安大学从事核物理研究,获博士学位,1950年回国。后任核武器研究院副院长、国防科委副主任、国防科委科技委主任等。1985年获国家科技进步特等奖。

邓稼先,1945年毕业于西南联大物理系,1948年赴美国普渡大学物理系留学,获博士学位,1950年返国,曾任二机部第九研究院院长、国防科工委科技委副主任,核工业部科技委副主任,两弹一星元勋。1982年获国家自然科学一等奖,1985年获两项国家科技进步特等奖,1987年和1989年各获一项国家科技进步特等奖。

黄昆，1941年毕业于燕京大学，在西南联大任助教，后赴英国留学，1948年获英国布里斯托尔大学博士学位。1955年当选为中国科学院院士，1980年当选瑞典皇家科学院外籍院士，1985年当选第三世界科学院院士。2001年获国家最高科学技术奖。

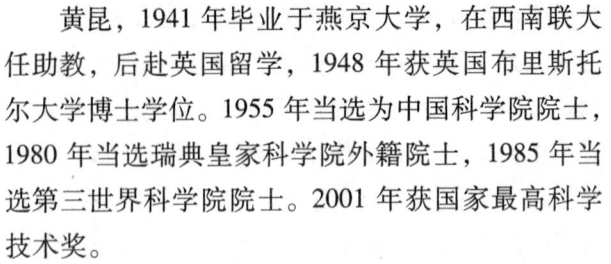

刘东生，1942年毕业于西南联大地质地理气象系，1980年当选为中国科学院院士。1987年获澳大利亚国立大学名誉科学博士学位。1991年当选第三世界科学院院士，1996年当选欧亚科学院院士。2003年获全国科技最高奖。

叶笃正，1940年毕业于西南联大地质地理气象系，1948年获芝加哥大学博士学位，回国后任中国科学院院士、中国科学院副院长，芬兰科学院外籍院士。2005年获国家最高科学技术奖。

郑哲敏，1946年毕业于西南联大电机工程系及机械工程系，1949年和1952年分别获美国加州理工学院硕士、博士学位。1980年当选为中国科学院院士，1993年当选为美国工程院外籍院士，1994年当选为中国工程院院士。1982年获国家自然科学二等奖，1988年获中国科学院科技进步一等奖，1990年获国家科学进步二等奖，1989年获中国科学院自然科学一等奖，1992年获中国科学院自然科学一等奖。2012年获国家最高科学技术奖。[1]

---

[1] 中国人民政治协商会议昆明市委员会编：《西南联大在昆明——纪念西南联合大学成立75周年》，云南美术出版社2013年版，第203—208页。

十五　昆明航校的留学生

昆明航校（原名云南航空学校）在抗日战争时期，派出大批留学生学习航空技术，回国后为抗日战争作出了重要贡献。这是云南留学运动史上的一个比较特殊的潮流，这里有必要作专章介绍。我们先从昆明航校的创办及其发展历程说起。

（一）昆明航校的历程

早在1917—1918年间，云南督军唐继尧为巩固政权，实现自己的政治抱负，开始筹备设立云南航空学校，多方设法向海外华侨征集募捐，并致函在美留学生董泽和华侨陈炎长等进行沟通，还以督军公署名义任命董泽为云南航空创办招募员。

1921年唐继尧因被顾品珍所逐，流落香港一年，受到当时世界列强积极发展航空事业的刺激，乃在香港一带罗致了广东人刘沛泉和一些华侨航空人员。

1922年初，唐继尧实现"二次回滇"，重掌云南大权，急谋实现其设想。通过刘沛泉在香港购置美国飞机，并于同年冬正式成立云南航空学校，以刘沛泉为航空处处长兼航校校长，以广东人王耿仙为第一大队队长兼教育长，飞行第二大队队长张子旋为教官，陈荣新为总务长，此外还高薪聘王季子、黄社旺、庄孟仙、司徒明等华侨飞行教官来滇执教等。航空处设在云南陆军讲武堂内，辟巫家坝陆军操场为飞机场，以陆军营房一部作为修理厂及飞机队部办公处。航校第一期学员入学后，编入云南陆军讲武堂第19期。学员必须先到讲武堂接受半年严格的步兵入伍训练，军事科由讲武堂教官讲授。

昆明航校在唐继尧、龙云执政时期，从1922年到1935年，先后举办了四期飞行班，两期机械班，共培养了飞行人员和地勤人员200余人。在第一、二期飞行班中，还招收了十余名女学员，经过严格的训练和学习，第一期的权基玉（朝鲜人）、夏文华（昆明人）和第三期的吴琴英（云南易门人）较好地掌握了飞行技术，成为昆明航校培养的优秀的第一代女飞行员。还要提及的是，四位毕业于昆明航校的朝鲜女留学生李英茂、李春、张志日、权基玉，回到自己的祖国，都成了航空事业的开创者。李英茂加入朝鲜劳动党，担任朝鲜民主主义人民共和国的空军副总司令（总司令由金日成兼任）；权基玉为韩国航空事业的奠基人，在其国内被誉为"航空祖母"。

1937年"七七"事变后，浙江笕桥中央航校迁往昆明。同时，蒋介石下令，云南航空队由中央航校副校长蒋坚韧接管，从此云南空军结束了自己的使命（1922—1937）。笕桥航校迁至昆明巫家坝后，改称中国空军军官学校（简称新的昆明航校），校长由蒋介石兼任，实际负责的是周至柔，称教育长，以后相继由张有谷、晏玉宗、王叔铭等担任。学校每年招生100—300人不等。昆明航校依托蒙自机场等又设立蒙自分校等。后来，美国志愿航空队陈纳德来昆，在昆明航校对学员进行了严格的军事和飞行训练，精心锤炼美式空军。一直到抗日战争结束，笕桥航校迁返浙江，昆明航校才结束了自己的使命。

（二）航校学生留学美国

在抗日战争时期，昆明航校培养了一大批飞行人员、机械师、地勤人员等，有力地支援了抗日战争。但是，昆明航校条件毕竟有限，为了进一步提高航校学员的业务、技术水平，很有必要派往国外进一步深造，因而出现了昆明航校派遣留美学生的热潮。

1941年3月11日，美国国会通过了租借法案。3月15日，罗斯福总统签署租借法案，宣布中国可以提出租借的要求。5月31日，中国驻美大使晋见罗斯福总统，提出蒋介石的建议，中国人要求扩充空军。在毛邦初和陈纳德的计划中，要求支援660架飞机，而宋子文则把要求提高到1000架，同时要求协助训练飞行员。为了回应蒋介石的要求，美国派一名高级空军将领到中国来，评估中国空军的需要，同时派一个顾问团前来中国。团长是空军准将亨利·克拉克特，他率团在1941年5月17日至6

月6日在中国停留，7月回国，向总统和租借法案管理委员会报告，强调中国的确需要战斗机和轰炸机来保卫自己的城市和要害地区，并且作为打击日本基地的力量。由于中国缺乏训练有素的飞行员，也缺乏足够的装备训练飞行员，建议中国的航校学员和维修技术人员，应送到印度或美国本土训练。美国国会通过了对中国的租借法案，使昆明航校学员终于有了留学美国，接受更好训练的机会。

为此，昆明航校学员掀起了留学热潮。当然这个热潮并不是自发的，而是特定历史条件下的有组织、有计划的官方行动。根据安排，昆明航校的留学受训人员，先在分校接受初级训练，然后在昆明接受中级训练，再到美国接受高级训练。到美国留学，接受训练，一般是从昆明巫家坝机场乘运输机经驼峰航线，到达印度加尔各答，转乘火车到孟买，经过南非开普敦，在护航舰护航下，到美国纽约，再转火车到达美国飞行学校——美国亚历山大州凤凰城雷鸟基地和卢克空军基地，接受高级训练。但并不是以一整期学员方式赴美，而是依当时的具体情况，分批出发。空军中美联队最主要的作战成员，为留美空军军官学校第十二期至第十六期的学员，在美国及印度受训完成后，回国参战。

出发时并不以期、年、班顺序来安排，而是以留美的时间"第X批"来作分期，依美方每次规定的人数前往，因此同一期学员，也可能与上、下期学员分批出国，所以是以"批"赴美留学受训为准。至抗日战争胜利为止，共有7批留美学员，受训完毕，回国参战。

第一批留美学员，1941年10月从昆明坐飞机至香港，并接受美国军医体格检查，再由香港坐轮船到菲律宾，停留一星期左右，直航至夏威夷，再奔赴美国旧金山。

第二批留美学员，从昆明乘飞机至香港，再由香港坐轮船到菲律宾。1941年12月1日从菲律宾前往夏威夷。途中，12月7日，日本偷袭珍珠港，太平洋战争爆发，美国宣布参战，运送船只到澳洲避难数日，再驶往夏威夷，转至美国旧金山。

第三批留美学员，先从昆明乘运输机飞越喜马拉雅山脉的驼峰航线，到印度加尔各答，转乘火车到孟买。旅途不仅漫长且很危险。从孟买到南非开普敦补给，从开普敦起直航，但必须以"之"字形路线蛇形前进。为了躲避德国潜艇，曾在百慕大停留数日，直等到护航舰及"B-17"飞机护航，才到达美国纽约登陆，转乘火车到美国飞行学校开始为期一年的训练。

第四、五、六批留美学员，走的都是第三批学员所走路线。

第七批以后的留美学员并不直接赴美，因为空军航校已在印度拉河成立了初级飞行训练班，所以空军第十六期学员成为第一批留印学员。以后在印度接受训练的学员，必须完成初级飞行训练，经美国考试官测试合格，才能送往美国，接受中级或高级班训练。

在美国训练，基础扎实，学习内容广泛，要求严格。例如，在美国威廉斯军用机场这所学校，飞行前学科训练课程有：气象学、空气动力学、飞机构造学、飞行学、发动机学、兵器学、通讯学等，还要上英语课。上课时，美国教官讲一段，随美中国翻译官立即翻译一段，同学有疑问则由翻译官传译。学习完毕后转至雷鸟飞机场初级飞行学校，使用的教练机为"PT-17"。全校仅有少数主管，平时管理由学生负责。在中国，每星期能有几个小时的飞行训练就很不错了，但在亚利桑那州的威廉斯军用机场训练，每天都可以获得约4小时的飞行训练。飞行满60小时后，经美国教官考试及格就可结业。

雷鸟机场结训后，合格的学生被送往马拉纳中级飞行学校，使用Vuittee中级教练机，课目与初级大体相同，但多了编队飞行、夜间飞行、长途飞行、仪器飞行等。中级班结训前，将学员分为两组，一组学习轰炸机，一组学习战斗机。中级结训后，轰炸机组送回威廉斯轰炸训练学校，战斗机组送往卢克战斗机飞行学校高级班。毕业后举行隆重的毕业典礼仪式。

中国学员毕业后，编入美国第五十一战斗机大队训练，完成学业后，到印度卡拉奇（今属巴基斯坦）北部沙漠的马利尔空军基地的一个训练区接受训练。由美国的黑顿准将和中国的李疆雄共同负责。从1943年3月到1944年4月，中国学员大部分在这里接受了训练。训练科目有：驾驶美式战斗机或轰炸机的技术、轰炸或射击技术、低空编队、战斗机或轰炸机协同战术等。受训后，中国航校学员的素质有了明显提高。

昆明航校先后从巫家坝机场送往美国训练的共有2722人，其中803人学成回国参战，25人成为美国第十四航空队的飞行官，657人成为中美混合联队的飞行官。这是一个不算少的数目。

（三）留美学员的杰出贡献

留美学员归国后立即投入战斗，为抗日战争贡献了自己的智慧和技术，直至宝贵的生命。

以第十二期学员为例。这一期学员300多人，先往滇西楚雄和云南驿机场两地接受初级飞行训练。1940年转回昆明接受中级飞行训练。1941年，第十二期学员奉命分两批（每批约50人）前往美国，在美国亚利桑那州凤凰城雷鸟基地和卢克空军训练基地接受培训，分成初、中、高三个阶段进行，然后编入美国第五十一战斗机大队训练。完成学业后，一般都到印度卡拉奇（今属巴基斯坦）北部沙漠的马利尔空军基地的一个新训练区接受训练。第十二期学员有108人回国参加抗战，有12人直接加入美国陆军第十四航空队第二十三战斗机大队。每个中队派去4名，与美国盟友并肩作战。分配到74中队的4人中，李鸿龄、毛友桂在战斗中牺牲。1943年11月，中美混合联队成立，他们被调入中美混合联队，成为骨干力量。另有4名学员分配到16中队，调回中美混合联队后英勇作战，后亦光荣牺牲。

根据采访资料，我们还可以列举采访时尚健在的部分飞行员的事迹来说明他们的贡献。

张义声，1916年生，四川荣县人。1937年在重庆考入陆军军官学校第十四期，1938年考入黄埔军校第十四期，1939年元旦考入成都空军军官学校第十二期，1942年在昆明巫家坝完成高级飞行学习。同年赴美受训，1943年7月毕业后加入中国空军中美混合联队第一大队第三中队，该中队以印度为基地，参加了中美英联军的北缅作战。1944年该中队奉命回国，张义声驾驶"B-25"轰炸机对日作战，遍及黄河中下游地区、台湾海峡等国内10余个省区，轰炸日军前沿阵地及后方。

邢海帆，1918年生，四川阆中人。1941年昆明航校第十二期毕业，赴美接受培训。1944年调入中美混合联队第三战斗机大队，任大队长。邢海帆参加了为排除日军飞机干扰，美国第十四航空队1941年12月18日的"武汉大空袭"和1945

年1月17日的"上海之战"。第一次从老河口起飞,攻击武汉三个机场,击毁停机场上的多架飞机。第二次驾驶新型"P-51"战斗机,从安康机场起飞,攻击上海的江湾机场和大场机场。有一架日机在跑道上强行起飞,被邢海帆击中,起火坠毁。

王延洲,1920年生,山东日照人。1936年到北平第二十九军当兵,在南苑受训,1937年"七七"事变时参加对日作战。后到西安考入黄埔军校第十六期,1940年毕业,又考入笕桥航校,后到昆明航校初级班学习,毕业后赴美深造。1943年学习结业回国,分配到中美混合联队第三大队第八中队任飞行员。

彭嘉衡,1921年生于印度尼西亚,祖籍广东兴宁,14岁回国念书。抗日战争爆发后,投笔从戎,考入黄埔军校第十七期华侨总队学习。1941年毕业后,入昆明航校学习,完成60个小时初级飞行训练。1942年到美国亚历山大州凤凰城高级飞行学校深造。经过初、中、高级班的全面培训、作战训练,以飞行240多个小时的优异成绩毕业。1944年回到昆明,分到中国空军中美混合联队第五大队第十七中队,先后驾驶"P-40"、"P-51"战斗机,在华南、华东及沿海一带打击日军据点和军事目标。1945年3月的一天,他所在的混合联队第五大队的十多架"P-51"战斗机奉命前往南京执行任务。沿长江飞行到达南京后,分别对南京的明故宫机场、教场机场进行攻击,不到20分钟,摧毁了15架飞机,当他把机上悬挂的炸弹全部投向日舰的同时,也被日舰上的防空火炮击中。他驾驶受伤的战机艰难返航,到达芷江机场后,战友们数了数,他驾驶的"P-51"战斗机机尾被日军打了20多个弹孔。彭嘉衡先后执行侦察、扫射、空中格斗等任务64次,获得美国航空最高奖——"优异飞行十字勋章"以及"航空勋章"。中国空军也授予他两枚飞行奖章。

吴其昭,1918年生于福建闽清。1936年进入笕桥航校学习,后到昆明航校,1941年毕业后,编入中国空军第五大队,成为战斗机飞行员,驻守芷江机场,后编入中美混合联队,参加了88次空战,获得盟军总队授予的"优异飞行十字勋章"及"航空勋章"。

毛昭品，1921年生，1938年考入昆明航校，1941年赴美国在卢克空军基地深造，1942年毕业于"42-E"班，后在第五十八战斗机大队第三百一十一中队完成作战训练。1943年回国，加入美国陆军第十四航空队第二十三战斗大队第七十四中队，驻扎云南驿机场，曾进行20多次战斗飞行。后调入中国空军中美混合联队第三大队第二十八中队，转战桂林等地。曾击落日机2架，自己所驾飞机亦被日机击落过两次。

昆明航校留学生取得的成绩及其贡献，是值得我们高度赞扬的。虽然他们中大部分不是云南籍贯，然而他们是从昆明出发留美深造的，也应视作云南留学热潮中的特殊的一部分。[①]

[①] 孙官生：《威震敌胆的昆明航校》，云南教育出版社2012年版，第50—56页；徐承谦：《云南航空学校史略》、《百年军校，将帅摇篮》，云南人民出版社2010年版，第371—375页。

十六　云南大学留学生简况

云南大学是我国西部边疆最早建立的综合性大学之一，建校 90 多年来，名师荟萃、大师云集、英才辈出，为我国西南地区高等教育事业的发展和经济社会发展及文化建设作出了不可磨灭的贡献。同时，云南大学人才济济，教学科研基础雄厚，留学事业在云南大学有着良好的基础和发展条件。特别是改革开放以来，在云南大学党委行政的高度重视和关怀下，云南大学的留学工作得到了充足的发展，取得了显著的成就，云南大学留学回国人才队伍建设发展迅速，一支高素质的留学回国人才队伍已初步建立，优秀留学回国人员也多次受到了国家和省市的各种表彰奖励；广大留学回国人员爱岗敬业，充分发挥智力优势和联系海外优势，围绕云南经济社会发展建言献策，努力推进并拓展云南大学与国外及高水平大学的联系、合作与交流，为云南省经济建设和社会发展以及云南大学的建设发展作出了重要的贡献。云南大学在全省高校留学人员工作中具有举足轻重的地位，对全省统一战线事业发展贡献很大。

（一）东陆大学的创建

云南本土最重要的一所大学当然是云南大学了，其前身是东陆大学。东陆大学的创建与留学生是不可分割的。

云南创办大学之议，始于 1915 年，后因护国军兴，此议遂搁置。1918 年滇川黔三省议会复议设立三省联合大学，1919 年创办大学之声已普及于社会，各界人士或请愿议会，或建议政府，纷纷议论。然而由于政局动荡，未能如愿。1920 年，刚从美国哥伦比亚大学毕业回国的云南云龙人董泽，向唐继尧（也是留学生）建议在云南开设大学，唐非常赞同。但因顾品珍倒唐，此事又遭搁浅。1922 年唐继尧二次回滇后，即任命董泽为大学筹建处处长，在省城昆明筹办大学，名曰"东陆大学"，是以唐继尧别号"东大陆主人"而命名。决定为私立，由唐继尧先行捐款10万元，其余则"群策群力，是经是营"，动员社会各界捐资，著名企业家严子珍、王筱斋等人亦慷慨捐助，并划拨土地、房产，以奠定私立学校之基础。唐继尧还下令，省属各县每年拿出100元资助家贫无力求学者。

1922年12月8日，东陆大学正式成立，由董泽任校长，唐继尧及省财政厅长王九龄为名誉校长。1923年3月22日在昆明举行大学预科入学考试，报名者300多人（仅限男生），考试结果达到录取水平的仅30余人，又补招试读生40名和补习生48人（后又增加2人），共120人（其中女生6人），编为文、理预科各一班。4月20日东陆大学举行开学典礼，各界参加者达数千人。宣布大会成立祝词为："大哉东陆，为国之珍；群英济美，善觉莘莘。学基始奠，文质彬彬；猗欤休欤，中华主人。"开学典礼上，唐继尧致词，并捐赠个人部分藏书，建立东陆图书馆。大学先办预科，又办附中。1925年起开设本科，大学确定培养五类人才，即政治人才、经济人才、教育人才、文学人才、专门事业人才，均为当时建设云南所必需的人才。学科设置和课程，包括政治、经济、教育、文学、矿冶、机械、土木工程、公路建设以及医、农、理、化等内容，以后发展为文、理、工、医、农五院建制。东陆大学提倡"自由研究"之教育，力求促进学生德、智、体全面发展，并力排众议，促成男女同校，倡导民主办校，实行学分制，并设有实验及实习工厂等。然而建校几年，由于政局不稳，经费奇缺，师资力量薄弱，入学人数不多，辍学人数不少。如1925年政治经济系第一届入学新生33人，到1928年毕业时仅剩20人。从1925年到1930年底，私立东陆大学7年只毕业了本科42人（文科31人，工科11人，全为男生）、预科191人（文科128人、理科63人，其中女生15人）。

1930年学校由私立东陆大学改组为省立东陆大学，以华秀升代理校长，取消董事会，直隶于省教育厅。1932年华秀升辞职，又以何瑶代理校长，到1934年学校正式更名为省立云南大学，从而结束了东陆大学的历史。华秀升、何瑶皆为留学生。

东陆大学创办之初，名为"私立"，实际上"官办"因素很重，唐继尧利用权势尽可能把公地、公款拨给大学。到1930年，东陆大学扩大，经费奇绌，为此云南省政府第177次省务会议上，决定将私立东陆大学改为省立，但仍保留"东陆"之名，经费由省款支持，直属省教育厅。到1934年9月16日教育部下令，将省立东陆大学，改名为省立云南大学，不再保留"东陆"之名，决定文理学院改为文法学院，教育学院并入；理工各系合称理工学院。医学院先设医学专修科，并筹设医院。同时设农业试验场，为将来创办农学院奠定基础。到1936年秋，计有本科、专修科302人。1937年6月，著名数学家、清华大学算学系主任、云南人熊庆来接受省政府主席龙云的聘请，出任云南大学校长，又为争取"国立"而增加经费。熊庆来到任后，对学校进行了一系列整顿，慎选教师、严格考试、整顿校纪、充实设备，培养研究风气；除原有文法学院外，将理工学院分为理学院、工学院，增办医学院，在校本科生已增至258人。

1938年初，国民政府行政院决定，由教育部聘请熊庆来为国立云南大学筹备委员会主任，蒋梦麟、梅贻琦、龚自知等人为委员。同年7月1日，国民政府正式批准云南大学由省立改为国立，任命熊庆来为校长，学校经费定为每年50万元，由国库、省库各支一半。这一年云大本科生已达700余人。一批著名专家、学者、教授受聘于云南大学，最多时专任教授达187人，兼任教授也有40多人。到1949年还有教授140多人。这为云南大学跻身中国十大名校奠定了基础。到1947年时，学校设有：文法学院、理学院、工学院、医学院、农学院等5个学院；文史学、外国语文、法律、政治学、经济学、社会学、数学、物理学、化学、生物学、土木工程学、矿冶工程、机械工程、航空工程学、铁道管理、农艺、森林及医学等18个系；有3个专修班（附设于工学院的采矿、电讯两个专修科，附设于农学院的蚕桑专修科）；1个先修班（分文法、理工、医农三个组）；2个研究所（云南农林研究所、航空研究所）；3个研究室（附设于文史学系的西南文化研究室、文史研究室，附设于社会学系的社会学研究室），2个附属医院、1个疗养院、1个天文台及农场、机场。

1947年全校教师有238人，其中正副教授及讲师164人，在校学生858人。这时的云南大学已被美国国务院指定为中美交流留学生的5所大学之一；被英国大百科全书收入中国大学条目；国际美洲学会第29届年会召开时，美国国务院通令美国驻昆领事邀云大派员参加1949年联合国教科文组织在法国举行的会议，云大校长熊庆来应邀参与，作为该会中国委员会委员。

熊庆来担任云大校长，直至1949年去法国出席联合国教科文组织的会议为止。他在职期间，为云大提出的校训是"诚、正、敏、毅"4个字；还为云大校歌撰写了歌词："太华巍巍，拔海千寻；滇池森森，万山为襟；卓哉吾校，与其同高深。北极低悬赤道近，节候宜物复宜人，四时读书好，探研境界更无垠。努力求新，以作我民；努力求真，文明允臻；以作我民，文明允臻。"

民国时期，云南大学（含东陆大学）共培养本科、专科生1600人。

从东陆大学的创办到云南大学的发展，都可以看到留学生的足迹。而民国时期，从东陆大学到云南大学的4任校长董泽、华秀升、何瑶、熊庆来，无一例外都是归国留学生。可见，留学生给东陆大学、云南大学打上了深深的烙印。①

（二）云南大学在两院院士中的留学生

据云南大学网上的资料，迄今为止，曾在云南大学任教或学习过的优秀学者中，一共走出了35位两院院士（中国科学院和中国工程院院士）。在这35位院士中，有30位是民国时期在云南大学任教或读书的优秀学者。这30位院士简介如下：

姓名	籍贯	专业	留学目的地
陈省身（1911—2004）	美籍华裔	数学	德、法、美
冯景兰（1898—1976）	河南	地质学	美
冯友兰（1895—1990）	河南	哲学	美
顾颉刚（1893—1980）	江苏	历史学	
华罗庚（1910—1985）	江苏	数学	英、美
金善宝（1895—1997）	浙江	农学	美
吕叔湘（1904—1998）	江苏	语言学	英
彭桓武（1915—2007）	湖北	物理学	英
秦仁昌（1898—1986）	江苏	植物学	欧（丹麦、英）
汤用彤（1893—1964）	湖北	哲学	美

---

① 《云南大学志》编审委员会编：《云南大学志·总述（1922—1976）》，云南大学出版社1993年版；李作新主编：《东陆瑰宝·董泽纪念》，云南大学出版社2006年版。

续表

姓名	籍贯	专业	留学目的地（不含短期出国考察）
钱临照（1906—1999）	江苏	物理学	英
汤佩松（1903—）	湖北	植物学	美
吴晗（1909—1969）	浙江	历史学	
吴征镒（1916—2013）	安徽	生物学	
徐仁（1910—1992）	安徽	植物学	印度
张青莲（1908—2006）	江苏	化学	德、瑞士
余德浚（1908—1986）	北京	植物学	英
曾昭抡（1899—1967）	湖南	化学	美
赵忠尧（1902—1998）	浙江	物理学	美
郑万钧（1904—1983）	江苏	林学	法
吴中伦（1913—1995）	浙江	林学	美
严志达（1917—1999）	江苏	数学	法
袁见齐（1907—1991）	上海	地质学	
郭令智（1915—）	湖北	地质学	
许杰（1901—1989）	安徽	古生物学	
冯新德（1915—）	江苏	化学	美
孟宪民（1900—1969）	江苏	地质学	美
钱令希（1916—2009）	江苏	工程力学	比
殷之文（1919—2006）	江苏	材料学	美
徐祖耀（1921—）	浙江	材料学	

在上述30人中，不含短期出国访问、考察者，据不完全统计，计有留学生22人，占73%。留学生所占的比例是很高的。

此外，民国时期云南大学的教授、教员中，留学生也不在少数。例如，文科类（含经济）先后有：袁嘉谷、刘文典、周钟岳、张邦翰、姜亮夫、张若名、杨堃、吴文藻、陈复光、李德家、纳忠、凌达扬、楚图南、寸树声、秦瓒、翟明寅、杨克成、朱应庚、朱驭欧、金琼英、林同济、王赣愚、杨一波、饶重庆、杨家凤、岑纪、鲍志一、吴富恒、赵崇龄。

理工类（含数学）先后有：王士魁、何衍璿、崔之兰、卫念祖、张夒、张瑞纶、王绍曾、杨克嵘、段纬、石党、赵述完、毕近斗、李吟秋、黄佑文、马光辰、王景贤。

  农医类先后有：杜棻、范乘哲、朱彦丞、曲仲湘、张海秋、严楚江等。

  以上57人，还只是一个不完全统计的数字。这一切都说明，留学生对于东陆大学的创建和云南大学的建设和发展，起了很重要的作用。没有归国留学生的云南大学，是不可想象的。

下 编

新中国时期

十七　新中国成立后的留学生

刚刚成立的新中国百业待兴，特别是缺乏高精尖的社会主义建设人才，由于美国妄图将新生的社会主义中国扼杀在摇篮中，发动了朝鲜战争。中国在外交上采取了"一边倒"的政策，即派遣留学生赴苏联学习，在留学政策上主要到苏联及东欧一些国家学习先进技术和管理经验。

（一）新中国成立初期的留学生

1949年10月1日，中华人民共和国成立，中国进入了一个新的历史时期。为了更好地建设新中国，当时面临的一个重要问题是人才缺乏，尤其是高级专门技术人才缺乏，而刚刚摆脱半封建半殖民地教育体系的我国高等教育，百废待兴，一时还难以培养出社会主义建设所需的人才。为了更好地建设新中国，我国从1950年起到1965年"文革"前夕为止，先后向苏联和东欧社会主义国家派遣了万余名留学生，同时也向西方国家派遣了少量留学生。

其实，还在新中国成立前夕的1948年，中共中央就决定选派一批人，其中大部分是革命烈士子女到苏联留学，为新中国成立后的各项建设事业储备人才。这批留学生有21名，他们中有后来成为国务院总理的李鹏、副总理的邹家华等人。

由于新中国成立初期，我国外交政策实行"一边倒"，因而苏联和东欧各国成了留学生的目的地，尤以苏联为主要目的地。1950年9月，新中国的第一批出国留学生去往波兰、保加利亚等5国学习。1951年6月，有5位蒙古族青年前往蒙古人民共和国留学。同年8月，首批375名派往苏联留学（其中研究生136名），分两批出国。1952年，我国向苏联、东欧国家派出留学生231人。从1953年起，向国外，特别是向苏联派遣的留学生人数急剧增加：1953年675人，1954年1515人，1955年2093人，还有到苏联高校短期进修33人，1956年2401人，1957年因国内政治形势变化，只派出529人。此后两年内出国人数保持在400—500人。20世纪60年代初期，我国遇上了严重的经济困难，1960年9月，教育部召开留学生工作会议，确定了"减少数量，提高质量"的方针。根据这一方针，对派遣出国人数作了调整，1960年441人，1961年124人，1962年114人，1963年62人，1964年650人，1965年454人。

这样，从1950年到1965年，我国共派出留学生10678人，除1965年有50名学习自然科学的留学生派往西方国家外，其余绝大多数去了苏联和东欧国家，其中向苏联派出8310人，占派出总数的78%。

1950—1965年我国派遣留学生一览表 （单位：人）

年代	派出国的留学生数	毕业后回国的留学生人数
1950	35	—
1951	380	—
1952	231	—
1953	675	16
1954	1515	22
1955	2093	104
1956	2401	258
1957	529	347
1958	415	670
1959	576	1380
1960	441	2217
1961	124	1403
1962	114	980
1963	62	428
1964	650	191
1965	454	199

这些留学生回国后，活跃在政治舞台上。他们中有后来担任中共中央总书记的江泽民，中共中央政治局委员、体改委主任李铁映，国务委员、外交部长钱其琛，国务委员李贵鲜，中共中央对外联络部部长李淑铮，国家科委主任宋建，国家科委副主任朱丽兰，国防科工委副主任聂力，全国

政协副主席叶选平，以及一批著名科学家、文化人士彭士禄、周光召、周炳琨、翟和中、简水生、吴宝铃、戴受惠、郝贻纯、邹竞、胡启恒以及傅聪、刘诗昆、殷承宗等。[①]

然而，根据另一材料，上列数据却显得不够完整。据1959年4月13日至5月9日，由国家科委党组、教育部党组、外交部党委召开的留学生工作会议的记录报告，仅1950年到1958年，我国共派出留学生16152人，其中大学生5805人，研究生1973人，进修教师311人，实习生8063人。除派往11个资本主义国家64人外，其余都派往了社会主义国家，其中派往苏联的14798人，占91.61%，派往其他社会主义国家1290人，占8%。截至1958年，先后学成归国9074人。

1950年到1958年的九年中，派遣留学生大体上经历了三个阶段。第一阶段为1950年到1953年，中央当时制定的方针是"严格选拔，宁少毋滥"，三年共派留学生1708人。第二阶段是1954年到1956年，中央制定的方针是"严格审查，争取多派"和"以理工科为重点兼顾全面需要"，三年共派出5853人。第三阶段是1957年到1958年，中央制定的方针是"多派研究生，一般不派大学生"，两年共派出1654人。

留学生工作取得了很大成绩，但也存在某些不足。之后派遣留学生的方针有三条，第一保证质量，照顾一般。第二，在保证质量的前提下，争取数（多）派。第三，既要注意长远需要，又要照顾当前需要。[②] 这个材料比报刊材料也许更准确，但材料的下限仅为1958年。

（二）改革开放后的留学潮

"文革"开始以后，高教部于1966年6月30日发出通知，将选拔、推荐留学生的工作"推迟半年进行"。然而这一"推迟"事实上是搁置了留学事业。直到20世纪70年代初期，这一情况才开始有了新的变化。

由于中美外交关系的突破及外交路线的需要，1972年我国向英、法两国派出留学生36人，主要是去国外学习语言。到1976年我国先后向

[①] 丁晓禾主编：《中国百年留学全纪录》第4册，珠海出版社1998年版，第1495页。

[②] 《中央批转国家科委党组、教育部党组、外交部党委关于留学生工作会议的报告》（1959年7月27日），昆明市档案馆藏档案（2013年3月12日打印）。

欧、美、亚、非各地49个国家派出留学生1629人,仍为学习外国语言。1978年春,在全国高校中采取自由报名、学校推荐的方式招考留学生,有300人参加考试,最后录取了23人,到年底中国向美国派出了第一批留学生50人。从此留学的闸门重新打开。

留学闸门的重新打开,与中国的改革开放不可分割。曾经留学法国的中国改革开放的"总设计师"邓小平,是这次重启留学事业巨轮的掌舵人。早在1977年5月24日,邓小平就指出:我们在科学技术方面,"要承认落后,承认落后就有希望了。现在看来,同发达国家相比,我们的科学技术和教育整整落后了二十年,科研人员美国有一百二十万,苏联九十万,我们只有二十多万,还包括老弱病残,真正顶用的不多".[①] 同年8月8日,邓小平第一次提到了要派留学生出国学习。他说:"派人出国留学也是一项具体措施。"[②] 随后在1978年6月23日,邓小平在谈清华大学问题时指出,"我赞成留学生数量增大,主要是搞自然科学。这是5年内快见成效,提高我国水平的重要方法之一,要成千上万地派,不是只派十个八个。"这样,在中美正式建立外交关系的1978年底,就有50名留学生到达美国,这与1872年第一批中国幼童留学美国已相距106年,当然,留学闸门打开后,开放的程度还是有一个过程。不过,这个过程的演变却是巨大的。

1980年初,教育部和国务院科技干部局召开了第一次"全国出国留学人员工作会议",会议确定了"以培养高等院校师资为主,以自然科学为主,以自然科学中的技术学科为主"的留学工作方针。同年10—11月,又召开一次"出国留学人员工作会议",提出了"保证质量,力争多派"的新留学方针。1981年1月14日,国务院批转了教育部等七个部门《关于自费出国留学的暂行规定》,打开了去西方"自费留学"的大门。

1982年3月31日,中共中央发文《自费出国留学若干问题的决定》,针对留学生出国后出现的一些问题,对自费留学提出了限制的建议,如不准在校大学生和研究生自费出国留学,不准高干子女(副部以上及外事单位)自费出国留学,严格政审,随后国家对自费申请出国又增加若干

[①] 邓小平:《尊重知识,尊重人才》,《邓小平文选》第2卷,人民出版社1983年版,第40页。

[②] 邓小平:《关于科学和教育工作的几点意见》,《邓小平文选》第2卷,人民出版社1983年版,第48页。

限制。1984年12月26日，国务院转发了新的《关于自费出国留学的暂行规定》，冲破1982年规定的若干限制，宣布公民不受学历、年龄、工作年限的限制，均可申请自费留学，在校学生、在职人员等亦可申请，出国人员的配偶、子女可以申请探亲。

随后留学政策又有若干具体调整。自20世纪90年代初开始，邓小平南方谈话中强调了留学政策，欢迎留学生回国称"这个政策不能变"①，留学工作再度走向高潮，留学政策进一步调整，形成了"支持留学、鼓励回国、来去自由"的新方针，表明我国留学政策趋向更为开放和成熟，留学政策的公开化也表明我国留学工作的成熟和发展水平的提高。

真正形成"出国留学潮"是国家自费留学政策的开放，而且这个潮流逐渐形成不可阻挡的趋势。1978年，中国向世界28个国家派出400多名留学生，到年底，留学国家增加到40个；至1984年底，中国已向世界五大洲63个国家派遣了留学人员；1993年初，中国留学生的足迹已遍及世界100多个国家。留学生的人数更是迅速增加，1989年70000人，1991年170000人，1992年190000人，1995年220000人，1997年达270000人。②据最新的统计，1982年到2012年的30年间，我国各类出国留学生总数已达139万人，回国率28%③。

1972—1981年留学生情况人数统计④

年代	出国留学生数	毕业回国留学生数
1972	36	
1973	259	
1974	180	
1975	245	70
1976	277	186
1977	220	189

---

① 邓小平：《在武昌、深圳、珠海、上海等地的谈话要点》，《邓小平文选》第3卷，人民出版社1993年版，第378页。

② 丁晓禾主编：《中国百年留学全纪录》第4册第7部，珠海出版社1998年版，第1505—1531页。

③ 参见"中国新闻网"2013年6月19日，又参见云南《文摘周刊》2013年6月24日"特稿15"。

④ 周棉主编：《中国留学生大辞典》，南京大学出版社1999年版，第605页。

续表

年代	出国留学生数	毕业回国留学生数
1978	860	270
1979	1777	248
1980	2124	231
1981	2922	162

而据另一数据,留学生人数如下:[1]

年代	中国百科年鉴	中国教育年鉴
1978	480(公派)	
1978年11月 12月	2230(公派) 2700(公派) 2700—3400(公派累计)	1700(公派)
1980年	5192(公派) 2124(公派) 2124(公派) 3000—4000(自费)	
1981年	3416(公派) 2922(公派) 4000—5000(自费累计)	
1982年3月 6月 12月	6000(自费累计) 12000(公派累计) 3410(公派) 2326(公派) 900(公费)	
1983年	18500 2001(公派) 2633(公派) (公派累计) 7000(自费累计) 25500(总计)	
1984年6月 12月	26000(公派累计)7000(自费累计) 2938(公派) 3073(公派)	

习近平总书记在2013年的讲话中说到,2012年底我国出国留学人员

---

[1] 参见钱宁《留学美国》一书的内容,转引自丁晓禾主编《中国百年留学全纪录》第4册第7部,珠海出版社1998年版,第1799—1801页。2012年数据另行修改。

达到 264 万人，留学回国人员达到 109 万人。① 到 2013 年为止，留学生人数共 305.86 万人，其中 72.83% 学成后回国发展②。

各类数据统计不一，但留学生数额历年递增，却是不可否认的事实。直到今天，留学潮还在继续升温。

留学回国人员中，出现了许多杰出人士，为我国的改革事业和社会主义事业作出了重大贡献。如曾任国家教委副主任，兼国家留学基金委员会主任，我国第一个电子学博士、中国工程院院士的韦钰；曾任北京大学校长，中科院院士、核物理学家的陈佳洱；中科院院士、光谱学家朱清时；中国工程院院士、中国医学科学院院长兼中国协和医科大学校长巴德年；中科院院士、国家科委副主任、遥感学家徐冠华；林学家、北京林业大学校长贺庆棠；中科院院士、北京大学教授、模式识别与图像数据库专家石青云；中国海洋地质学家、南京大学教授王颖等，都是不容忽视的一代精英。

又据最新数据显示，2012 年度，我国出国留学人员总数为 39.96 万人，其中国家公派 1.35 万人，单位公派 1.16 万人，自费留学 37.45 万人。目前，大部分留学人员分布在美国、澳大利亚、日本、英国、加拿大等国，出国潮不减。而在同一年（2012），国际人才蓝皮书在北京发布的《中国海归发展报告（2013）》指出，中国留学回国人员数量达到 27.29 万人，同比增长 46.56%，出现了"史上最大的海归潮"。未来 5 年将迎来回国人数比出国人数多的历史拐点。进入 21 世纪以后，中国出现的留学热潮是当今海归潮的直接原因，中国经济稳定是回流的主因。

（三）欧美同学会 100 周年纪念活动

我国在欧美同学会成立 100 周年，举行了一系列的活动。2013 年 10 月 21 日，在北京人民大会堂举行了庆祝大会。中共中央总书记、国家主席、中央军委主席习近平出席大会并发表了重要讲话。中共中央政治局常委俞正声、刘云山到会祝贺。有关各方面负责人、各行业归国留学人员代表、海外特邀代表共约 3000 人参加了大会。

---

① 习近平：《在欧美同学会成立 100 周年庆祝大会上讲话》（2013 年 10 月 21 日），《人民日报》2013 年 10 月 22 日。

② 《留学归国人数逼近出国人数　中国将成人才回流国》，中国新闻网，2014 年 3 月 13 日，www.chinanews.com/lxsh/2014/03-13/5944946.shtml。

习近平首先代表党中央、国务院,向欧美同学会、中国留学人员联谊会及其全体会员表示热烈的祝贺,向广大出国和归国留学人员及其家人致以诚挚的问候。习近平高度评价我国留学人员的作用和贡献。他指出,百余年的留学史是"索我理想之中华"的奋斗史,一批又一批仁人志士出国留学,回国服务,大批归国人员投身中国共产党领导的伟大事业,在中国革命、建设、改革的历史画卷中写下了极为动人的篇章。实践证明,广大留学人员不愧为实现中华民族伟大复兴的有生力量。党和国家以及人民为拥有并将拥有更多这样一大批人才而感到骄傲和自豪。党和国家将按照"支持留学、鼓励回国、来去自由、发挥作用"的方针,把做好留学人员工作作为实施科教兴国战略和人才强国战略的重要任务,使留学人员回到祖国有用武之地,留在国外有报国之门。在亿万中国人民前行的伟大征程上,广大留学人员创新正当其时,圆梦适得其势。广大留学人员要把爱国之情、强国之志、报国之行统一起来,把自己的梦想融入人民实现中国梦的壮阔奋斗之中,把自己的名字写入中华民族伟大复兴的光辉史册之中。党和国家尊重广大留学人员的选择,回国工作,我们张开双臂热烈欢迎;留在海外,我们支持通过多种形式为国服务。大家都要记住,无论身在何处,你们都是中华儿女的一部分,祖国和人民始终惦记着你们,祖国永远是你们温暖的精神家园。

学习是立身做人的永恒主题,也是报国为民的重要基础。梦想从学习开始,事业从时间起步。为此,习近平对广大留学人员提出四点希望:一是希望大家坚守爱国主义精神,二是希望大家矢志刻苦学习,三是希望大家奋力创新创造,四是希望大家积极促进对外交流。我们相信广大留学人员能同人民站在一起,一定能为实现中华民族伟大复兴的中国梦书写出无愧于时代、无愧于人民、无愧于历史的绚丽篇章。[1]

欧美同学会成立100周年的活动,特别是这次庆祝大会上习近平的重要讲话,既是对百余年来中国留学史的高度总结,也进一步明确了在新时期指导中国留学运动的方针。

---

[1] 习近平:《在欧美同学会成立100周年庆祝大会上的讲话》,《人民日报》2013年10月22日。

十八　新中国成立后的云南留学生

新中国成立之初，面临人才缺乏，尤其是高级技术人才缺乏的问题，因而派遣留学生出国，是解决人才缺乏的重要途径之一。直到"文革"开始之前，我国先后派遣出国留学生近2万人，主要派往苏联及东欧各国，也派了少数留学生去西方国家，学习语言和技术等学科。

（一）新中国成立初期的云南留学生

地处边陲的云南，由于特定的历史条件，沿边地区基本上未能开放，实际上仍处于封闭半封闭的状态，加上文化基础薄弱，选拔留学人才的对象较少，因而在新中国成立之初，云南派遣出国留学生的人数甚少。由于缺乏必要的统计，究竟派出了多少留学生，至今情况不明，有待进一步调查研究。目前，只能根据现有资料，作一些简要的说明和介绍。

1954年，中央人民政府高等教育部指示各地教育局及高等学校，为学习苏联及各人民民主国家的先进科学技术与建设经验，培养适合国家建设需要的高级专门人才，决定在当年度在全国各高等学校的讲师、助教及本科一年级学生中选拔留苏研究生、留苏大学生及一部分赴东欧及亚洲各人民民主国家留学的学生2200名。经过政治审查、身体检查及学科考试，被录取为留苏学生者，入北京俄文专修学校学习一年俄文及政治课，于次年8月出国；被录取赴各人民民主国家留学者，于当年8月间分别出国。至于所学专业，各校根据需要与可能，自行确定。要求各主管部门及各高校领导必须十分重视这一选拔留苏学生的政治任务，认真按照选拔办法的规定，亲自领导，周密布置，督促所属单位认真执行，保证按时完成任务。文后附有《一九五四年留学生选拔办法》，对若干问题作了具体规定，其中关于年龄的要求是，留苏研究生限35岁以下；留学本科生限17

岁以上、25 岁以下，工农速成中学毕业生可延至 27 岁，均以周岁计算。文件还附有"一九五四年西南地区高等学校选拔留学生名额分配表"，具体内容如下：

人数\科别\校别	各校现有学生人数	各校应选学生人数	语文	社会科学	政法财经	理科	工科	农科	医科	艺术	体育
总计	2467	56	8	5		18	25				
四川大学	355	10				10					
云南大学	566	15	5	5		5					
重庆大学	345	15					15				
重庆土木建筑学院	237	5					5				
四川化工学院	192	5					5				
西南师范学院	645	4	2			2					
昆明师范学院	127	2	1			1					

1954 年分配给西南地区 7 所高等学校选拔留学生的名额为 56 人，云南两所高校（云南大学、昆明师范学院）17 人，占近 1/3。

1956 年，云南省教育厅、云南省人民委员会人事局、云南省卫生厅发出联合通知，接高等教育部、教育部指示，从 1956 年暑期高中生中选拔留苏预备生，凡经政审、身体健康与学科初步审查合格，选拔报考，再经学校考试录取后，送北京俄语学院学习一年俄语及政治课派往苏联留学。规定云南 1956 年选拔高中毕业生 15 名，云南省决定初选 30 名。30 名名额分配如下：昆明 16 名（其中女生 3 人），个旧市 1 人（男生），曲靖区 3 人（男生），楚雄区 2 人（男生），大理区 3 人（男生），蒙自区 2 人（男生），保山区 2 人（男生），昭通区 1 人（男生）。要求以培养工业方面建设人才为主；报考农医者，须加试数学；报考文史类须严加控制，不得超过总额之 3%。文中还称，一切规定仿 1955 年招考留苏预备生办法办理，可知 1955 年在云南已办理过留苏预备生之招考事宜。[①]

1959 年，云南省人民委员会人事局向全省各高校及地州市有关部门

[①] 昆明市档案馆藏档：云南省教育厅、云南省人民委员会人事局、云南省卫生厅联合通知，(56) 教人卫字节 0126 号。

发出部署1959年云南省选拔留学生的通知。通知称，各省、市、自治区选拔人数，中央不作统一规定，由各省根据实际情况安排和控制。为此，云南省决定，当年选派留学的研究生、进修生、实习生等的名额控制在40—50名。通知要求选拔必须保证质量，要派出去能够取"经"，回来能够传"道"的人。这些人回国后应成为教学、研究和科学技术工作方面的骨干。而出国人员的留学专业选择，从目前国家建设的需要和科学技术力量的实际情况出发，应该是"高、尖、精、缺"，即是国内当前尚缺条件培养的尖端和缺门学科，或者虽有条件，但不高不精的专业。研究生的年龄一般以40岁以下为宜，进修生和实习生的年龄可适当放宽。[1] 昆明市根据云南省人事局通知精神，确定1959年选拔出国留学研究生、进修生、实习生名额为15人，专业为冶金2人，水电1人，机电2人，化工1人，轻工1人，建工1人，建设1人，交通1人，邮电1人，农林1人，教育1人，卫生2人。[2]

1960年，云南省科学技术委员会、云南省教育厅发出关于选拔留学人员的通知要求，派人出国留学应限于"高（级）、精（密）、尖（端）、缺（门）"的专业，凡国内能培养的都不必派出学习。选拔对象单位包括高等学校、科研机构和厂矿企业等部门。留学研究生须是大学本科毕业后有两年实际工作经验，并具有一定理论水平、专业知识和外文基础，经考试合格者。但文件未规定选拔名额。[3]

从上述各年情况看，新中国成立之初，云南派出了为数不多的留学生（含研究生、本科生、进修生、实习生），最后派出了多少人，到哪些国家，学什么专业，何时归国，都缺乏记载，有待进一步落实。

1956年中共中央发出"关于争取尚留在资本主义国家留学生回国的通知"指出，到1956年4月，我国留学生家属共登记了尚留在资本主义国家的留学生计有5034人。中共中央指出，争取尚留在资本主义国家的留学生回国参加建设，是一个长期和艰苦的工作，各有关单位应继续努

---

[1] 昆明市档案馆藏档：《云南省人民委员会人事局布置选拔1959年留学研究生、进修生、实习生的通知》(58)人干字第208号。

[2] 昆明市档案馆藏档：《昆明市人民委员会人事处关于转发布置选拔1959年出国留学研究生、进修生、实习生的紧急通知》(59)市人字第69号。

[3] 昆明市档案馆藏档：云南省科学技术委员会、云南省教育厅《关于选拔留学人员的通知》，科教联字第002号。

力，使争取工作持久进行。① 云南省根据中央精神，展开了调查工作。昆明市在该年初调查的结果，昆明市尚在资本主义国家的留学生有27人，其中留学美国21人，加拿大2人，英国、瑞士、日本、西德各1人。按专业统计，学习技术的有18人（包括机械、炼钢、土木、化学、农科等）。学习图书管理、机器绣花、国家计划与管理、儿童教育、经济学、工商管理、历史的各有1人。2人不知所学学科。这些留学生中，已取得博士学位的有6人、硕士学位5人、学士学位1人，仍在学习未毕业者3人。②

（二）改革开放后的云南留学生

"文革"时期，派遣留学生的工作事实上停止了。虽然1972年后我国派遣少量留学生出国学习外国语言，但云南没有派出人员的记录。

1978年底，中国公派50名留学生去美国，但云南并无份额。不过，改革开放的春风仍在悄然浸润云南一隅。1980年初，教育部、国家科技干部局召开了两次留学生工作会议。次年1月，出台了自费出国留学的暂行规定，除公派外，对自费留学几乎没有什么明显的限制，留学潮迅速席卷了中国大地。然而云南的步伐还是慢了一拍，虽然20世纪80年代改革开放之初云南已有留学生出国，然而直到90年代才真正掀起留学的大潮。由于目前尚缺乏统计数字，我们只能选择可以看到的部分材料加以说明。

根据《云南年鉴》提供的1986—2012年的部分材料，可以作出以下归纳。

据1986年《云南年鉴》记载：作为国家中学对外交流计划的一部分，经AFS组织（国际文化交流协团）协助安排，云南省自1985年度首次公费选派中学英语教师4人分赴美国和澳大利亚进修、考察。1986年度，又选派2人出国。教师出国进修、考察时间为6—12月。

据1989年《云南年鉴》记载：云南省教育厅外事部门根据中央有关方针政策，修订了《云南省利用地方外汇选送公派出国留学人员的暂行

---

① 昆明市档案馆藏档：《中共中央转发争取还在资本主义国家学生回国工作组"关于争取还在资本主义国家留学生回国的工作报告"》（1956年5月30日）。
② 昆明市档案馆藏档：《昆明市登记留学生工作廿天来情况及下一步工作意见》（1956年4月18日）。

规定》，拟定了《改进外事工作的征求意见稿》，完善了地方留学专款的使用原则及范围，制定了自费留学的暂行规定及审批程序。1988年完成了114人的派遣程序，其中国家公派留学13人，地方公派留学44人，自费留学12人，讲学3人，参加国际会议7人，短期培训6人，合作研究2人，举办展览1人，考察访问16人。

据1991年《云南年鉴》记载：1990年11月云南中医学院代表团于1990年11月对西班牙进行了友好访问。11月14日，西班牙达拉戈那国家医生联合会与云南中医学院签订协议，双方同意在西班牙达拉戈那省创办一所中医学院，定名为"卡塔卢那—云南中医学校"，有效期为10年。云南与外国合作，在外国办学，尚属首次。

据1994年《云南年鉴》记载：云南省公派出国留学生，认真贯彻落实国家教委提出的"按需派遣、保证质量、学用一致"的方针，继续实行"先定学科，后定人选"的办法，结合经济建设发展和高等院校教学科研的需要派人出国留学，确定1993年地方公派计划，其中省级学科22人，校级学科8人，10个单位派出团组32人，此外还有国家公派4人。最后公派出国人员为69人，派往美、英、澳大利亚、日本、比利时、泰国、意大利、加拿大、瑞典、新加坡、法国、挪威、菲律宾和香港地区。根据"支持留学，来去自由"的方针，1993年自费留学，申请获省教委批准的114件，主要留学美、日本、英、加拿大和澳大利亚。

1993年，云南省教委办理短期出国团组76个共175人次。其中考察团组35个119人；到国外开展合作科研7个团组12人；短期出国进修10个团组16人；参加国家学术会议24个团组28人，出访国有美、日本、澳大利亚、韩、泰、新加坡、法、加拿大、以色列、斯里兰卡、俄罗斯、西班牙、缅甸、朝鲜和香港以及台湾地区。

据1995年《云南年鉴》记载：1994年全省地方公派出国80人，国家公派8人，出国前培训111人，短期派出95个团组301人。自费留学批准104人（1993年为144人），为1990年以来最低点。引进式联合办学两所，即云南大学与马来西亚现代集团创办"云南大学国际现代设计学院"，加罗泰龙亚—云南中医学院。

据1997年《云南年鉴》记载：1996年全省共公派留学人员142人，自费留学人员143人。

据1998年《云南年鉴》记载：1997年云南省有63人申请国家留学

基金，其中22人获国家留学基金资助，赴国外进修。此外，全省各教育单位共组织派出200个团组，近1000人次出国访问考察、参加国际会议等。

据1999年《云南年鉴》记载：1998年全省公费留学82人，自费留学140人。全省教育系统短期出访900多人次。

据2000年《云南年鉴》记载：1999年有23人被教育部录取为国家公派留学，其中高校占21人；46名访问学者赴国外进修。全年办理公派留学手续有118人。组织短期出访团近100个，约400人。

据2002年《云南年鉴》记载：2001年全省长期公派留学生130人（含学校及单位公派），其中国家公派名额由往年13人增至54人。为自费留学者共400余人办理了学历证明。

据2003年《云南年鉴》记载：2002年全省各类长短期留学生达1556人，其中长期1083人，短期473人。至周边国家者760人，其中日、韩311人。教育部为配合国家西部大开发战略特设"西部地区人才培养特别项目"，全省有100名成为该项目第一批派出留学人员；派出6名中学英语教师去英国培训。自费出国留学的有300余人。此外，继云南师范大学与澳大利亚拉筹伯大学合作举办英语硕士教育后，云南财经大学与澳大利亚斯窦大学、美国库克大学合作举办国际商务和国家会计学士学位获得批准。

据2005年《云南年鉴》记载：2004年国家公派面上项目和西部项目共录取73人，地方公派录取54人。

据2006年《云南年鉴》记载：2005年，云南提出建设"通往南亚、东南亚国际大通道"项目，争取到37个公派留学名额。通过"西部人才培养特别项目"方式选派64人赴国外留学，并续签第二期协议，由每年54人增加到80人。这年云南地方公派留学为55人。

据2007年《云南年鉴》记载：2006年，我省共选派144人出国，其中公派留学生项目3人，"西部地区人才培养特别项目"86人，云南地方公派项目55人。

据2008年《云南年鉴》记载：2007年全省有7人获国家公派留学基金资助，51人获云南地方公派留学基金资助。全年共派出访问学者268人，其中，国家公派、西部地区人才培养特别项目派出75人，云南地方公派59人，各高校校际交流项目派出134人，全年共派出交流学生996

人，其中长期留学566人，短期学习、实习430人。又派出高中应届毕业生赴古巴学习西班牙语、教育学、旅游和临床医学本科专业42人，在职人员赴古巴学习西班牙语25人，由古巴政府提供奖学金。

据2010年《云南年鉴》记载：到这一年为止，云南赴外留学生和国外来滇留学生总计达到18000人。

据2011年《云南年鉴》记载：2010年各类出国留学人员为1244人。红河学院与越南太原大学境外办学项目得到批准。

从《云南年鉴》可知，云南每年出国留学人数从20世纪80年代的数十人、数百人，到21世纪的第一个十年，增至千人以上。

2012年云南省教育厅发出通知，决定设立"西部地区人才培养特别项目"，该项目派遣留学人员的具体安排是：（1）高级研究学者10人，留学期限6个月；（2）访问学者（含博士后研究）65人，留学期限12个月。此外尚有：（1）高等教育行政管理人员出国研修项目5人，留学期限3个月；（2）中学英语教师出国研修项目6人，留学期限3个月；（3）高校英语教师出国研修项目6人，学习期限6个月。

根据目前我们所能看到的云南省"2012年西部地区人才培养特别项目拟录取名单"显示，经过选拔，该项目拟录取85人。从名单可以看到录取人员的基本情况，分布的地区和单位，留学的专业及其研究方向，留学的目的国，留学期限，以及录取留学的项目名称等内容。这有助于我们进一步了解云南公派留学生的主要内容和基本情况。[①]

---

① 昆明市档案馆藏档案资料。

2012年西部地区人才培养特别项目拟录取名单（云南省）

序号	学号	姓名	性别	出生日期	工作单位	留学专业	具体研究方向	留学身份	留学国别	留学期限（月）	语种	培训地点	培训级别	培训期限	项目名称
1	201208530064	刘菊华	女	1980-10-29	玉溪师范学院	教育学	英语教学法	访问学者	英国	6	英语	（英语）	专家建议直派		高校英语教师出国研修项目（西部项目）
2	201208530065	段绍俊	女	1978-12-31	昆明学院外国语学院	外国语言文学	英美文学教学模式与电影改编研究	访问学者	英国	6	英语	（英语）	专家建议直派		高校英语教师出国研修项目（西部项目）
3	201208530066	龚红	女	1968-9-24	云南省西双版纳职业技术学院	外国语言文学	应用语言学	访问学者	英国	6	英语	（英语）	专家建议直派		高校英语教师出国研修项目（西部项目）
4	201208530067	徐雅	女	1974-2-9	云南师范大学	教育学	英语写作教学方法和理论	访问学者	英国	6	英语	（英语）	专家建议直派		高校英语教师出国研修项目（西部项目）
5	201208535001	陈时勇	男	1975-9-11	云南省发展和改革委员会	法学	国际经济法（国际次区域合作法）	访问学者	英国	12	英语	（英语）	专家建议直派		西部地区人才培养特别项目
6	201208535002	尹丽菁	女	1977-12-1	云南省腾冲县第一中学	外国语言文学	中学英语教学	访问学者	美国	3	英语	（英语）	专家建议直派		中学英语教师出国研修项目（西部项目）
7	201208535004	王博铁	女	1978-3-1	云南林业职业技术学院	生物学	濒危植物保护	访问学者	美国	12	英语	上外	高级	一学期	西部地区人才培养特别项目
8	201208535005	刘康健	女	1968-8-16	云南省蒙自市第二中学	外国语言文学	中学英语教育	访问学者	英国	3	英语	（英语）	专家建议直派		中学英语教师出国研修项目（西部项目）
9	201208535007	崔峻	女	1969-5-16	昆明市林业有害生物防治检疫局	植物保护	基于植物的抗逆性的森林有害生物无公害防治研究	访问学者	加拿大	12	英语	川大	高级	一学期	西部地区人才培养特别项目
10	201208535008	钱书晴	女	1977-11-14	云南交通职业技术学院	教育学	任务教学法及专门用途英语课程开发与研究	访问学者	英国	12	英语	（英语）	专家建议直派		西部地区人才培养特别项目

十八 新中国成立后的云南留学生

续表

序号	学号	姓名	性别	出生日期	工作单位	留学专业	具体研究方向	留学身份	留学国别	留学期限（月）	语种	培训地点	培训级别	培训期限	项目名称
11	201208535009	张林	女	1970-7-12	云南省昆明市呈贡区第一中学	教育学	英语课堂教学	访问学者	英国	3	英语	（英语）	专家建议直派		中学英语教师出国研修项目（西部项目）
12	201208535013	张桢	男	1976-5-16	昆明市儿童医院	药学	体内药物分析	访问学者	加拿大	6	英语	川大	高级	一学期	西部地区人才培养特别项目
13	201208535014	包泽	男	1985-1-7	云南省第二人民医院	临床医学	康复治疗学	访问学者	美国	12	英语	（英语）	专家建议直派		西部地区人才培养特别项目
14	201208535015	赵子剑	男	1981-4-28	云南省地方税务局	应用经济学	文化产业及税收政策	访问学者	美国	12	英语	（英语）	专家建议直派		西部地区人才培养特别项目
15	201208535017	殷继华	男	1974-10-11	云南省公路科学技术研究院	土木工程	半整体式桥梁在抗震加固设计中的应用	访问学者	美国	12	英语	北语	高级	一学期	西部地区人才培养特别项目
16	201208535023	董玉梅	女	1975-7-19	云南农业大学	植物保护	植物—微生物互作机理	访问学者	美国	12	英语	北语	高级	一学期	西部地区人才培养特别项目
17	201208535024	湛方栋	男	1980-2-27	云南农业大学	环境科学与工程	植物重金属耐性	访问学者	美国	12	英语	自行参加WSK考试			西部地区人才培养特别项目
18	201208535025	郑丽	女	1971-6-22	云南农业大学	林学	园林园艺与健康	访问学者	美国	12	英语	（英语）	专家建议直派		西部地区人才培养特别项目
19	201208535027	姜华	女	1976-12-12	云南农业大学	畜牧学	调亏灌溉条件下牧草光合生理	访问学者	新西兰	12	英语	川大	高级	一学期	西部地区人才培养特别项目
20	201208535029	朱书生	男	1979-7-6	云南农业大学	植物保护	作物多样性种植体系中作物根系与病原菌的化学	访问学者	美国	12	英语	（英语）	专家建议直派		西部地区人才培养特别项目

续表

序号	学号	姓名	性别	出生日期	工作单位	留学专业	具体研究方向	留学身份	留学国别	留学期限（月）	语种	培训地点	培训级别	培训期限	项目名称
21	201208535034	胡江苗	男	1979-12-5	中国科学院	化学	天然酚性化合物的结构改造及其神经系统活性	访问学者	加拿大	12	英语	自行参WSK考试			西部地区人才培养特别项目
22	201208535035	张印辉	男	1977-9-6	昆明理工大学	机械工程	三维机器视觉检测	访问学者	美国	12	英语	北外	高级	一学期	西部地区人才培养特别项目
23	201208535038	胡建杭	男	1976-5-1	昆明理工大学	动力工程及工程热物理	生物质催化气化	访问学者	澳大利亚	12	英语	川外	高级	一学期	西部地区人才培养特别项目
24	201208535046	叶波	男	1978-6-26	昆明理工大学	电气工程	智能电网	访问学者	美国	12	英语	自行参WSK考试			西部地区人才培养特别项目
25	201208535047	杨波	男	1969-10-13	昆明理工大学	药学	超分子药物化学	访问学者	美国	12	英语	北语	高级	一学期	西部地区人才培养特别项目
26	201208535049	田森林	男	1975-4-22	昆明理工大学	环境科学与工程	基于可逆表面活性剂的有机污染土壤修复方法	访问学者	加拿大	12	英语	西外	高级	一学期	西部地区人才培养特别项目
27	201208535050	杨凌	女	1972-7-6	昆明理工大学	应用经济学	农村经济	访问学者	英国	6	英语	（英语）专家建议直派			西部地区人才培养特别项目
28	201208535053	金炳界	男	1980-10-20	昆明理工大学	冶金工程	冶金新技术	访问学者	加拿大	12	英语	川外	高级	一学期	西部地区人才培养特别项目
29	201208535058	金青林	男	1971-4-14	昆明理工大学	材料科学与工程	金属凝固成形	访问学者	韩国	12	朝鲜语	曾在国外学习工作			西部地区人才培养特别项目
30	201208535059	白洁	女	1966-5-29	昆明理工大学	生物学	药物依赖机理	访问学者	美国	12	英语	（英语）专家建议直派			西部地区人才培养特别项目

十八 新中国成立后的云南留学生

续表

序号	学号	姓名	性别	出生日期	工作单位	留学专业	具体研究方向	留学身份	留学国别	留学期限(月)	语种	外语情况 培训地点	外语情况 培训级别	外语情况 培训期限	项目名称
31	20120853564	林泉	女	1977-9-5	云南财经大学	应用经济学	城市经济、区域经济	访问学者	美国	12	英语	自行参加WSK考试			西部地区人才培养特别项目
32	20120853567	李艳	女	1975-1-21	云南财经大学国际工商学院	新闻传播学	跨文化传播学	博士后	美国	12	英语	曾在国外学习工作			西部地区人才培养特别项目
33	20120853571	李永康	男	1974-10-18	云南财经大学	公共管理	公务员制度	访问学者	美国	12	英语	外语专业			西部地区人才培养特别项目
34	20120853573	沈娅莉	女	1976-2-28	云南财经大学	工商管理	清洁发展机制项目会计处理相关	访问学者	美国	12	英语	(英语)专家建议直派			西部地区人才培养特别项目
35	20120853575	童晓云	女	1973-7-31	云南中医学院	临床医学	骨髓干细胞治疗缺血性心脏病	访问学者	美国	12	英语	参加考试并达到合格标准			西部地区人才培养特别项目
36	20120853577	马永洪	男	1969-9-26	云南红河州开远市第一中学	外国语言文学	中学英语教学	访问学者	英国	3	英语	(英语)专家建议直派			中学英语教师出国研修项目(西部项目)
37	20120853582	李沫沫	女	1977-11-16	云南民族大学	计算机科学与技术	基于粗糙集的知识获取和智能算法计算	访问学者	美国	12	英语	自行参加WSK考试			西部地区人才培养特别项目
38	20120853584	雷靖	女	1969-12-20	云南民族大学	控制科学与工程	先进控制理论与技术	访问学者	美国	12	英语	可行参加WSK考试			西部地区人才培养特别项目
39	20120853585	陈毅坚	女	1966-11-10	云南民族大学	生物学	药剂学	访问学者	美国	12	英语	北语	高级	一学期	西部地区人才培养特别项目
40	20120853587	李永芬	女	1973-9-22	云南民族大学	工商管理	旅游目的地管理	访问学者	美国	12	英语	(英语)专家建议直派			西部地区人才培养特别项目
41	20120853589	吴庆畅	男	1973-3-18	云南民族大学	信息与通信工程	图像处理	访问学者	澳大利亚	12	英语	参加考试并达到合格标准			西部地区人才培养特别项目

续表

序号	学号	姓名	性别	出生日期	工作单位	留学专业	具体研究方向	留学身份	留学国别	留学期限(月)	语种	培训地点	培训级别	培训期限	项目名称
42	20120853509l	冯湘宁	男	1970-11-28	云南民族大学	公共管理	高等教育行政管理	访问学者	澳大利亚	3	英语	(英语)	专家建议	直派	高等教育行政管理人员出国研修项目（西部项目）
43	20120853592	李亚玲	女	1969-12-12	云南大学	理论经济学	制度经济学	访问学者	美国	12	英语	川大	高级	一学期	西部地区人才培养特别项目
44	20120853595	李岩	男	1970-7-7	云南大学	计算机科学与技术	分布式计算，云计算	访问学者	美国	12	英语	(英语)	专家建议	直派	西部地区人才培养特别项目
45	20120853502	杨明挚	男	1970-11-6	云南大学	作物学	酿酒葡萄品种	访问学者	法国	12	英语	川大	高级	一学期	西部地区人才培养特别项目
46	20120853503	林洁	男	1979-4-24	云南大学	药学	人源化抗体药物的制备及研究	访问学者	美国	12	英语	上外	高级	一学期	西部地区人才培养特别项目
47	20120853504	林锦屏	女	1963-8-19	云南大学	地理学	中德乡村旅游比较研究	访问学者	德国	12	德语	(德语)	专家建议	直派	西部地区人才培养特别项目
48	20120853505	耿毅	女	1972-12-24	云南民族大学	民族学	大学英语教学与民族文化教育	访问学者	美国	12	英语	(英语)	专家建议	直派	西部地区人才培养特别项目
49	20120853506	张锦华	男	1964-10-1	昆明工业职业技术学院	管理科学与工程	高等教育行政管理	访问学者	澳大利亚	3	英语	自行参加WSK考试			高等教育行政管理人员出国研修项目（西部项目）
50	20120853508	刘婷	女	1978-8-24	云南省社会科学院	民族学	艺术类学	访问学者	美国	12	英语	(英语)	专家建议	直派	西部地区人才培养特别项目
51	20120853509	胡谦文	女	1982-9-27	云南省社会科学院	政治学	中印关系	访问学者	印度	12	英语	(英语)	专家建议	直派	西部地区人才培养特别项目
52	20120853511	宋剑祥	男	1964-2-3	昆明冶金高等专科学校	教育学	职业性向测验与职业院校学生可持续能力培养研究	访问学者	美国	12	英语	(英语)	专家建议	直派	西部地区人才培养特别项目

十八 新中国成立后的云南留学生

续表

序号	学号	姓名	性别	出生日期	工作单位	留学专业	具体研究方向	留学身份	留学国别	留学期限（月）	语种	培训地点	培训级别	培训期限	项目名称
53	20120853535114	李迎冬	女	1967-10-7	云南省玉溪师范学院	教育学	高等教育管理	访问学者	美国	12	英语	(英语)	专家建议	直派	西部地区人才培养特别项目
54	20120853535116	杨雪	女	1969-2-21	昆明学院	生物学	DNA 条形码，植物系统与进化	访问学者	美国	12	英语	(英语)	专家建议	直派	西部地区人才培养特别项目
55	20120853535121	朱家颖	男	1984-10-13	西南林业大学	植物保护	RNAi 转基因抗虫植物培育	访问学者	美国	12	英语	(英语)	专家建议	直派	西部地区人才培养特别项目
56	20120853535131	王金华	女	1976-11-6	西南林业大学	生物学	生物化学与分子生物学	博士后	加拿大	12	英语	北语	高级	一学期	西部地区人才培养特别项目
57	20120853535132	王雷光	男	1982-10-13	西南林业大学	测绘科学与技术	遥感数字图像解译	访问学者	美国	12	英语	参加考试并达到合格标准			西部地区人才培养特别项目
58	20120853535140	郭雪莲	女	1979-1-6	西南林业大学	环境科学与工程	湿地生物地球化学	访问学者	美国	6	英语	东北师大	高级	一学期	西部地区人才培养特别项目
59	20120853535141	崔亮伟	男	1973-6-28	西南林业大学	生物学	动物生态学	访问学者	美国	12	英语	川大	高级	一学期	西部地区人才培养特别项目
60	20120853535143	杨静	女	1976-5-25	西南林业大学	林业工程	木质纤维素制取燃料乙醇	访问学者	美国	12	英语	川大	高级	一学期	西部地区人才培养特别项目
61	20120853535152	郑荣波	男	1976-6-25	西南林业大学	材料科学与工程	纳米材料对木材的改性功能化	访问学者	美国	12	英语	东北师大	高级	一学期	西部地区人才培养特别项目
62	20120853535161	孙瑜	女	1974-4-15	云南师范大学	计算机科学与技术	智能信息处理	访问学者	美国	12	英语	(英语)	专家建议	直派	西部地区人才培养特别项目
63	20120853535162	廖燕玲	女	1973-5-8	云南师范大学	计算机科学与技术	教学知识管理	访问学者	美国	12	英语	川大	高级	一学期	西部地区人才培养特别项目
64	20120853535163	玉涛	男	1964-11-17	云南师范大学	公共卫生与预防医学	艾滋病临床疗效评估中的联合建模方法	访问学者	加拿大	12	英语	(英语)	专家建议	直派	西部地区人才培养特别项目

续表

序号	学号	姓名	性别	出生日期	工作单位	留学专业	具体研究方向	留学身份	留学国别	留学期限(月)	语种	外语情况 培训地点	外语情况 培训级别	外语情况 培训期限	项目名称
65	201208535164	赵富坤	男	1978-2-18	云南师范大学	数学	临界点理论与非线性变分问题	访问学者	美国	6	英语	（英语）	专家建议直派		西部地区人才培养特别项目
66	201208535165	王雯	女	1975-1-10	云南师范大学	艺术学	影视动画教育	访问学者	加拿大	12	英语	参加考试并达到合格标准			西部地区人才培养特别项目
67	201208535166	毕韵梅	女	1964-12-9	云南师范大学	化学	生物医用高分子材料	访问学者	美国	6	英语	曾在国外学习工作			西部地区人才培养特别项目
68	201208535167	姜黎皓	女	1971-2-24	云南师范大学	法学	知识产权法学	访问学者	加拿大	12	英语	北语	高级	一学期	西部地区人才培养特别项目
69	201208535168	李宏宁	男	1975-2-19	云南师范大学	光学工程	多光谱成像仿真技术	博士后	美国	12	英语	北大	高级	一学期	西部地区人才培养特别项目
70	201208535169	李艾晓	女	1973-2-11	云南省地方税务局直属征收局	应用经济学	财政学（含：税收学）	访问学者	美国	12	英语	（英语）	专家建议直派		西部地区人才培养特别项目
71	201208535170	张红芸	女	1970-11-8	昆明医学院	临床医学	HIV感染妇女宫颈癌防治研究	访问学者	美国	12	英语	（英语）	专家建议直派		西部地区人才培养特别项目
72	201208535171	魏黎平	女	1977-5-31	昆明医学院第二附属医院	临床医学	肝胆管结石预防及治疗的基础和应用研究	访问学者	美国	12	英语	（英语）	专家建议直派		西部地区人才培养特别项目
73	201208535172	王飞	男	1981-12-8	昆明医学院		SAH后CaV2.3的表达和对脑血管痉挛的系统作用	博士后	美国	12	英语	（英语）	专家建议直派		西部地区人才培养特别项目
74	201208535175	汤谒	女	1970-11-1	昆明医学院第一附属医院	临床医学	皮肤肿瘤外科与皮肤美容外科	访问学者	美国	12	英语	（英语）	专家建议直派		西部地区人才培养特别项目

十八 新中国成立后的云南留学生

续表

序号	学号	姓名	性别	出生日期	工作单位	留学专业	具体研究方向	留学身份	留学国别	留学期限（月）	语种	外语情况 培训地点	外语情况 培训级别	培训期限	项目名称
75	20120853S177	孙静祥	男	1968-1-12	昆明医学院		ESP教学	访问学者	美国	12	英语	（英语）	专家建议直派		西部地区人才培养特别项目
76	20120853S181	洪仕君	男	1974-10-20	昆明医学院	基础医学	毒品依赖的脑机制研究	访问学者	澳大利亚	12	英语	（英语）	专家建议直派		西部地区人才培养特别项目
77	20120853S182	聂胜洁	女	1975-4-8	昆明医学院	生物学	人类冲动和外部问题行为的分子遗传研究	访问学者	美国	12	英语	自行参加WSK考试			西部地区人才培养特别项目
78	20120853S185	杨力	男	1976-12-21	昆明医学院	临床医学	脑损伤分子机制	访问学者	澳大利亚	12	英语	川外	高级	一学期	西部地区人才培养特别项目
79	20120853S186	王昆	男	1975-10-3	昆明医学院第三附属医院	临床医学	肺癌	访问学者	美国	12	英语	上外	高级	一学期	西部地区人才培养特别项目
80	20120853S190	叶联华	男	1977-12-4	昆明医学院第三附属医院	临床医学	肺癌发病机理	访问学者	美国	6	英语	北语	高级	一学期	西部地区人才培养特别项目
81	20120853S194	刘文军	男	1971-4-29	昆明医学院	临床医学	皮肤组织工程与创面愈合	访问学者	美国	12	英语	川外	高级	一学期	西部地区人才培养特别项目
82	20120853S196	邹浩	男	1977-1-1	昆明医学院	临床医学	胆囊癌的基础与临床研究	访问学者	美国	12	英语	川外	高级	一学期	西部地区人才培养特别项目
83	20120853S198	马丽菊	女	1968-6-3	昆明医学院	临床医学	肿瘤发病机制	访问学者	美国	12	英语	自行参加WSK考试			西部地区人才培养特别项目
84	20120853S199	郭海云	女	1967-8-3	昆明医学院	公共管理	项目管理	访问学者	澳大利亚	3	英语	（英语）	专家建议直派		高等教育行政管理人员出国研修项目（西部项目）
85	20120853S204	陈琳莉	女	1975-6-29	云南广播电视大学	社会学	当代美国文化人类学研究	访问学者	美国	12	英语	（英语）	专家建议直派		西部地区人才培养特别项目

此外，我们对云南各地区、各单位的调查，亦有助于我们了解国家、地区、单位公派留学生的一斑。

云南大学

云南大学现有留学人员334人，男152人，女182人。其中：公派留学198人，自费留学100人，访问学者5人；中共党员154人，民盟14人，九三学社17人，致公党3人，民革2人，农工党2人，民建1人，无党派31人；具有博士学位167人，具有硕士学位129人，具有副高以上职称208人，副厅级及以上领导4人，副处级及以上领导40人。主要留学国家和地区：德国22人，美国34人，英国53人，日本36人，泰国11人，澳大利亚20人，加拿大19人，埃及1人，俄罗斯1人，伊朗5人，菲律宾3人，新加坡2人，缅甸5人，印度1人，赞比亚1人，土耳其1人，孟加拉国3人，法国13人，瑞士1人，荷兰3人，越南3人，韩国5人，西班牙1人，比利时3人，新西兰1人，马来西亚2人，巴基斯坦1人，挪威1人。

昆明理工大学

昆明理工大学现有留学人员309人，男167人，女142人。其中：公派留学232人，自费留学68人；副厅级及以上领导4人，副处级及以上领导45人，正高级专业技术职务124人、副高78人，博士164人，新世纪百千万人才工程国家级人选4人，中共党员152人，九三学社19人，民盟3人，民进5人，无党派14人，农工党5人，民革3人，民建8人，致公党8人，各级人大代表4人，政协委员7人；其中50岁以下的人员占79.3%。此外，昆明理工大学下属之独立学院——津桥学院聘用员工中有留学人员26人，均为自费攻读硕士学位。多数都是2000年出国进修、访问或攻读学位的。他们归国后，"具有较高的专业素质和较强的事业心，专业理论扎实，创新能力强，承担了大量的科研和教改项目，成为学校教学、科研、管理方面的骨干，发挥了重要作用"。

主要留学国家和地区主要是：美国79人，加拿大45人，英国35人，泰国12人，意大利26人，德国22人，瑞士3人，新加坡4人，日本39人，墨西哥2人，意大利2人，俄罗斯1人，丹麦2人，韩国5人，法国10人，新西兰3人，瑞典5人，萨摩亚1人，奥地利1人，越南2人，比利时1人，老挝1人。

2004年，昆明理工大学以团队方式引进了在日本留学多年的京都大学魏云林、李昆志和陈丽梅等三位博士，随后又引进多名海外博士、学者，组建了生命科学与技术学院。自2009年，引进了美国宾夕法尼亚州立大学终身教授许进超等多名国际知名专家、学者。2013年，美国科学院院士、华盛顿大学基因组学系终身教授、昆明理工大学生命科学与技术学院特聘教授 Evan Eugene Eichler 入选第九批国家"千人计划"创新人才短期项目。至今，昆明理工大学留学人员中，12人入选云南省"百人计划"。目前昆明理工大学23个学院院长中，有12人为归国留学人员，其中，美国麻省理工学院博士后潘波教授，年仅35岁，无党派人士，担任了环境科学与工程学院院长，是学校最年轻的学院院长。①

云南师范大学

云南师范大学现有留学人员115人，男53人，女62人。其中：公派留学71人，自费留学40人；副厅级及以上领导1人，副处级及以上领导20人，副高及以上职称72人，博士49人，硕士38人；中共党员51人，九三学社7人，民盟2人，民进1人，无党派40人，农工党3人，民革3人，致公党3人，留学国家和地区主要是：美国31人，加拿大12人，英国11人，泰国6人，德国6人，澳大利亚20人，欧盟1人，日本11人，俄罗斯3人，韩国1人，法国2人，南非1人，瑞典1人，越南1人，以色列1人，葡萄牙2人，西班牙2人，菲律宾1人，波兰2人，挪威1人。

昆明医科大学（含附属医院）

昆明医科大学先后公派留学人员500余人次。现有留学人员248人，男91人，女157人。具有副高级以上职称70人，副厅级以上干部14人，副处级以上干部20人。留学国家和地区主要是：美国78人，新加坡16人，加拿大15人，法国20人，日本8人，澳大利亚26人，德国9人，泰国22人，英国12人，瑞士5人，意大利2人，古巴2人，克罗地亚1

---

① 昆明理工大学党委统战部：《关于我校开展留学人员统战工作的情况汇报》（2013年10月28日）。

人, 荷兰 1 人, 匈牙利 1 人, 比利时 1 人, 台湾 1 人, 乌干达 2 人。其中, 中共党员 115 人, 农工 5 人, 民进 3 人, 九三学社 2 人, 民革 1 人, 民盟 5 人, 致公党 2 人, 无党派 11 人。

云南财经大学

云南财经大学现有留学人员 58 人, 男 24 人, 女 34 人, 其中: 公派留学 16 人, 自费留学 40 人, 先公费后自费留学 2 人; 具有硕士学位 22 人, 具有博士及以上学位 18 人; 具有副高以上职称 25 人, 副厅级以上干部 3 人, 副处级以上干部 12 人。留学国家主要是: 美国 8 人、英国 11 人, 俄罗斯 1 人, 日本 4 人, 澳大利亚 6 人, 越南 4 人, 泰国 8 人, 缅甸 4 人, 新加坡 1 人, 荷兰 2 人, 加拿大 1 人, 法国 1 人。其中, 中共党员 33 人, 无党派 21 人, 民革 2 人, 民进 2 人。

云南民族大学

云南民族大学在编在岗留学人员 84 人, 占教职工总数的 6.4%, 男 31 人, 女 53 人, 其中, 公派留学 42 人, 自费留学 26 人, 访问学者 9 人。留学国家和地区主要是: 泰国 16 人, 美国 19 人, 韩国 4 人, 斯里兰卡 1 人, 澳大利亚 7 人, 挪威 3 人, 日本 3 人, 英国 6 人, 越南 2 人, 印度尼西亚 3 人, 缅甸 3 人, 德国 4 人, 香港 5 人, 新西兰 3 人, 加拿大 1 人, 乌克兰 2 人, 瑞士 1 人。具有副高以上职称 50 人, 具有硕士学位 40 人, 具有博士及以上学位 18 人; 中共党员 52 人, 无党派 17 人, 民进 1 人, 民革 2 人, 农工党 1 人, 民建 1 人, 九三学社 1 人。

云南民族大学建校 60 多年来, 有 80 多个国家和地区的元首、政要、专家、学者和国际友人 2 万多人次到校访问参观, 是云南最早招收外国留学生、开展对外汉语教学的高校之一。1981 年开始招收外国留学生, 1992 年开始招收外国硕士研究生, 有来自 20 多个国家和地区的学生 500 多人。学校先后与美国、挪威、日本、韩国等十多个国家的 70 多所大学或学术机构建立了合作交流关系。

西南林业大学

西南林业大学现有留学人员 79 人, 男 40 人, 女 39 人。其中, 公派留学 55 人, 自费留学 22 人; 副处级领导干部 15 人, 具有正高职称的 25

人，副高职称的27人，约占总人数的66%，中级14人，具有博士学位的37人，具有硕士学位的37人，约占总人数的94%，本科5人。现有留学人员中，中共党员52人，占总人数的66%，无党派人士20人，占总人数的25%。民革1人，民进1人，民盟2人，九三学社2人，民建1人。留学国家主要是：美国22人，加拿大12人，法国2人，德国5人，英国6人，澳大利亚3人，日本5人，泰国4人，新西兰7人，罗马尼亚1人，约旦1人，印度尼西亚1人，菲律宾2人，俄罗斯1人，韩国1人，丹麦1人，瑞士1人，荷兰1人，保加利亚1人。

云南中医学院

云南中医学院在编在岗留学人员12人，男3人，女9人。其中，公派留学11人，自费留学1人。留学国家主要是：美国3人，澳大利亚2人，法国1人，泰国1人，日本5人。正高8人，副高3人，讲师1人；厅级干部1人，处级干部1人，科级干部6人；中共党员7人，民盟盟员2人，民进会员1人，九三学社社员1人，无党派人士1人；在海外获得本科以上学历的3人，9人在国内有本科以上学历到海外担任高级访问学者、客座研究员、教学研究、研修。

昆明学院

昆明学院现有留学人员56人，男20人，女36人，其中公派留学40人，自费留学16人，中共党员31人，民盟3人，具有博士学位13人，硕士学位28人。副高以上职称28人，副处级及以上领导7人。留学国家和地区主要是：美国11人，英国7人，澳大利亚9人，泰国5人，韩国2人，加拿大4人，比利时1人，爱尔兰1人，德国2人，捷克3人，俄罗斯1人，印度1人，瑞士1人，西班牙1人，意大利1人，台湾1人，日本1人，新加坡2人。

曲靖师范学院

曲靖师范学院现有留学人员28人，男12人，女16人。其中，公派留学19人，自费留学9人；中共党员15人；具有博士学位3人，硕士学位17人，副高以上职称12人；副厅级以上领导1人，副处级以上领导4人。留学国家主要是：美国9人，英国5人，泰国5人，韩国1人，马来西亚1

人，法国1人，加拿大1人，澳大利亚3人，新加坡1人，土耳其1人。

红河学院

红河学院现有留学人员40人，男12人，女28人。其中，公派留学1人，自费留学39人；中共党员19人，民盟1人；副高以上职称5人；具有博士学位1人，硕士学位37人。留学国家主要是：英国4人，泰国16人，荷兰2人，德国1人，加拿大1人，澳大利亚1人，法国3人，越南4人，美国2人，日本1人，缅甸1人，白俄罗斯2人。

普洱学院

普洱学院现有留学人员6人，男1人，女5人。其中，公派留学5人，自费留学1人；中共党员3人，无党派3人；具有硕士学位3人。留学国家主要是：英国1人，泰国3人，澳大利亚1人，老挝1人。

昆明冶金高等专科学校

昆明冶金高等专科学校现有留学人员23人，男10人，女13人。其中，访问学者11人，访问研究2人，自费留学6人，进修3人；中共党员17人，无党派2人；具有博士学位1人，具有硕士学位17人。留学国家主要是：美国6人，英国3人，新西兰1人，澳大利亚3人，德国1人，日本1人，新加坡2人，加拿大2人，俄罗斯1人，越南2人，泰国1人。

云锡控股公司贵研铂业公司

云锡控股公司贵研铂业公司现有归国留学生11人，其中博士后1人，博士3人，硕士6人，本科1人。

云南省投资控股集团有限公司

云南省投资控股集团有限公司，现有留学归国人员29人，其中18人取得硕士以上学位。

楚雄州

楚雄州现有留学归国人员22人。其中教授5人，副教授9人；具有博士学位2人，硕士学位12人，学士学位4人，楚雄师院19人，楚雄医药高等专科学校1人、楚雄技师学院1人，自主创业1人。

丽江市

丽江市至2013年有留学归国人员22人。其中行政事业单位20人、企业1人，自主创业1人。自主创业人员和爱军，男，纳西族，留学日本，先后获硕士、博士学位，并成为东京大学研究生院保全生态研究室博士后。2006年6月学成回国，从事生态保护研究工作。2010年注册成立丽江三真生态产业发展有限公司，任董事长。

西双版纳州

西双版纳州有归国留学人员16人。其中2人在云南省植物研究所，1人在州自然保护局，12人在职业技术学院，1人为自由职业。

迪庆州

迪庆州有2名留学归国人员，均在公务员岗位。

德宏州

德宏州有留学归国人员12人。其中10人为公派留学生，2人为自费留学生。目前为公职人员11人。

由上述调查情况可知，云南留学归国人员分布全省，相对集中于昆明及各高等学校。

而新闻媒体的报道与官方的严谨统计，却又有很大的差距。如果据官方不完全统计相加，1978—2012年，云南留学生人数不会超过1万人。但媒体的报道则大大超过了这个数字，仅近年来，云南每年出国留学的人数达5000人之多，且年增长率在20%以上。云南海归人数的增长与出国人数的增长非常接近，近年来亦超过20%的年增长速度。例如，2010年云南海归人数为970名，2011年为1200多名，2012年为1500多名。在海归人员中，本科生占45%，硕士生占47%—48%，博士生占8%—10%。[①] 又据报道，仅去美国留学或交流的人数，云南每年达1000人以

---

① 《春城晚报》2013年7月29日/A08-09。

上。① 目前，云南省已有23所中学开设了国际学校或国际部，其中包括云南师大实验中学、昆一中、昆十中、昆三中、昆明市外国语学校、云南师大附中美华国际高中等。据省教育厅对外交流中心主任介绍，2013年，该中心还将与云南民族中学合作，创办两个赴美国留学国际班，此外，省内多所重点中学也都有创办国际班的意向，出国留学热在省内中学范围持续升温。

从各方面的材料汇总估算，改革开放以来，云南地区出国的留学生可能达到3万—4万人之多，其中公派（含国家公派、地区公派和单位公派）约占20%，即6000—8000人，其余为自费留学。在这3万—4万名留学生中，学成归国人员约占25%，不足1万人。归国服务人员包括回滇和在国内工作的人员，他们中的大多数在各条战线上均发挥了在改革和建设方面的骨干作用，成为新的一代精英，为云南乃至中国的历史发展画卷留下了动人的篇章。

今天，涌动的留学潮还在继续，而且呈后浪推前浪，不断发展之势。不过，继续高涨的留学潮正在面临新的抉择。今天的留学潮，不仅是学习西方的先进科学技术和先进文化知识，促进东西文化交流而且还成为人们改变生活方式的一种选项，因而出现了一系列新的问题需要我们冷静思考，使留学潮进入正常的轨道，不至于成为跟随时代潮流的盲动。

---

① 《春城晚报》2013年10月30日/A2/12。

十九　云南省留学人员联谊会

随着我国留学事业的不断发展，云南省留学人员的群众组织也随之组建和发展。据不完全统计，目前云南省约有各类归国留学人员5000余人，其中，大部分为公派归国已登记的留学人员。云南省于2008年12月21日成立了云南省留学人员联谊会，目前会员已发展至237人，其中具有博士学位的82人，约占总数的35%，副高及以上职称人员117人，约占总数的50%。昆明市、文山州、丽江市，云南大学、昆明理工大学、云南师范大学、昆明医科大学、云南民族大学、云南财经大学、昆明学院、西南林业大学、大理学院、云南农业大学，已成立留学人员联谊会，其他州市、高校、科研院所等留学人员集中的领域，联谊会的筹建工作也在积极推进中。联谊会充分发挥了联系留学人员的桥梁纽带作用，广泛团结海内外留学人员，宣传党的路线方针政策，开展形式多样的活动，动员留学人员以各种方式积极参与社会经济建设，促进云南对外交流与合作事业，真正起到了留学人员之家的作用。

（一）21世纪云南发展的机遇

进入21世纪以后，云南的发展既有新的挑战，更有新的机遇。中央决策和实施西部大开发战略以来，云南取得了巨大的成就。中央提出要把云南建成中国面向西南开放的重要桥头堡战略。2011年，国务院批准出台了《国务院关于支持云南省加快建设面向西南开放重要桥头堡的意见》，充实、完善和实施桥头堡战略的若干具体问题，给云南发展带来了新的挑战和机遇。

2012年7月初，瑞丽"国家重点沿边开发开放试验区"总体规划，为云南省加快建设我国面向西南开放重要桥头堡带来新动力。

2011年底召开的云南省第九次党代会，以桥头堡建设为"总抓手"，提出云南科学发展、和谐发展、跨越发展"三个发展"，明确说明：云南的发展关键在跨越，重点在加快。中共云南省委指出：云南要为我国打通一条西向贸易通道，要为扩大与东南亚、南亚国家友好合作开辟新的天地，要为西部大开发拓展新的空间，要为推动边疆民族地区繁荣稳定提供新的动力。新一届省委作出了一系列重大决策部署，推进的重点工作达20项抗大旱保民生，加快桥头堡建设，打响园区经济、县域经济和民营经济"三大战役"，发展高原特色农业、实施工业跨越发展行动计划，加快水利交通基础设施建设，"城镇上山、农民进城"，打好新一轮扶贫开发攻坚战，保障和改善民生，加快"民族团结示范区"建设，推进"十大历史文化旅游项目"建设，开展"四群"教育、实行干部直接联系群众制度，维护社会和谐稳定等等新部署，勾勒出一条符合云南实际的跨越发展路子。

云南省委随后又提出云南具有"连接三亚、沟通两洋"（指东南亚、南亚、西亚及太平洋、印度洋）的区位优势。千百年来，云南各族人民就以开放包容的胸怀，书写了波澜壮阔的对外开放史。新的历史时期，国家赋予云南建设我国面向西南开放重要桥头堡的历史重任，云南再次迎来了千载难逢的历史机遇。云南坚持以桥头堡建设为总抓手，实现大开放、促进大发展、维护大团结、保护大生态，构筑大通道、打造大基地、培育大平台、建设大窗口；积极推动建立国家层面的协调机制；积极推进与周边国家互联互通，努力实现通路、通电、通商、通讯、通油、通气、通关、通金融；坚持把产业作为经济建设的重中之重，全力打好园区经济、民营经济、县域经济三大战役。云南将以开放的胸怀，构建全方位对外开放格局，努力把云南打造成为我国面向西南开放的重要门户、沿边开放的试验区和西部地区实施"走出去"战略的先行区、西部地区重要的外向型特色优势产业基地、重要的生物多样性宝库和西南生态安全屏障、民族团结进步边疆繁荣稳定的示范区。

在新的挑战和机遇面前，进一步做好云南留学生的工作，吸引云南留学生回省工作，更好地发挥他们的作用，是云南省面临的一个重要任务。为此，云南积极筹备组建了云南留学人员联谊会，以更好地促进这方面工作的开展。

（二）云南省留学人员联谊会的建立

中共云南省委、省政府高度重视留学人员工作，把留学人员工作列入各级党委和政府的重要工作议程。2008年以前，留学人员工作主要是由云南省委统战部海外联络处、干部处和党派处等处室分别负责。2008年8月，省委统战部成立了无党派、党外知识分子处（即省委统战部六处），正式建立工作机构，留学人员的有关工作划由六处负责。

2008年12月21日，云南省留学人员联谊会在昆明召开成立大会，中共云南省委常委、省委统战部部长黄毅、中央统战部六局局长沈冲等出席了会议。首届联谊会会员162人、理事113人参加了联谊会一届一次理事会和成立大会。会议审议通过了《云南省留学人员联谊会章程》、《云南省留学人员联谊会选举办法》、《云南省留学人员联谊会会费缴纳和管理暂行办法》，大会选举产生了常务理事、会长、副会长、秘书长。聘请黄毅同志为联谊会的名誉会长。省教育厅副厅长邹平当选为云南省留学人员联谊会会长，李庆生、李玛琳、肖宪、王华、周跃、伍达天当选为云南省留学人员联谊会副会长，省委统战部无党派、党外知识分子处处长王志荣当选为联谊会秘书长。成立大会还举行了联谊会的授牌仪式，标志着云南省留学人员联谊会正式挂牌成立。中央统战部六局及全国各省、市、区统战部对云南省留学人员联谊会的成立均发来了贺信。

云南省留学人员联谊会，英文名称为 Returned Students and Scholars Association of Yunnan Province，英文缩写为 RSSA – YN，是由在云南省工作、生活、创业的留学人员以及从事留学人员相关工作的人员自愿结成的地方性、联合性、非营利性社会组织。

联谊会的宗旨：高举中国特色社会主义伟大旗帜，以邓小平理论和"三个代表"重要思想为指导，深入贯彻落实科学发展观，坚持党的基本路线，遵守国家的宪法、法律、法规和国家政策，遵守社会公德，宣传和贯彻党的人才政策，加强党和政府与海内外留学人员的联系；通过联谊交友，开展活动，提供服务，架设党和政府与海内外留学人员联系和沟通的桥梁，培养和造就一支综合素质较高、参政议政能力较强、与党真诚合作的海内外留学人员队伍，充分发挥海内外留学人员在促进云南经济社会又好又快发展中的积极作用。该会接受中共云南省委统战部和云南省民政厅的工作指导和监督管理。

该会的业务范围是：开展联谊、宣传、咨询和服务活动。具体内容：一是学习和宣传党的路线、方针和政策，反映留学人员的意见建议和利益要求，沟通党和政府与海内外留学人员的联系。弘扬爱国主义精神，倡导留学报国思想，宣传介绍海内外留学人员的创业事迹和学术成就；二是组织留学人员，围绕省委、省政府的中心工作建言献策，开展专题研究，为促进全省经济社会又好又快发展作贡献；三是举办联谊、文化交流、社会考察和社会公益等各类活动；四是联络海外留学人员，努力拓宽他们同祖国，尤其是和云南的联系渠道；促进海外学友、专家学者和各界人士与云南的联系，增进互相了解，加强民间往来，在科教、文化、经济等领域广泛开展交流与合作；五是向党和政府举荐人才、反映情况、提出意见和建议。

云南省留学人员联谊会的建立，使云南海归学子有了自己的组织。在中共云南省委的统战部的领导下，云南留学人员联谊会的工作走上了制度化规范化的轨道，并取得了可喜的成绩。

云南省留学人员联谊会成立以来，在中央统战部和中共云南省委的关心、重视下，在中共云南省委统战部的直接领导下，在各有关部门、有关团体以及社会各方面的大力支持帮助下，坚持以邓小平理论、"三个代表"重要思想、科学发展观为指导，紧紧围绕省委、省政府中心工作，自觉服务大局，不断明确定位，完善功能，团结和带领全体会员，开拓创新，扎实工作，很好地完成了一届理事会提出的各项任务，为促进云南省"三个发展"，巩固壮大爱国统一战线作出了积极的贡献。

（三）第二届留学人员联谊会简况

省委常委、省委统战部部长黄毅在会上代表省委作讲话，充分肯定了省联谊会5年来取得的工作成绩后指出，党的十八届三中全会作出了全面深化改革的决定，推进云南全面深化改革各项工作是当前和今后一个时期全省工作的重中之重，作为统一战线成员的留学人员智力密集，要以强烈的进取意识、机遇意识和责任意识，始终保持奋发有为的精神状态，找准自身专业优势与服务改革发展的结合点，围绕事关全面深化改革的重大问题，多建睿智之言、务实之策；充分发挥联系广泛的优势，积极在我省招商引资、招商引智进程中牵线搭桥，让云南走向世界、让世界了解云南，为促进云南对外开放作出新贡献。黄毅同志要求，省联谊会要切实加强自身建设，不断开拓工作新领域，创新活动方式，真正把联谊会办成留学人员之家；各有关部门要进一步做好党外代表人士的物色、培养、推荐工作，努力造就一支层次高、影响大、德才兼备、年富力强的代表人士队伍，为云南全面深化改革凝聚广泛力量。

第二届省留学人员联谊会共有会员 218 人，理事 140 人，常务理事 65 人。

黄毅被聘请为省联谊会名誉会长。省委高校工委副书记、省教育厅副厅长邹平连任第二届云南省留学人员联谊会会长，省委统战部副部长、省社会主义学院党组书记苏红军当选省留学人员联谊会常务副会长，王华、王青梅、任佳、任剑媚、伍达天、刘惠民、朱华山、何天淳、李极明、李茜、李燕、李庆生、李玛琳、杜俊军、杨先明、肖宪、周跃、林隽、郑进、姚永刚、原一川、唐开学、盛军、龚云尊、彭金辉、焦少良 26 人当选为副会长，王志荣当选为秘书长；委任红帆、阮丽霞、余泽云、吴锡南、张兵、李娜、李鼎鑫、杨昆、柳清菊、段智寰、胡凯锋、高鹰、章少宏、孔云虹 14 位同志担任副秘书长。

（四）省留学人员联谊会大事记

2008 年

12 月 21 日，云南省留学人员联谊会在昆明成立。省委常委、省委统战部部长黄毅出席成立大会，为联谊会授牌、代表中共云南省委作重要讲话，并被聘请担任省留学人员联谊会名誉会长。

会上，按照程序审议通过了《章程》、《选举办法》、《会费缴纳和管理暂行办法》等，选举产生了理事、常务理事、会长、副会长、秘书长。

选举邹平为第一届云南省留学人员联谊会会长，王敏正、李庆生、肖宪、王华、李玛琳、周跃、伍达天等 7 人为副会长，王志荣为秘书长，委任章少宏、王青梅、周大勇、赵耀龙等 4 人担任副秘书长。第一届云南省留学人员联谊会会员 165 人，理事 113 人，常务理事 39 人。

中央统战部六局局长沈冲应邀出席了成立大会并讲话。各民主党派省委、省工商联、有关团体和省直有关厅局的领导出席了会议，理事比较集中的12所高校、部分科研院所和昆明市委统战部等单位的领导也应邀出席了会议。省政协副主席、民盟省委主委倪慧芳代表各民主党派省委、省工商联和社会各界致辞。

全国各省、市、自治区统战部，省直有关部门，全省各州市统战部等发来了贺信贺电表示祝贺。

2009 年

3月11—12日，和省留学人员联谊会在西双版纳州景洪市召开一届二次会议，省委常委、省委统战部部长黄毅出席会议并作重要讲话。

9月9日，省留学人员联谊会在昆明理工大学召开会长扩大会议。联谊会会长、副会长参加了会议，秘书长、副秘书长列席了会议。

9月15日下午，省委统战部举行"云南省统一战线庆祝新中国成立60周年专家、学者、知名企业家招待酒会"，省留学人员联谊会代表出席。

10月12—18日，省留学人员联谊会推荐理事杨宇同志参加中国留学人员联谊会在北京、大连举办的全国归国留学人员代表人士学习中国特色社会主义理论研讨班。

10月30日至11月4日，省委统战部、省社会主义学院和省留学人员联谊会在昆明成功举办了云南省留学人员代表人士第一期学习研讨班，40多名留学人员代表参加了学习研讨。

11月，省留学人员联谊会秘书长王志荣同志参加了在贵州召开的全国留学人员团体秘书长会议。

12月16日，欧美同学会·中国留学人员联谊会正式批准云南省留学人员联谊会为团体会员单位。

2010 年

1月5日，欧美同学会·中国留学人员联谊会第六届常务理事会第二次会议在北京召开。云南省留学人员联谊会会长邹平代表联谊会参加了会议。会议增补邹平为欧美同学会·中国留学人员联谊会第六届理事会理事、常务理事。

2月8日下午，省留学人员联谊会在昆明举办"2010年新春酒会"。

省委常委、省委统战部部长黄毅出席并作重要讲话。省联谊会会长、副会长、会员及相关单位来宾共150余人出席了新春酒会。

25日，面对云南严峻的旱情，省留学人员联谊会捐出1万元爱心捐款。会员们还通过其他途径，积极参加抗灾活动。

5月29—31日，省留学人员联谊会在云南省昭通市召开一届三次会议并开展服务社会活动。省委常委、省委统战部部长黄毅出席会议并作重要讲话。有关单位领导，省两个联谊会会长、副会长和理事80多人参加了会议。

5月30日，省留学人员联谊会到昭通市大关县翠华中心小学举行捐资助学签字仪式。省教育厅副厅长、省留学人员联谊会会长邹平，省委统战部副部长、省社会主义学院党组书记、省党外知识分子联谊会常务副会长苏红军等领导参加签字仪式。邹平协调资金60万元、副会长伍达天个人捐款20万元、省留学联谊会会员丁美兰联系协调日本·云南联谊协会捐助20万元人民币用于援建教学楼，联谊会还捐款10万元用于设立面向贫困学生的助学奖学金。

5月30日上午，省留学人员联谊会副会长伍达天，云南农业大学党委副书记、副校长盛军，省留学人员联谊会常务理事、云南大学发展研究院杨先明三位专家到昭通市分别就招商引资中与外商对接有关问题、特色生物资源开发、经济结构和产业结构调整作了专题讲座。

5月30日下午，由昭通市人民政府、云南省党外知识分子联谊会、云南省留学人员联谊会联合主办的"中国西部千里大峡谷旅游发展论坛"在昭通市广电中心演播大厅举行。来自国内外的专家、学者、部分云南省党外知识分子和留学人员以及旅游界人士云集昭通，为昭通的文化旅游和经济社会发展出谋划策。省旅游局局长、省党外知识分子联谊会会长喻顶成在论坛上做了主题发言。

6月26—30日，省留学人员联谊会推荐云南师范大学陈业高教授参加欧美同学会·中国留学人员联谊会举办的第2期全国归国留学人员代表人士研讨班。

6月27—30日，省留学人员联谊会推荐赵永娜和王昆生两位理事参加欧美同学会·中国留学人员联谊会在大连举办的2010中国海外学子创业周活动。

7月8日下午，云南师范大学留学人员联谊会举行成立大会。省委统战部副部长、省社会主义学院党组书记苏红军，省委高校工委副书记杜玉银，省外办副主任甘雪春，省留学人员联谊会秘书长王志荣，云南师范大学领导、相关部门负责人及师生代表等200余人参加了成立大会。

7月9日，省留学人员联谊会推荐张慧理事参加省人才工作领导小组召开的海外留学人员座谈会。

7月20—22日，省留学人员联谊会秘书长王志荣参加了欧美同学会·中国留学人员联谊会2010年全国留学人员团体秘书长工作座谈会暨组织发展工作经验交流会。

9月28日上午，昆明医学院留学人员联谊会成立大会在昆明召开。苏红军同志，省委高校工委、省直有关部门负责人，省留学人员联谊会有关负责人，昆明医学院党政有关领导，部分在昆高校党委统战部部长，昆明医学院留学归国人员及师生代表共100余人出席了成立大会。

10月9日晚，省留学人员联谊会、省党外知识分子联谊会40余位理事观看由省党外知识分子联谊会副秘书长陈劲松任艺术总监的哈尼族大型原生态舞台剧《阿密车》的首次公演。邹平、周跃、杨焱平、管国芳等联谊会领导参加了活动。

11月9—13日，省留学人员联谊会、党外知识分子联谊会的13名会员参加了在中央社会主义学院举办的云南省党外代表人士培训班。

12月6日上午，省委召开党外人士座谈会，就《省委关于制定十二五规划的建议（征求意见稿）》征求党外人士的意见建议。省留学人员联谊会部分理事作为无党派人士代表参加了座谈会并踊跃建言。

12月8日，省党外知识分子联谊会、省留学人员联谊会在昭通市大关县翠华镇中心学校设立的助学奖学金发放仪式在大关县翠华镇中心学校举行。省两个联谊会连续3年每年资助80名贫困学生，每人每年资助400元。

12月22日，昆明医学院留学人员联谊会举行"2011年迎新联谊活动"。苏红军、邹平、李庆生、肖宪、周跃和部分在昆常务理事等出席了活动。苏红军和邹平分别致辞。

2011年

1月6日下午，省政府召开党外知识分子座谈会，就提请省十一届人大四次会议审议和省政协十届四次会议协商的《政府工作报告（征求意见稿)》征求党外人士的意见建议。省留学人员联谊会部分会员参加座谈会。

1月18日，云南统一战线2011年迎新春茶话会在昆明举行。省留学人员联谊会领导和会员共10余人出席了茶话会。

1月24日下午，省留学人员联谊会一届三次会议第二次常务理事会在昆明召开。会长邹平、省委统战部副部长、省社会主义学院党组书记苏红军，省留学人员联谊会副会长李玛琳、李庆生、周跃、伍达天，秘书长、副秘书长、在昆常务理事及部分理事代表共28人出席了会议。

3月，省留学人员联谊会组织会员参加由欧美同学会·中国留学人员联谊会举办的网上摄影大赛活动。省子联谊会推荐留学归国人员周文曙同志参加云南青年省长创业奖的评选，并获得通过。

3月1—10日，云南省德宏傣族景颇族自治州盈江县发生5.8级地震。省留学人员联谊会举行抗震救灾献爱心捐赠活动，共捐款1万元。

3月21日，省留学人员联谊会组织会员30余人，参加了由中央社会主义学院副院长张峰教授在昆明所作的《学习实践社会主义核心价值体系》专题讲座。

4月15日，省留学人员联谊会秘书处人员参加了由云南师范大学留学人员联谊会举办的主题活动。

5月30日上午，全国"同心·律师服务团"成立大会暨签约仪式在北京举行。我省大关、双柏、德钦县成为首批对口帮扶县。三县分管副县长出席了成立大会，并签订了对口帮扶协议。王志荣出席了成立大会，推荐留学归国人员周文曙律师成为"同心·律师服务团"成员，并参加了成立大会。

6月12—15日，欧美同学会·中国留学人员联谊会和中国人民大学调研组到云南开展会史调研。苏红军主持与调研组进行了座谈，王志荣汇报了我省留学人员联谊会的有关情况。

6月21日上午，云南省统一战线各界人士纪念中国共产党成立90周年座谈会在昆明举行。省委常委、省委统战部部长黄毅主持会议并讲话。省留学人员联谊会领导及部分会员与我省统一战线各界人士代表和有关领导参加了座谈会。

6月21日下午，省留学人员联谊会会员10余人，参加了由省委统战部和8个民主党派云南省委在昆明举办的《与党同行·身边的榜样—统一战线树立和践行社会主义核心价值体系先进人物事迹报告会》。

6月24日,为纪念辛亥革命100周年,缅怀留学人员为辛亥革命做出的重要贡献,省留学人员人员联谊会组织会员参加欧美同学会、珠海市委宣传部、澳门基金会·珠澳文化论坛联合举办的"'留学人员与辛亥革命'暨第二届中国留学文化国际学术研讨会"。

6月8—29日,全国留学人员统战工作经验交流会暨留学报国现场会在大连举行,苏红军、王志荣参加会议。

7月4日,省留学人员联谊会会员和省党外知识分子联谊会代表共11人参加了省委统战部组织的情况通报会。省委常委、省委统战部部长黄毅在会上传达了胡锦涛同志在中国共产党成立九十周年座谈会上的讲话精神。

7月25日,4名省留学人员联谊会会员参加云南省无党派和新的社会阶层代表人士理论研究班的学习培训。

8月25—27日,省留学人员联谊会、省党外知识分子联谊会到临沧市双江县开展了"同心·助学双江行"活动。留学归国人员、省知联会副秘书长、云南大学软件学院副院长姚绍文教授、省留联会办公室阮丽霞等同志参加了活动。省两个联谊会共为双江县民族小学捐赠了电脑9台,各类书籍500余册。

9月10日下午,省党外知识分子联谊会和省留学人员联谊会在昆明联合举办"2011年同心聚力·中秋国庆联谊活动"。省委常委、省委统战部部长、省两个联谊会名誉会长黄毅出席联谊活动。省两个联谊会的领导和部分会员等共150余人参加了联谊活动。

10月22日,云南省留学人员联谊会一届四次会议暨开展"同心聚力·服务社会玉溪行"系列活动在玉溪召开。省委常委、省委统战部部长、省联谊会名誉会长黄毅出席会议并讲话,苏红军、邹平,玉溪市委、政府相关领导等出席会议。省联谊会领导及50余名会员参加了会议和活动。

10月22日下午,省政协委员、省留学人员联谊会常务理事、云南师范大学教育科学与管理学院孙亚玲教授到江川县第二中学为江川县120余名小学教师举办题为《有效教学目标设计的原则与方法》的培训。

10月23日上午,省留学人员联谊会"同心·助学华宁行"活动在玉溪市华宁县宁州中心校普茶寨小学举行。苏红军、邹平,省联谊会20多名会员，华宁县有关部门负责同志和普茶寨小学全体师生参加了此次活动。联谊会为普茶寨小学贫困学生设立助学奖学金，连续3年资助50名学生每人每年1000元，共计15万元。

11月云南省留学人员联谊会秘书处牵头成立课题组，开展"云南留学人员统战工作情况"的专项调研，形成的《云南省留学人员统战工作情况调研报告》于2011年11月23日通过了专家评审。

12月，经省留学人员联谊会推荐，省留学人员联谊会会员、云南白药集团健康产品事业部主任高鹰被欧美同学会·中国留学人员联谊会授予"优秀留学人员工作者"称号。

12月20日，省留学人员联谊会与昆明医学院留学人员联谊会在联合举办了"迎新春联谊活动"。省教育厅副厅长、省留学人员联谊会会长邹平、省两个联谊会领导和会员共50多人参加了活动。

2012年

2月11日下午，省留学人员联谊会会员中担任省十一届人大代表、省十届政协委员的无党派人士参加了省委统战部组织的专题联谊交流。

3月省留学人员联谊会"同心·联谊之家"在翠湖公园挂牌。邹平会长、苏红军副部长到"同心·联谊之家"指导工作。为"同心·联谊之家"健康有序地发展，联谊会部分会员多次研讨"同心·联谊之家"活动规则、相关保障服务工作等。

3月2日，省留学人员联谊会开展"同心聚力·建言献策"活动，共收到建议20多条。

3月13日下午，苏红军在昆明与中央统战部"同心·律师服务团"成员赵振玺律师一行就如何进一步深化与我省双柏县的相关合作进行了座谈。

3月23日，省留学人员联谊会在"同心·联谊之家"举行茶艺培训。部分会员和有关工作人员参加了活动。

3月5日，省委统战部副部长、省社会主义学院党组书记苏红军到"同心·联谊之家"指导工作。

3月，在2012年云南省各民主党派、工商联省级组织换届选举中，省留学人员联谊会周跃、肖宪、杨先明、李玛琳、马林昆等5人分别继续分别当选民革、民盟、民建、民进和农工党云南省委副主委。

3月21—26日，省留学人员联谊会推荐李鼎鑫、任树源参加欧美同学会·中国留学人员联谊会在北京举办的第4期全国归国留学人员代表人士研讨班学习。

6月1日，省留学人员联谊会部分会员和工作人员在翠湖"同心·联谊之家"研讨联谊会网站建设和管理问题。

6月28日，日本·云南联谊协会一行17人，在理事长初鹿野惠兰女士的带领下，在同心·联谊之家与省两个联谊会部分会员进行交流座谈。省留学人员联谊会留日会员郭华春、丁美兰、高鹰、余泽云、王伟、姚绍文、王志荣等与来访嘉宾举行了座谈。

7月，联谊会办公室整理汇编"同心聚力·建言献策"分别上报中央统战部，省委、省政府，欧美同学会·中国留学人员联谊会及相关部门，得到了上级领导的重视和积极评价。

7月9日下午，云南大学举行留学人员联谊会成立大会。省委常委、省委统战部部长黄毅，省委统战部副部长杨光海，省教育厅副厅长、省留学人员联谊会会长邹平，昆明医科大学副校长、省留学人员联谊会副会长李庆生等领导出席了成立大会。

7月9日晚，省委书记、省人大常委会主任秦光荣在昆明会见由中央统战部组织的"同心·党外院士服务团"和"同心·律师服务团"一行。省委常委、省委统战部部长黄毅，省委常委、省委秘书长曹建方，省人大常委会副主任程映萱，副省长高峰，省政协副主席顾伯平出席。省党外知识分子联谊会、省留学人员联谊会部分会员参加了会见。

9月27日晚，省联谊会在昆明举办"喜迎十八大，欢度国庆中秋佳节"联谊活动。省委常委、省委统战部部长黄毅出席联谊活动。省联谊会的领导和部分会员等共150余人参加了此次联谊活动。

9月29日，受邹平、苏红军委托，王志荣在同心·联谊之家组织《云南留学百年史》编委会成员研讨编写出版《云南留学百年史》工作。

10月，云南省留学人员联谊会会员，云南卫视编委、高级记者周康梁出版了《他们那一套：中国记者的英国社会观察和影像记录》。并在省留学人员联谊会网站上发布。

10月31日下午，云南财经大学留学人员联谊会成立。省委常委、统战部部长黄毅为联谊会授牌。省委统战部副巡视员杨佑钧，省党外知识分子联谊会会长、省旅游局局长喻顶成，省留学人员联谊会副会长、云南大学副校长肖宪，学校党委书记汪戎出席会议并讲话。

11月4日，省联谊会一届五次会议在大理召开。省委常委、省委统战部部长黄毅出席会议。省联谊会的领导和会员等共150余人参加会议。会后组织开展了多种服务社会活动：省留学人员联谊会副会长李庆生组织昆明医科大学专家与大理州医院开展学术交流服务、医疗卫生讲座；省留学人员联谊会副会长周跃带领部分会员开展海东山地城市化建设调研；省留学人员联谊会会员杨昆、叶文、普小云、赵丽珍等牵头开展系列课题调研。

11月6日，丽江市党外知识分子和归国留学人员联谊会成立大会暨第一届理事会议召开。

11月15日，省留学人员联谊会秘书处组织部分会员赴玉溪市华宁县普茶寨小学实地察看了由省留学人员联谊会会长邹平同志协调教育专项资金180万元建盖的教学楼建设情况，并将5万元的助学奖学金发放到品学兼优、生活困难的50名学生手中。

11月29日上午，省留学人员联谊会部分会员参加了"当前中国社会管理的现状与改革"学习辅导讲座。

12月4日，大关县翠华镇中心完小举行由省党外知识分子联谊会、省留学人员联谊会援建的"同心·联谊会综合教学楼"落成典礼。苏红军同志和部分会员，昭通市委常委、市委统战部部长，县委部分领导参加了典礼。

12月14日晚，由昆明医科大学留学人员联谊会举办2012年"迎新春"联谊活动。苏红军、李庆生同志，省两个联谊会部分会员，昆明医科大学相关领导、相关职能部门及有关负责人等共200多人参加了联谊活动。

12月29日，欧美同学会·中国留学人员联谊会第六届常务理事会第五次会议在北京召开。邹平、王志荣同志参加了会议。

2013年

1月18日，2012年度国家科学技术奖励大会上，云南两项目获国家科技进步一等奖。昆明理工大学副校长、省留学人员联谊会副会长王华教授参与完成其中一个项目。此次获奖，创造了国家科技奖励制度改革13年来我省获国家科技进步一等奖的新纪录。

1月18日下午，省委统战部举行云南省港澳政协委员和省三个联谊会会员迎新春联谊会。省委常委、省委统战部部长黄毅，香港中联办协调部部长沈冲，省委统战部副部长、省侨联党组书记童凤华，省委统战部副部长、省社会主义学院党组书记苏红军，省政协港澳委员代表，16个州市的统战部长，省党外知识分子联谊会、省留学人员联谊会、省海外联谊会中的人大代表、政协委员和部分会员共100余人出席了联谊活动。

5月21—30日，省联谊会9名会员参加了由省委组织部、省委统战部和省社会主义学院在昆明联合举办了"2013年全省无党派、留学人员和新的社会阶层代表人士培训班"的学习培训。

6月1日，欧美同学会·中国留学人员联谊会第二届年会在南京开幕。邹平、王志荣参会。

6月19日，省委常委、省委统战部部长黄毅同志出席了昆明理工大学党外知识分子联谊会暨留学人员联谊会成立大会并为两个联谊会分别授牌。苏红军同志，省委高校工委常务副书记何玉林，省联谊会秘书处、在昆各高校党委统战部部长等出席了成立大会。昆明理工大学相关领导和校两个联谊会会员等共170余人参加了成立大会。

6月21日，省联谊会"同心·联谊之家"举行"云南梦·我的梦"系列主题活动。省联谊会10多名会员围绕"云南文化梦、云南文化地标、我的梦想"等主题进行了热烈的讨论。

8月16日，省联谊会"同心·联谊之家"举行"云南梦·我的梦"系列主题活动。省两个联谊会15名会员以"云南梦·教育梦"为话题进行了热烈的讨论。

9月6日晚，省委常委、省委统战部部长黄毅，省政协副主席、省工商联主席、省党外知识分子联谊会会长喻顶成，省委统战部副部长、省社会主义学院党组书记苏红军，省委高校工委副书记、省教育厅副厅长、省留学人员联谊会会长邹平等领导及省两个联谊会会员共计80余人参加观看由云南艺术学院文华学院编排的大型舞蹈诗《茶马古道——高原女人·大山汉》。

10月，为庆祝欧美同学会100周年庆祝大会召开，省留学人员联谊会组织会员参加《欧美同学会一百年》画册供稿、选送《纪念欧美同学会建会100周年文艺演出》、征集"庆祝欧美同学会成立百年艺术展"作品、庆祝欧美同学会成立100周年乒乓球友谊赛等系列活动。

10月21日,欧美同学会·中国留学人员联谊会成立100周年庆祝大会在北京举行。云南省留学人员联谊会邹平、苏红军、周大勇、李娜、李东红、张兵、李鼎鑫、费宇、曹悦、高鹰、郭怡卿、丁弋喻、任树源、姚立斌、杨莹、周文曙、朱昆良、刘燕萍、王志荣、阮丽霞等20名会员代表参加了庆祝大会,聆听了习近平总书记的讲话。

12月14日,昆明学院成立党外知识分子联谊会和留学人员联谊会。省委常委、省委统战部部长黄毅,省政协副主席、省工商联主席、省党外知识分子联谊会会长喻顶成,省委统战部副部长、省社会主义学院党组书记苏红军,省委高校工委副书记、省教育厅副厅长、省留学人员联谊会会长邹平等领导为昆明学院两个联谊会授牌。

12月18日,西南林业大学成立党外知识分子联谊会和留学人员联谊会。省委常委、省委统战部部长黄毅为西南林业大学两个联谊会授牌。省工商联主席、省党外知识分子联谊会会长喻顶成,省委统战部副部长、省社会主义学院党组书记苏红军,省委高校工委副书记、省教育厅副厅长、省留学人员联谊会会长邹平等领导出席成立大会并参加调研。

12月25日下午,省留学人员联谊会举行第二届换届大会。25日下午,省留学人员联谊会第二届会员代表大会暨二届一次理事会在昆明举行。省委常委、省委统战部部长黄毅、省政协副主席、省工商联主席喻顶成、省委统战部副部长、省社会主义学院党组书记苏红军、省教育厅副厅长、省委高校工委副书记、省留学人员联谊会会长邹平、省司法厅副厅长李瑾等领导出席会议。省委高校工委、省国资委、昆明市委统战部、有关行业协会等单位的相关负责同志,在昆本科高校统战部部长、省委统战部有关领导和同志应邀出席会议。

云南省留学人员联谊会一届名单

序号	姓名	性别	单位及职务	一届会内职务	留学国家	职称	学位、学历
1	邹 平	男	省委高校工委副书记	会长	德国	教授	硕士
2	苏红军	男	云南省委统战部副部长	副会长			硕士
3	王敏正	男	昭通市委副书记、市人民政府市长	副会长	瑞典美国新加坡	经济师	博士
4	李庆生	男	昆明医科大学副校长	副会长	加拿大	教授	硕士
5	肖 宪	男	云南大学副校长	副会长	英国	教授	博士
6	王 华	男	昆明理工大学副校长、博导	副会长	日本	教授	博士
7	李玛琳	女	云南中医学院院长	副会长	法国	教授	博士
8	周 跃	男	云南财经大学副校长	副会长	英国	研究员	博士
9	伍达天	男	香港云通有限公司	副会长	美国		大学
10	王志荣	男	云南省委统战部无党派、党外知识分子处处长	秘书长			大学
11	王青梅	女	省招商合作局副局长	副秘书长	澳大利亚		硕士
12	章少宏	男	云南省教育厅对外合作与交流处处长	副秘书长	德国		
13	周大勇	男	云南上义律师事务所副主任	副秘书长	德国		硕士
16	杜俊军	男	省监察厅	常务理事	英国	数据处理员	硕士
14	甘雪春	男	云南省人民政府外事办公室副主任	常务理事	美国	教授	博士
15	金 诚	男	云南省外办国区办主任	常务理事	英国新加坡		硕士
17	李 娜	女	省财政厅金融处主任科员	常务理事	澳大利亚		硕士MPA
18	杨先明	男	云南大学发展研究院院长、博导	常务理事		教授	博士
19	杨 宇	男	云南大学工程技术研究院副院长	常务理事	美国	教授	博士
20	傅文甫	男	云南师范大学化学化工学院院长	常务理事	德国	教授	博士
21	孙亚玲	女	云南师范大学教管学院硕导	常务理事	英国美国	教授	博士
22	赵耀龙	男	昆明理工大学国土资源工程学院	常务理事	日本	研究员	博士
23	李 松	男	昆明医学院副院长	常务理事	日本	教授	博士
24	郑 进	男	省卫生厅副厅长	常务理事	西班牙	教授	硕士
25	吴伯志	男	云南农业大学副校长	常务理事	英国	教授	博士

续表

序号	姓名	性别	单位及职务	一届会内职务	留学国家	职称	学位、学历
26	郭华春	男	云南农业大学农学与生物技术学院院长	常务理事	日本	教授	博士
27	伏润民	男	云南财经大学副校长	常务理事	日本	教授	博士
28	叶 文	男	西南林业大学生态旅游学院院长	常务理事	澳大利亚	教授	博士
29	林 隽	男	中科院云南天文台团组首席科学家	常务理事	美国	研究员	博士
30	曹坤方	男	中科院西双版纳热带植物园保护生物学研究中心主任、博导	常务理事	荷兰	研究员	博士
31	余蜀昆	男	云南省投资控股集团有限公司副总裁、党委委员	常务理事	美国	高级经济师	硕士
32	刘海建	男	云南省投资控股集团有限公司副总裁、党委委员	常务理事	德国		学士
33	普 乐	男	云锡集团党委副书记、贵研铂业党委书记	常务理事	新加坡	高级工程师	硕士
34	马林昆	男	昆明医学院第一附属医院副院长	常务理事	美国	教授	学士
35	曾 勇	男	昆明医学院第一附属医院副院长	常务理事	泰国、美国、德国	教授	硕士
36	舒 钧	男	昆明医学院第二附属医院副院长	常务理事	美国	教授	博士
37	任剑媚	女	云南诺仕达集团董事局副主席、副总裁	常务理事	英国		硕士
38	高雪梅	女	昆明市规划设计研究院副院长	常务理事	法国瑞士	高级规划师	硕士
39	黄继元	男	昆明学院旅游系副主任	常务理事	比利时澳大利亚	教授	学士
40	石 林	女	省外办处长	理事	美国		学士
41	侯 楠	男	云南省人事厅 副处长	理事	英国		硕士
42	颜 炯	男	云南省商务厅对外经济合作二处副处长	理事	英国		硕士
43	龚云尊	男	云南省商务厅办公室副主任	理事	澳大利亚		硕士
44	王海星	男	云南省商务厅外国投资管理处副处长	理事	英国		硕士
45	阮丽霞	女	云南省委统战部六处	理事			大学
46	高 愿	女	云南省委统战部六处	理事			

续表

序号	姓名	性别	单位及职务	一届会内职务	留学国家	职称	学位、学历
47	张喜光	男	云南大学古生物重点实验室学术委员会主任	理事	加拿大	教授	博士
48	于欣力	男	云南大学国际交流处处长	理事	英国波兰	助研	大专
49	李东红	男	云南大学社科处副处长	理事	美国	教授	博士
50	李文钧	男	云南大学云南省微生物研究所副所长	理事	美国	研究员	博士
51	蔡葵	女	云南大学农村发展研究中心	理事	泰国	副研究员	博士
52	李明	男	云南师范大学太阳能研究所所长、能源与环境科学学院院长	理事	澳大利亚	教授	博士
53	黄遵锡	男	云南师范大学生命科学院、教育部工程中心主任	理事	美国	教授	博士
54	杨智	男	云南师范大学化学化工学院副院长	理事	美国	教授	博士
55	杨昆	男	云南师范大学旅游地理学院副院长、武汉大学博士生导师	理事	澳大利亚	教授	硕士
56	邓钢	男	昆明理工大学外事处处长、国际交流学院院长	理事	加拿大	教授	硕士
57	罗瑛	女	昆明理工大学生命科学与技术学院博导	理事	美国	教授	博士
58	马文会	男	昆明理工大学材冶学院副院长、博导	理事	日本	教授	博士
59	蔡光程	男	昆明理工大学理学院数学系主任	理事	法国	教授	博士
60	周常春	女	昆明理工大学国际交流学院副院长	理事	美国	教授	博士
61	吴锡南	男	昆明医学院公共卫生学院副院长	理事	德国		博士
62	赵永娜	女	昆明医学院药学院副院长	理事	美国	副教授	博士
63	杨照青	女	昆明医学院基础医学院寄生虫教研室	理事	美国	教授	博士
64	魏泽英	女	云南中医学院中药学院化学教研室主任	理事	美国	副教授	硕士
65	郭风根	男	云南农业大学农学与生物技术学院	理事		教授	博士
66	于扬	男	云南农业大学外事处处长	理事	美国、英国	副教授	本科
67	孙鹤	男	云南农业大学经贸学院	理事	英国	教授	硕士

续表

序号	姓名	性别	单位及职务	一届会内职务	留学国家	职称	学位、学历
68	黄雁鸿	女	云南农业大学外语学院副院长	理事	美国	教授	硕士
69	黄建生	男	云南民族大学民族研究所	理事	挪威	副教授	博士
70	方晨明	男	云南民族大学东南亚南亚语言文化学院	理事	越南	讲师	硕士
71	赵丽珍	女	云南民族大学法学院	理事	瑞典	教授	研究生
72	曹悦	女	云南艺术学院美术学院副院长	理事	俄罗斯	副教授	博士
73	红帆	女	云南艺术学院教授	理事	日本	副教授	硕士
74	石磊	男	云南财经大学统计与数学学院院长	理事	加拿大	教授	博士
75	刘尔斯	男	云南财经大学国际工商学院院长	理事	澳大利亚		博士
76	李鼎鑫	男	云南财经大学国际合作交流处副处长、港澳台办公室副主任	理事	俄罗斯	副教授	博士
77	张洪烈	女	云南财经大学国际工商学院副院长	理事	英国、美国	副教授	硕士
78	刘宁	男	西南林学院保护生物学学院副院长、党总支副书记	理事	菲律宾	教授	博士
79	阚欢	女	西南林学院教师	理事	加拿大	副教授	硕士
80	李敦	男	云南广播电视大学人文学院	理事	美国	副教授	学士
81	李唯奇	男	中科院昆明植物研究所种质资源库副主任	理事	美国	研究员	博士
82	高立志	男	中科院昆明植物研究所种植库	理事		研究员	博士
83	姚永刚	男	中国科学院昆明动物研究所	理事	美国	研究员	博士
84	李捷	男	中科院西双版纳热带植物园研究课题组长、博导	理事	澳大利亚	研究员	博士
85	朱华	男	中科院西双版纳热带植物园、博导	理事	荷兰	研究员	博士
86	冯颖	女	中国林科院资源昆虫所生物技术室主任	理事	英国	研究员	博士
87	郭怡卿	女	云南省农科院	理事	韩国	副研究员	博士
88	袁平荣	男	云南省农业科学院粮食作物研究所副所长	理事	韩国	研究员	博士
89	赵志坚	男	云南省农业科学院农业环境资源研究所硕导	理事	荷兰	副研究员	硕士

续表

序号	姓名	性别	单位及职务	一届会内职务	留学国家	职称	学位、学历
90	李文奇	男	中国云南国际经济技术合作公司总经理、党委书记	理事	澳大利亚	高级工程师	硕士、MBA
91	高 鹰	女	云南白药集团健康产品实验室主任	理事	日本	高级工程师	硕士
92	任 梵	男	原云南煤化集团有限公司下属云南省橡胶制品研究所所长	理事	美国	教授级高工	研究生
93	李丽萍	女	昆钢组织人事部副部长	理事		高级政工师	大学
94	王昆生	男	云南欧亚高科技发展有限公司董事长	理事	英国		博士
95	杨晓冬	男	美国德飞公司北京代表处首席代表、昆明宇同阳光信息有限公司副总	理事	美国		双硕士 MBA MSIS
96	张 慧	女	云南建广律师事务所主任	理事	美国		硕士
97	郭 强	男	云南省第一人民医院副院长	理事	日本	主任医师	学士
98	苏 恒	男	云南省第一人民医院内分泌科	理事	美国	副主任医师	博士
99	钱传云	男	昆明医学院第一附属医院急症科主任、ICU主任	理事		教授	博士
100	何晓光	男	昆明医学院第一附属医院耳鼻咽喉科教研室主任	理事	法国	教授	博士
101	李永霞	女	昆明医学院第二附属医院呼吸内科	理事	泰国	主任医师	博士
102	余泽云	女	云南中医学院第一附属医院消化科主任	理事	日本	教授	学士
103	李一民	男	昆明利普机器视觉工程公司总经理	理事	英国	教授	博士
104	张宏健	男	昆明西木木材工业研究开发公司总经理	理事	加拿大、美国	教授	硕士
105	袁 华	女	云南美投飞行安全训练有限公司董事长	理事	美国		MBA
106	刘 璇	女	昆明旭然石化有限公司总经理	理事	美国		硕士
107	李 跃	男	昆明学院机械系教研室主任	理事	美国	副教授	学士
108	张 楠	男	昆明学院城乡建设系	理事	德国	副教授	硕士
109	李跃波	男	昆明学院经济系党总支书记	理事	捷克	教授	硕士
110	哈军华	男	昆明学院外办副主任	理事	美国	讲师	学士

续表

序号	姓名	性别	单位及职务	一届会内职务	留学国家	职称	学位、学历
111	吴江梅	女	昆明学院马列教科部	理事	加拿大	副教授	硕士
112	李海虹	女	昆明学院外语系主任助理	理事	英国	讲师	本科
113	丁美兰	女	昆明市公安局五华分局	理事	日本		学士
114	侯先光	男	云南大学云南省古生物研究重点实验室主任	会员	瑞典	教授	博士
115	张建新	女	云南大学高等教育研究院高教所所长	会员	瑞士、泰国等	教授	博士
116	李建平	男	云南大学数学与统计学院副院长	会员	法国	教授	博士
117	潘学军	男	昆明理工大学环境科学与工程学院副院长、教授、博导	会员	法国美国	教授	博士
118	夏雪山	男	昆明理工大学生命科学与技术学院副院长（主持工作）	会员	日本美国	教授	博士
119	张 兵	男	昆明理工大学国际文化交流学院副院长	会员	加拿大	教授	博士
120	角嫒梅	女	云南师范大学教授	会员	日本	教授	博士
121	吴映梅	女	云南师范大学教授	会员	美国	教授	博士
122	陈业高	男	云南师范大学化学化工学院副院长	会员	美国	教授	博士
123	李 燕	女	昆明医学院副院长	会员	日本	教授、主任医师	博士
124	王 伟	男	昆明医学院教授	会员	日本	教授	博士
125	冷 静	女	云南农业大学动物科学技术学院副教授	会员	澳大利亚	副教授	硕士
126	李永梅	女	云南农业大学国际合作处处长	会员	英国	教授	博士
127	杨 虹	女	云南民族大学经济学院国际经济与贸易系系主任	会员	加拿大、韩国	副教授	博士
128	高 飞	男	云南民族大学电气信息工程学院教授	会员	澳大利亚	教授	硕士
129	陈 刚	男	云南财经大学社会与经济行为研究中心主任	会员	美国	教授	博士
130	费 宇	男	云南财经大学统计与数学学院副院长	会员	英国荷兰美国	教授	博士
131	陈 方	男	西南林业大学经济管理学院教授	会员	新西兰、菲律宾	教授	硕士
132	刘 晖	女	云南艺术学院舞蹈学院艺术教育系讲师	会员	德国	讲师	硕士

续表

序号	姓名	性别	单位及职务	一届会内职务	留学国家	职称	学位、学历
133	赵劲松	男	云南铜业（集团）有限公司投资管理部副主任	会员	英国	无	硕士
134	于富强	男	中科院昆明分院副研究员	会员	美国	副研究员	博士
135	丁仁展	男	云南省农科院科研处副处长	会员	韩国	无	硕士
136	陈策实	男	中科院昆明动物研究所	会员	美国	教授	博士
137	刘煜	男	中科院云南天文台	会员	美国	研究员	博士
138	撒亚莲	女	云南省第一人民医院临床基础医学研究所	会员	美国	副主任医师	博士
139	吴昆华	男	云南省第一人民医院医技教研室副主任	会员	澳大利亚	主任医师、教授	博士
140	寿涛	女	云南省第一人民医院主任医师	会员	英国	主任医师	
141	沈涛	女	云南省第一人民医院基础医学研究所	会员	丹麦	副主任技师	硕士
142	尹勇	男	云南省第二人民医院康复科主任	会员	美国	主任医师	博士
143	杨莹	女	云南省第二人民医院副主任医师	会员	美国	副主任医师	硕士
144	李琼芬	女	云南省疾控中心应急处置中心主任	会员	美国	主任医师	博士
145	陈明清	男	昆明医学院第一附属医院院长	会员	美国	教授	博士
146	丁仲鹃	女	昆明医学院附属口腔医院院长	会员	美国		博士
147	黄青青	女	昆明医学院附属二院麻醉科主任	会员	法国	主任医师	大学
148	黄云超	男	昆明医学院第三附属医院副院长兼胸心血管外科主任	会员	德国奥地利	教授	博士
149	王政道	男	云南海山投资有限公司总裁	会员	美国		硕士
150	黄敏	女	昆明成众达科技有限公司经理	会员	泰国、英国		硕士
151	赵俊三	男	昆明云金地科技有限公司董事长	会员	加拿大	教授	博士
152	钟毓	男	云南天保桦生物资源开发有限公司总经理	会员	英国		硕士
153	李昕	女	昆明金壳防盗产品有限公司	会员	德国		硕士

续表

序号	姓名	性别	单位及职务	一届会内职务	留学国家	职称	学位、学历
154	盛丹	男	云南汉和科技发展有限公司	会员	加拿大		硕士
155	熊学亮	男	红河州华信房地产开发有限公司董事长	会员	日本		博士
156	薛珽	男	云南省发改委能源局协调处主任科员	会员	瑞典	高级工程师	硕士
157	张伟	男	云南省科学技术厅主任科员	会员	芬兰	无	硕士
158	韩世华	女	云南省交通规划设计研究院副院长	会员	美国	教授级高工	
159	周雪萍	女	云南电视台新闻中心	会员	英国	无	硕士
160	周康梁	男	云南卫视编委	会员	英国	主任记者	硕士
161	张杰	男	昆明滇池国家旅游度假区管委会主任助理（副县级）	会员	英国	无	硕士
162	范渝	女	昆明滇池国家旅游度假区管委会办公室副主任	会员	英国	无	硕士
163	任树源	女	昆明经济技术开发区投资开发（集团）有限公司总经理助理	会员	美国	执业经济师	硕士
164	姚立斌	男	昆明物理研究所电路设计及软件设计研究室主任	会员	比利时、新加坡	教授	博士
165	李萍	女	北方夜视科技集团人力资源部	会员	比利时、新加坡	工程师	硕士

二届人员名单

姓名	单位、职务职称及学历学位
黄　毅	省委常委、省委统战部部长，云南省留学人员联谊会名誉会长
邹　平	省委高校工委副书记、省教育厅副厅长（正厅级），云南省留学人员联谊会会长，博导，教授，硕士
苏红军	省委统战部副部长、省社会主义学院党组书记，云南省留学人员联谊会常务副会长，硕士
李　茜	省委宣传部副部长、省委对外宣传办公室主任，云南省留学人员联谊会副会长，硕士
李极明	省政府副秘书长、云南国际博览事务局局长，云南省留学人员联谊会副会长，硕士
何天淳	省人大环资工委主任（云南大学留联会会长），云南省留学人员联谊会副会长，博导，教授，博士
李庆生	省政协教科文卫体委员会副主任（正厅级），云南省留学人员联谊会副会长，博导，教授，硕士
王敏正	昆明国家高新区管委会主任，云南省留学人员联谊会副会长
盛　军	云南农业大学校长，云南省留学人员联谊会副会长，博导，教授，博士
李玛琳	云南中医学院院长，云南省留学人员联谊会副会长，博导，教授，博士
彭金辉	云南民族大学校长（校留联会会长），云南省留学人员联谊会副会长，博导，教授，博士
刘惠民	西南林业大学校长（校留联会会长），云南省留学人员联谊会副会长，博导，教授，博士
任　佳	省社科院院长，云南省留学人员联谊会副会长，研究员，博士
朱华山	省教育厅副厅长、省招生考试院院长，云南省留学人员联谊会副会长，教授，博士
杜俊军	省商务厅副厅长，云南省留学人员联谊会副会长，硕士
龚云尊	省红十字会副会长，云南省留学人员联谊会副会长，硕士
郑　进	省卫生计生委副厅长，云南省留学人员联谊会副会长，教授，硕士
王青梅	省招商合作局副局长，云南省留学人员联谊会副会长，硕士
唐开学	省农科院副院长，云南省留学人员联谊会副会长，研究员，博士
肖　宪	云南大学副校长，云南省留学人员联谊会副会长，博导，教授，博士
王　华	昆明理工大学副校长（校留联会会长），云南省留学人员联谊会副会长，博导，教授，博士
原一川	云南师范大学副校长（校留联会会长），云南省留学人员联谊会副会长，博导，教授，博士
李　燕	昆明医科大学副校长，云南省留学人员联谊会副会长，博导，主任医师、教授，博士
周　跃	云南财经大学副校长（校留联会会长），云南省留学人员联谊会副会长，博导，研究员，博士
林　隽	中科院云南天文台太阳创新团组首席科学家，云南省留学人员联谊会副会长，博导，研究员，博士

续表

姓名	单位、职务职称及学历学位
姚永刚	中科院昆明动物研究所副所长（主持工作），云南省留学人员联谊会副会长，博导，研究员，博士
杨先明	云南大学发展研究院院长，云南省留学人员联谊会副会长，博导，教授，博士
伍达天	云南天铭实业有限公司总经理，云南省留学人员联谊会副会长
任剑媚	云南诺仕达集团董事局副主席、副总裁，云南省留学人员联谊会副会长，硕士
焦少良	云南龙润集团有限公司副董事长，云南省留学人员联谊会副会长，硕士
王志荣	省委统战部无党派、党外知识分子工作处处长，云南省留学人员联谊会秘书长
章少宏	省教育厅对外合作与交流处处长，云南省留学人员联谊会副秘书长，硕士
李 娜	省财政厅金融处外贷科科长，云南省留学人员联谊会副秘书长，硕士
柳清菊	云南大学工程技术研究院院长、云南省高校纳米材料重点实验室主任，云南省留学人员联谊会副秘书长，二级教授，博士
张 兵	昆明理工大学外国语言文化学院院长，云南省留学人员联谊会副秘书长，教授，博士
杨 昆	云南师范大学西部资源环境GIS技术教育部工程研究中心主任、信息学院院长，云南省留学人员联谊会副秘书长，博导，教授，硕士
吴锡南	昆明医科大学研究生部副主任，云南省留学人员联谊会副秘书长，博导，教授，博士
李鼎鑫	云南财经大学科研院所（中心）党委书记、中俄亚太全球问题研究中心主任，云南省留学人员联谊会副秘书长，教授，博士
红 帆	云南艺术学院思政部主任，云南省留学人员联谊会副秘书长，副教授，硕士
孔云虹	昆明学院生命科学与技术系副主任（校留联会会长），云南省留学人员联谊会副秘书长，教授，博士
胡凯锋	中科院昆明植物研究所，云南省留学人员联谊会副秘书长，博导，研究员，博士
高 鹰	云南白药集团股份有限公司健康产品事业部研发总监，云南省留学人员联谊会副秘书长，教授级工程师，硕士
余泽云	云南中医学院第一附属医院脾胃病科主任，云南省留学人员联谊会副秘书长，主任医师、教授
段智霁	昆明眼科医院院长，云南省留学人员联谊会副秘书长，研究员，博士
阮丽霞	省委统战部无党派、党外知识分子工作处副调研员，云南省留学人员联谊会副秘书长
张 霞	省政府金融办副主任，云南省留学人员联谊会常务理事，高级经济师，博士
杨福泉	省社科院副院长，云南省留学人员联谊会常务理事，二级研究员，博士
李 松	昆明医科大学副校长，云南省留学人员联谊会常务理事，博导，博士
吴伯志	云南农业大学副校长，云南省留学人员联谊会常务理事，教授，博士
伏润民	云南财经大学副校长，云南省留学人员联谊会常务理事，博导，博士
杜官本	西南林业大学副校长，云南省留学人员联谊会常务理事，教授，博士
甘雪春	红河学院党委副书记、院长，云南省留学人员联谊会常务理事，教授，博士

续表

姓名	单位、职务职称及学历学位
金 诚	省政府外办国际区域合作办公室主任，云南省留学人员联谊会常务理事，硕士
侯先光	云南大学云南省古生物研究重点实验室主任，云南省留学人员联谊会常务理事，教授，博士
张喜光	云南大学古生物重点实验室学术委员会主任，云南省留学人员联谊会常务理事，教授，博士
杨 宇	云南大学科技处处长，云南省留学人员联谊会常务理事，教授，博士
罗 瑛	昆明理工大学医学院副院长，云南省留学人员联谊会常务理事，博导，教授，博士
蔡光程	昆明理工大学理学院副院长，云南省留学人员联谊会常务理事，教授，博士
刘 坚	云南师范大学党委委员、校长助理、党办主任，云南省留学人员联谊会常务理事，教授，博士
傅文甫	云南师范大学化学化工学院名誉院长，云南省留学人员联谊会常务理事，教授，博士
孙亚玲	云南师范大学，云南省留学人员联谊会常务理事，教授，博士
郭华春	云南农业大学农学与生物技术学院院长，云南省留学人员联谊会常务理事，博导，教授，博士
王云月	云南农业大学植保学院、农业生物多样性与病害控制教育部重点实验室主任，云南省留学人员联谊会常务理事，教授，博士
赵丽珍	云南民族大学少数民族地区农村社会发展研究所所长，云南省留学人员联谊会常务理事，教授，硕士
叶 文	西南林业大学生态旅游学院院长，云南省留学人员联谊会常务理事，教授，博士
黄继元	昆明学院科学发展研究院办公室副主任，云南省留学人员联谊会常务理事，教授
刘海建	省投资控股集团有限公司副总裁、党委委员，云南省留学人员联谊会常务理事
普 乐	云南锡业集团（控股）公司副董事长，云南省留学人员联谊会常务理事，正高级工程师，硕士
丁美兰	昆明市公安局五华分局出入境管理科，云南省留学人员联谊会常务理事，博士
曹坤芳	中科院西双版纳热带植物园保护生物学研究中心主任，云南省留学人员联谊会常务理事，博导，研究员，博士
曾 勇	昆明医科大学第一附属医院副院长，云南省留学人员联谊会常务理事，教授，硕士
马林昆	昆明医科大学第二附属医院院长，云南省留学人员联谊会常务理事，教授
舒 钧	昆明医科大学第二附属医院副院长，云南省留学人员联谊会常务理事，教授，博士
刘 娟	昆明医科大学附属口腔医院副院长，云南省留学人员联谊会常务理事，主任医师，硕士
许 虹	昆明医科大学第一附属医院神经内科副主任，云南省留学人员联谊会常务理事，博导，主任医师、教授，博士
周大勇	北京大成（昆明）律师事务所合伙人，云南省留学人员联谊会常务理事，律师，硕士
杨晓冬	杜克企业教育中国区高级顾问，云南省留学人员联谊会常务理事，双硕士
丁建宇	云南风土旅游开发有限公司董事，云南省留学人员联谊会常务理事，硕士

续表

姓名	单位、职务职称及学历学位
陈 骥	昆明兰亭企业管理有限公司董事长，云南省留学人员联谊会常务理事，硕士
侯 楠	省人社厅（省职业介绍中心）主任，云南省留学人员联谊会理事，硕士
颜 炯	省商务厅对外经济合作二处副处长，云南省留学人员联谊会理事，硕士
王海星	省商务厅外国投资管理处副处长，云南省留学人员联谊会理事，硕士
石 林	省政府外办友协处处长，云南省留学人员联谊会理事
马 俊	省政府外办国际区域合作办公室副主任，云南省留学人员联谊会理事，硕士
张 伟	省科技厅高新处副处长，云南省留学人员联谊会理事，硕士
李世伟	省财政厅省属文化企业国有资产监督管理领导小组办公室副主任，云南省留学人员联谊会理事，硕士
黄 娟	省财政厅农业处主任科员，云南省留学人员联谊会理事，硕士
周康梁	云南卫视编委，云南省留学人员联谊会理事，高级记者，硕士
李 然	团省委统战部副部长，云南省留学人员联谊会理事，硕士
孔建勋	省社科院东南亚所所长，云南省留学人员联谊会理事，研究员，博士
丁仁展	云南农业科技干部进修学院院长、院办公室副主任，云南省留学人员联谊会理事，硕士
袁平荣	省农科院粮食作物研究所主任，云南省留学人员联谊会理事，研究员，博士
于欣力	云南大学国际合作与交流处处长，云南省留学人员联谊会理事，副研究员
张建新	云南大学高等教育研究院高教所所长，云南省留学人员联谊会理事，教授，博士
李东红	云南大学出版社总编辑，云南省留学人员联谊会理事，博导，二级教授，博士
蔡 葵	云南大学经济学院，云南省留学人员联谊会理事，研究员，博士
邓 钢	昆明理工大学外事处处长、港澳台办公室主任，云南省留学人员联谊会理事，教授，硕士
马文会	昆明理工大学冶金与能源工程学院院长，云南省留学人员联谊会理事，博导，教授，博士
周常春	昆明理工大学管理与经济学院副院长，云南省留学人员联谊会理事，博导，教授，博士
陈清明	昆明理工大学材料科学与工程学院副院长，云南省留学人员联谊会理事，教授，博士
李 明	云南师范大学太阳能研究所所长、能源与环境科学学院院长，云南省留学人员联谊会理事，教授，博士
陈业高	云南师范大学化学化工学院院长，云南省留学人员联谊会理事，教授，博士
杨 智	云南师范大学化学化工学院副院长，云南省留学人员联谊会理事，教授，博士
黄遵锡	云南师范大学生命科学院副院长，云南省留学人员联谊会理事，教授，博士
王 伟	昆明医科大学药学院副院长，云南省留学人员联谊会理事，副教授，博士
赵永娜	昆明医科大学国际教育学院副院长，云南省留学人员联谊会理事，教授，博士

续表

姓名	单位、职务职称及学历学位
杨照青	昆明医科大学基础医学院寄生虫教研室，云南省留学人员联谊会理事，博导，二级教授，博士
刘红	昆明医科大学国际教育学院督导，云南省留学人员联谊会理事，副教授
李永梅	云南农业大学国际合作处处长，云南省留学人员联谊会理事，教授，博士
魏红江	云南农业大学动物科学学院副院长，云南省留学人员联谊会理事，教授，博士
郭凤根	云南农业大学农学与生物技术学院，云南省留学人员联谊会理事，教授，博士
郭怡卿	云南农业大学植物保护学院，云南省留学人员联谊会理事，研究员，博士
冷静	云南农业大学动物科学技术学院，云南省留学人员联谊会理事，教授，硕士
魏泽英	云南中医学院药学院有机化学及物理化学教研室主任，云南省留学人员联谊会理事，副教授，硕士
高飞	云南民族大学电气信息工程学院院长，云南省留学人员联谊会理事，教授，硕士
刘尔思	云南财经大学国际工商学院院长，云南省留学人员联谊会理事，教授，博士
石磊	云南财经大学统计与数学学院院长，云南省留学人员联谊会理事，教授，博士
费宇	云南财经大学统计与数学学院常务副院长，云南省留学人员联谊会理事，教授，博士
赵林森	西南林业大学对外合作交流处处长，云南省留学人员联谊会理事，教授，博士
阚欢	西南林业大学资源学院，云南省留学人员联谊会理事，教授，硕士
曹悦	云南艺术学院美术学院副院长，云南省留学人员联谊会理事，副教授，博士
李跃	昆明学院自动控制与机械工程学院，云南省留学人员联谊会理事，副教授、高级工程师
李跃波	昆明学院滇池泛亚研究院办公室主任，云南省留学人员联谊会理事，教授，硕士
赵劲松	云南铜业（集团）有限公司投资管理部副主任，云南省留学人员联谊会理事，硕士
符德智	富滇银行金融市场部副总经理，云南省留学人员联谊会理事，硕士
余聪	中科院云南天文台，云南省留学人员联谊会理事，研究员，博士
吴劲松	中科院昆明植物研究所，云南省留学人员联谊会理事，研究员，博士
焦保卫	中科院昆明动物研究所，云南省留学人员联谊会理事，研究员，博士
李捷	中科院西双版纳热带植物园植物系统与保护生物学研究课题组长，云南省留学人员联谊会理事，博导，研究员，博士
高雪梅	昆明市规划编制与信息中心总工程师，云南省留学人员联谊会理事，教授级工程师，博士
任树源	昆明中荣智融资担保有限公司常务副总经理、昆明经济技术开发区投资集团总经理助理，云南省留学人员联谊会理事，执业经济师，硕士
郭强	省第一人民医院副院长，云南省留学人员联谊会理事，主任医师
寿涛	省第一人民医院，云南省留学人员联谊会理事，主任医师
钱传云	昆明医科大学第一附属医院急诊科主任，云南省留学人员联谊会理事，博导，教授，博士

续表

姓名	单位、职务职称及学历学位
李文辉	昆明医科大学第三附属医院副院长，云南省留学人员联谊会理事，教授，博士
张宏健	昆明西木木材工业研究开发公司总经理，云南省留学人员联谊会理事，教授，硕士
黄　敏	昆明成众达科技有限公司经理，云南省留学人员联谊会理事，硕士
李　萍	北方夜视科技集团人力资源部，云南省留学人员联谊会理事，工程师，硕士
金卫华	云南瑞丽航空公司副总经理，云南省留学人员联谊会理事，高级工程师，硕士
刘中华	昆明理工精诚科技有限责任公司总经理，云南省留学人员联谊会理事，教授，博士
马明星	昆明寰基生物芯片产业有限公司常务副总，云南省留学人员联谊会理事，工程师，博士
曾　增	云南亚太环境工程设计研究有限公司，云南省留学人员联谊会理事，硕士
吴荣书	昆明七彩云花生物科技有限公司董事长，云南省留学人员联谊会理事，教授
李　好	昆明迈多生物科技开发有限公司总经理，云南省留学人员联谊会理事，工程师
薛　珽	省能源局对外交流与合作处主任科员，云南省留学人员联谊会会员，高级工程师，硕士
韩世华	省交通规划设计研究院副院长，云南省留学人员联谊会会员，正高级工程师
杨国纲	省药物依赖研究所，云南省留学人员联谊会会员，助理研究员，硕士
宋志忠	省地方病防治所所长，云南省留学人员联谊会会员，主任医师，博士
李华春	省畜牧兽医科学院院长，云南省留学人员联谊会会员，研究员，博士
谭晓琦	省公路科学技术研究院副总工程师，云南省留学人员联谊会会员，教授级高级工程师
张　杰	省医学信息研究所查新室主任，云南省留学人员联谊会会员，研究员
姚立斌	昆明物理研究所副总工程师，云南省留学人员联谊会会员，研究员、教授，博士
周雪萍	云南电视台新闻中心，云南省留学人员联谊会会员，硕士
赵　群	省社科院社会学所副所长，云南省留学人员联谊会会员，研究员，硕士
马　骥	省社科院科研处处长、国际交流部主任，云南省留学人员联谊会会员，副研究员，硕士
方　芸	省社科院东南亚所，云南省留学人员联谊会会员，研究员，硕士
赵姝岚	省社科院东南亚所所长助理，云南省留学人员联谊会会员，副研究员，博士
赵志坚	省农科院农业环境资源研究所，云南省留学人员联谊会会员，副研究员，硕士
刘　丽	省农科院粮食作物研究所，云南省留学人员联谊会会员，研究员，博士
向　荣	云南大学公共管理学院社会工作研究所所长，云南省留学人员联谊会会员，副教授，博士
李文均	云南大学生命科学学院副院长，云南省留学人员联谊会会员，研究员，博士
李建平	云南大学数学与统计学院副院长，云南省留学人员联谊会会员，教授，博士
张锡盛	云南大学法学院，云南省留学人员联谊会会员，教授，博士

续表

姓名	单位、职务职称及学历学位
夏雪山	昆明理工大学生命科学与技术学院院长，云南省留学人员联谊会会员，博导，教授，博士
潘学军	昆明理工大学环境科学与工程学院副院长，云南省留学人员联谊会会员，博导，教授，博士
纪洪江	昆明理工大学外事处副处长、国际学院副院长，云南省留学人员联谊会会员，助理研究员，硕士
陈光杰	云南师范大学省重点实验室副主任，云南省留学人员联谊会会员，博导，教授，博士
角媛梅	云南师范大学旅游与地理科学学院，云南省留学人员联谊会会员，教授，博士
吴映梅	云南师范大学旅游与地理科学学院，云南省留学人员联谊会会员，教授，博士
黄雁鸿	云南农业大学外语学院副院长，云南省留学人员联谊会会员，副教授，硕士
余 杨	云南农业大学经济管理学院，云南省留学人员联谊会会员，教授，硕士
孙 鹤	云南农业大学经济管理学院，云南省留学人员联谊会会员，教授，博士
林 青	云南中医学院基础医学院药理教研室主任，云南省留学人员联谊会会员，教授
黄建生	云南民族大学民族研究所主任，云南省留学人员联谊会会员，教授，博士
杨 虹	云南民族大学经济学院国际经济与贸易系主任，云南省留学人员联谊会会员，副教授，博士
方晨明	云南民族大学东南亚南亚语言文化学院，云南省留学人员联谊会会员，硕士
张洪烈	云南财经大学东盟学院院长，云南省留学人员联谊会会员，教授，博士
陈 刚	云南财经大学社会与经济行为研究中心主任，云南省留学人员联谊会会员，教授，博士
刘春学	云南财经大学城市与环境学院副院长，云南省留学人员联谊会会员，教授，博士
刘 宁	西南林业大学林学院，云南省留学人员联谊会会员，教授，博士
陈 方	西南林业大学经济管理学院，云南省留学人员联谊会会员，教授，硕士
刘 晖	云南艺术学院舞蹈学院艺术教育系，云南省留学人员联谊会会员，硕士
李 敦	云南开放大学国际交流学院，云南省留学人员联谊会会员，副教授
哈军华	昆明学院原任对外交流合作处副处长，云南省留学人员联谊会会员
张 楠	昆明学院城乡建设系，云南省留学人员联谊会会员，副教授，硕士
吴江梅	昆明学院马列教科部，云南省留学人员联谊会会员，副教授，硕士
李海虹	昆明学院外语系主任助理，云南省留学人员联谊会会员
张 杰	昆明滇池国家旅游度假区管委会主任助理，云南省留学人员联谊会会员，硕士
范 渝	昆明滇池国家旅游度假区管委会办公室副主任，云南省留学人员联谊会会员，硕士
余蜀昆	省投资控股集团有限公司副总裁、党委委员，云南省留学人员联谊会会员，高级经济师，硕士
任 梵	云南煤化工集团有限公司副总工程师，云南省留学人员联谊会会员，教授级高级工程师

续表

姓名	单位、职务职称及学历学位
刘煜	中科院云南天文台，云南省留学人员联谊会会员，研究员，博士
纪旭	中科院昆明植物研究所，云南省留学人员联谊会会员，副研究员，博士
陈策实	中科院昆明动物研究所，云南省留学人员联谊会会员，教授，博士
范泽鑫	中科院西双版纳热带植物园，云南省留学人员联谊会会员，副研究员，博士
朱华	中科院西双版纳热带植物园，云南省留学人员联谊会会员，博导，研究员，博士
陈航	中国林科院资源昆虫研究所，云南省留学人员联谊会会员，副研究员，博士
苏恒	省第一人民医院内分泌代谢病科，云南省留学人员联谊会会员，主任医师，博士
撒亚莲	省第一人民医院，云南省留学人员联谊会会员，主任技师，博士
吴昆华	省第一人民医院磁共振科行政副主任，云南省留学人员联谊会会员，主任医师、教授，博士
沈涛	省第一人民医院基础医学研究所副主任，云南省留学人员联谊会会员，副主任技师，硕士
尹勇	省第二人民医院康复医学科主任，云南省留学人员联谊会会员，主任医师，博士
杨莹	省第二人民医院内分泌科主任，云南省留学人员联谊会会员，主任医师，硕士
何晓光	昆明医科大学第一附属医院耳鼻咽喉头颈外科主任，云南省留学人员联谊会会员，博导，二级教授，博士
黄青青	昆明医科大学第二附属医院麻醉科主任，云南省留学人员联谊会会员，主任医师
李永霞	昆明医科大学第二附属医院呼吸内科，云南省留学人员联谊会会员，主任医师，博士
黄云超	昆明医科大学第三附属医院副院长兼胸心血管外科主任，云南省留学人员联谊会会员，博导，二级教授，博士
李琼芬	省疾控中心应急处置中心主任，云南省留学人员联谊会会员，主任医师，博士
刘晓强	省疾控中心免疫规划科科长，云南省留学人员联谊会会员，主管医师，博士
杨雪松	云南中医学院第一附属医院皮肤科，云南省留学人员联谊会会员，住院医师，博士
张慧	云南建广律师事务所主任，云南省留学人员联谊会会员，硕士
王政道	云南海山投资有限公司总裁，云南省留学人员联谊会会员，硕士
王昆生	云南欧亚高科技发展有限公司董事长，云南省留学人员联谊会会员，博士
钟毓	云南天保桦生物资源开发有限公司总经理，云南省留学人员联谊会会员，硕士
赵俊三	昆明云金地科技有限公司董事长，云南省留学人员联谊会会员，教授，博士
李一民	昆明利普机器视觉工程公司总经理，云南省留学人员联谊会会员，教授，博士
李文奇	中国云南国际经济技术合作公司执行董事、总经理，云南省留学人员联谊会会员，高级工程师，硕士
熊学亮	红河州华信房地产开发有限公司董事长、开远市工商联副主席，云南省留学人员联谊会会员，博士
季华夏	云南北方奥雷德光电科技股份有限公司技术总监，云南省留学人员联谊会会员，博士

云南省留学人员联谊会第二届会员名单（218人）

姓名	性别	留学国家	单位职务	职称	学历	主要社会职务及主要成果、专长	拟建议第二届理事会任职
\multicolumn{8}{l}{会长}
邹平	男	德国	省委高校工委副书记、省教育厅副厅长	博导 教授	硕士	中国工业经济研究常务理事、云南价格学会常务理事、云南省系统工程学会副理事长	会长、常务理事
\multicolumn{8}{l}{常务副会长}
苏红军	男		省委统战部副部长、省社会主义学院党组副书记		硕士	第十、十一届省政协委员	常务副会长、常务理事
\multicolumn{8}{l}{副会长（27人）}
王敏正	男	瑞典、美国、新加坡	昆明国家高新区管委会主任	经济师	博士	第十一届全国人大代表	副会长、常务理事
李茜	女	英国曼彻斯特大学	省委宣传部副部长、省委对外宣传办公室主任		硕士		副会长、常务理事
李欣明	男	丹麦	省政府副秘书长、云南国际博览事务局局长	博导	硕士	第十一届省政协委员	副会长、常务理事
何天淳	男	德国、弗赖贝格矿业大学、卡尔斯鲁厄大学	省人大环资工委主任（云南大学留联会长）	博导 教授	博士	第十二届省人大常委、云南教育学会理事长、云南教育科技协作网（6国）大理事、教育部科技委数理学部委员	副会长、理事
李庆生	男	加拿大	省政协教科文卫体委员会副主任	博导 教授	硕士	云南省中医药学会副会长、云南现代化产业（云南）基地"国家中药建设领导小组"成员、云南财贸学院高教研究所兼职研究员	副会长、理事
盛军	男	日本大阪大学	云南农业大学校长	博导 教授	博士	第十二届省人大常委、民进云南省副主委、中国药理学会理事、云南省药学会理事长	副会长、理事
李玛琳	女	法国	云南中医学院院长	博导 教授	博士	细胞生物学会理事、中国药理学会常务理事、云南省药理学会理事长 免疫学会理事	副会长、常务理事

续表

姓名	性别	留学国家	单位职务		职称	学历	主要社会职务及主要成果、专长	拟建议第二届理事会任职
彭金辉	男	德国卡尔斯鲁尔研究中心，英国布鲁奈尔大学	云南民族大学校长（校留联会会长）	博导	教授	博士	俄罗斯自然科学院外籍院士，第六届国务院学科评议组成员，"十二五"国家863计划主题专家，全国有色冶金学术委员会副主任委员，全国冶金物理化学学术委员会副主任委员等	副会长、常务理事
刘惠民	男	日本	西南林业大学校长（校留联会会长）	博导	教授	博士		副会长、常务理事
任佳	女	荷兰第尔堡大学	省社科院院长		研究员	博士	中国南亚学会副会长，中国亚太学会副会长，云南省南亚学会会长	副会长、常务理事
朱华山	男	美国弗吉尼亚大学	省教育厅副厅长、省招生考试院院长		教授	博士		副会长、常务理事
杜俊军	男	英国	省商务厅副厅长			硕士	第十、十一届省政协委员	副会长、常务理事
龚云尊	男	澳大利亚	省红十字会副会长			硕士		副会长、常务理事
郑进	男	西班牙	省卫生厅副厅长		教授	硕士	中国中医诊断学会副会长，云南省民族民间医学研究会常务副会长，云南省针灸学会副会长等	副会长、常务理事
王青梅	女	澳大利亚	省招商合作局副局长			硕士		副会长、常务理事
唐开学	男	美国	省农科院副院长		研究员	博士	十五以来，获省科技进步一等奖2项，获切花月季新品种权2个，发表文章39篇，主编或副主编出版专著5部，获科技进步二等奖2项，主持或参与国家及省部级项目10余项	副会长、常务理事

续表

姓名	性别	留学国家	单位职务	博导	职称	学历	主要社会职务及主要成果、专长	拟建议第二届理事会任职
肖宪	男	英国	云南大学副校长	博导	教授	博士	民盟云南省委副主委、中国中东学会副会长、中国世界民族学会副会长	副会长、常务理事
王华	男	日本	昆明理工大学副校长（校留联会会长）	博导	教授	博士	中国有色金属协会理事、云南省自动化协会理事、中国金属学会热工学会理事	副会长、常务理事
原一川	男	澳大利亚拉筹伯大学	云南师范大学副校长（校留联会会长）	博导	教授	博士	教育部高等学校外国语言文学教学指导委员会英语专业分委员会委员、中国西部外语教育研究会副会长、云南省外语教学研究会副会长、云南省小学外语教师研究会多项学术职务。"省级教学名师""省级教学名师"、"全国优秀教师"获得者。主要研究领域和专长为英语语言文学、对外汉语教学和应用语言学	副会长、常务理事
李燕	女	日本	昆明医科大学副校长	博导	主任医师、教授	博士	中国妇幼保健协会常务理事、中国营养学会第七届常委、云南省科协副主席、妇幼保健学会副会长、云南省优生优育、云南省性病、艾滋病防治专家委员会委员	副会长、常务理事
周跃	男	英国	云南财经大学副校长（校留联会会长）	博导	研究员	博士	省人大常委、民革云南省委副主委	副会长、理事
林隽	男	美国	中科院云南天文台太阳物理创新团组首席科学家	博导	研究员	博士	专长太阳物理	副会长、理事
姚永刚	男	美国	中科院昆明动物研究所副所长（主持工作）	博导	研究员	博士	获国家自然科学奖二等奖、云南省科学技术奖一等奖	副会长、理事
杨先明	男		云南大学发展研究院院长		教授		民建云南省委副主委、全国政协委员	副会长、理事
伍达天	男	美国	云南天骎实业有限公司总经理				第十一届省政协委员	副会长、理事

续表

姓名	性别	留学国家	单位职务	职称	学历	主要社会职务及主要成果、专长	拟建议第二届理事会任职
任剑娟	女	英国	云南诺仕达集团董事局副主席、副总裁		硕士	西山区青联副主席	副会长、常务理事
焦少良	男	美国加州卫斯文大学	云南龙润集团有限公司副董事长		硕士	中国青年企业家协会理事、云南省青年企业家协会副会长、政协云南省第十届委员会经济工作委员会委员、民主建国会工党云南省委会经济委、云南省青年联合会常委、云南省医师协会健康管理与健康保险专业委员会执业医师	副会长、常务理事

秘书长

| 王志荣 | 男 | | 省委统战部无党派、党外知识分子工作处处长 | | 硕士 | 云南省宗教学会常务理事 | 秘书长、理事 |

副秘书长（14人）

章少宏	男	德国	省教育厅对外合作与交流处处长		硕士		副秘书长、理事
李 娜	女	澳大利亚	省财政厅金融处外贸科科长		硕士	云南省翻译协会会员	副秘书长、理事
柳清菊	女	日本	云南大学工程技术研究院院长、云南省高校纳米材料重点实验室主任	二级教授	博士	"十二五"国家 863 计划新材料技术领域主题专家组成员、民盟中央委员、民盟云南省委高教工委主任、第十一届云南省政协协委员、五华区人大代表	副秘书长、理事
张 兵	男	加拿大	昆明理工大学外国语言文化学院院长	教授	博士	中国第四届科学研究会-教育与普法专业委员会委员、中国地理学会会员、云南省地理学会理事	副秘书长、理事
杨 昆	男	澳大利亚	云南师范大学西部资源环境 GIS 技术教育部工程研究中心副主任、信息学院院长	教授	博士 博导	第十一届省政协协委员、中国 GIS 协会理论与方法委员会副主任委员、西部资源环境地理信息技术教育部工程研究中心主任、云南省测绘学会副理事长	副秘书长、理事

续表

姓名	性别	留学国家	单位职务		职称	学历	主要社会职务及主要成果、专长	拟建议第二届理事会任职
吴锡南	男	德国	昆明医科大学研究生部副主任	博导	教授	博士	省中青年学术技术带头人	副秘书长、理事
李鼎鑫	男	俄罗斯	云南财经大学科研院所（中心）党委书记、中俄亚太全球同题研究中心主任		教授	博士	欧美同学会会员，俄罗斯圣彼得堡记者律师协会会员，新华社世界同题研究中心特约研究员	副秘书长、理事
红帆	女	日本	云南艺术学院思政部主任		副教授	硕士		副秘书长、理事
孔云虹	男	瑞士、美国、瑞士联邦苏黎世高等理工学院	昆明学院生命科学与技术系副主任（校留联会长）	博导	教授	博士		副秘书长、理事
胡凯锋	男		中科院昆明植物研究所		研究员	博士	财政部政府采购项目评审专家，昆明市科技专家。	副秘书长、理事
高鹰	女	日本	云南白药集团股份有限公司健康产品事业部研发总监		教授级工程师	硕士	第十一届省政协委员，中国牙病防治基金会理事，中国口腔清洁护理用品协会技术委员会委员，全国专业标准化技术委员会委员	副秘书长、理事
余泽云	女	日本	云南中医学院第一附属医院脾胃病科主任		主任医师、教授		中国中医药学会脾胃病分会委员，云南省中西医结合学会消化病专业委员会副主委，九三学社云南省委员会暨云南中医学院附属医院支社主委	副秘书长、理事
段智囊	女	美国哈佛大学医学院	昆明眼科医院院长		研究员	博士	中国医师协会眼科分会民营科分会理事，中国全国代表大会代表，云南省商会常务理事，云南省青年联合会副主席，云南省留学人员创业协会副会长，云南杰出妇女代表，云南省有突出贡献的留学回国人员，昆明市民营医院常务委员会副主委，昆明市侨联委员，昆明市侨联执行委员，昆明地区民营医院创业评价活动考评专家，昆明百优卫生工作者，昆明市五华区侨联副主席，昆明市五华区政协协委员，昆明市人大代表	副秘书长、理事

续表

姓名	性别	留学国家	单位职务		职称	学历	主要社会职务及主要成果	拟建议第二届理事会任职
阮丽霞	女		省委统战部无党派、党外知识分子工作处副调研员					副秘书长、理事

常务理事（63人，含会长、常务副会长、副会长）

姓名	性别	留学国家	单位职务		职称	学历	主要社会职务及主要成果	拟建议第二届理事会任职
张霞	女	新西兰	省政府金融办副主任		高级经济师	博士	云南省小额信贷协会秘书长、云南省泛亚小微金融研究院副院长、香格里拉高山植物园理事	常务理事
杨福泉	男	德国科隆大学、美国加州大学戴维斯分校	省社科院副院长		二级研究员	博士	中国民族学会常务理事、中国纳西学研究会副会长兼秘书长、云南纳西学研究会会长、云南中华传统道德研究会副会长、云南农村文化研究会副会长	常务理事
李松	男	日本	昆明医科大学副校长	博导	教授	博士	云南省口腔医学会副会长、中华口腔医学会医学教育专业委员会委员、中国高等教育学会理事	常务理事
吴伯志	男	英国	云南农业大学副校长		教授	博士	云南省农学会常务理事、云南省作物学会常务理事	常务理事
伏润民	男	日本	云南财经大学副校长	博导	教授	博士	云南省人民政府金融发展专家委员会委员	常务理事
杜官本	男	美国 Theuniver-sityofTennessee、法国 LorrainUni-versity	西南林业大学副校长		教授	博士	第十一省政协常委	常务理事
甘雪春	男	美国	红河学院党委副书记、院长		教授	博士	云南省翻译协会副会长	常务理事
金诚	男	英国新加坡	省政府外办国际区域合作办公室主任			硕士	云南省政府参事	常务理事
侯先光	男	瑞典	云南大学云南省古生物研究重点实验室主任		教授	博士	云南省政府参事、云南省政协常委、国际古生物学会前副主席	常务理事

续表

姓名	性别	留学国家	单位职务		职称	学历	主要社会职务及主要成果、专长	拟建议第二届理事会任职
张喜光	男	加拿大	云南大学古生物重点实验室学术委员会主任		教授	博士	中国古生物学会理事	常务理事
杨宇	男	美国	云南大学科技处处长		教授	博士	九三学社云南省委委员	常务理事
罗瑛	女	美国	昆明理工大学医学院副院长	博导	教授	博士		常务理事
蔡光程	男	法国	昆明理工大学理学院副院长		教授	博士	致公党云南省委员，致公党昆工总支副主委、云南省数学协会理事长	常务理事
刘坚	男	美国南达科他州立大学、澳大利亚昆士兰大学	云南师范大学党委委员、校长助理、党办主任		教授	博士	兼任中国高等教育学会教师教育研究会副理事长、中国体育科学学会运动训练学分会田径专业委员会副主任、中国高等教育学会体育专业分会体育科研专业委员会常务理事、中国体育科学学会学校体育分会委员、云南省学位委员会委员、云南专业委员会专家委员（体育）首届委员召集人、云南省武术协会副主席、云南省体育科学学会副理事长等职。主要从事传统体育理论与实践、体育人文社会学研究。近年来，在该领域获取得了显著研究成果，先后承担了国家级、省部级科研项目40余项，其中主持国家科技部科技支撑计划重点	常务理事
傅文甫	男	德国	云南师范大学化学化工学院名誉院长		教授	博士	中国可再生能源学会理事	常务理事
孙亚玲	女	英国美国	云南师范大学		教授	博士	第八、九、十届省政协委员	常务理事
郭华春	男	日本	云南农业大学农学与生物技术学院院长	博导	教授	博士	云南省作物学会副理事长	常务理事

续表

姓名	性别	留学国家	单位职务	职称	学历	主要社会职务及 主要成果、专长	拟建议第二届 理事会任职
王云月	女	英国、胡佛汉顿大学	云南农业大学植物保护学院、农业生物多样性与病害控制教育部重点实验室主任	教授	博士	第十一届省政协常委、九三学社云南省兼职副主委	常务理事
赵丽珍	女	瑞典	云南民族大学少数民族地区农村社会发展研究所所长	教授	硕士	云南省党史学会常务理事	常务理事
叶文	男	澳大利亚	西南林业大学生态旅游学院院长	教授	博士	国家公园发展研究所所长、生态旅游规划与休闲研究所所长、生物多样性与自然保护中心副主任、国家高原湿地研究中心副主任、中国地理学会旅游地理专业委员会副主任	常务理事
黄继元	男	比利时澳大利亚	昆明学院科学发展研究院办公室主任	教授			常务理事
刘海建	男	德国	省投资控股集团有限公司副总裁、党委委员	正高级工程师	硕士	云南林产业协会副理事长	常务理事
普乐	男	新加坡	云南锡业集团（控股）公司副董事长		博士		常务理事
丁美兰	女	日本	昆明市公安局五华分局出入境管理科	研究员	博士	云南省侨联委员、昆明市侨联常委、市海联会会员	常务理事
曹坤芳	男	荷兰	中科院西双版纳热带植物园保护生物学研究中心主任	研究员	博士	云南省政协参事	常务理事
曾勇	男	泰国、德国、美国	昆明医科大学第一附属医院副院长	教授	硕士	中国心理卫生协会心理评估专业委员会委员；中华医学会云南省分会精神病学专业委员	常务理事

续表

姓名	性别	留学国家	单位职务	博导	职称	学历	主要社会职务及主要成果、专长	拟建议第二届理事会任职
马林昆	男	美国	昆明医科大学第二附属医院院长		教授		第十一届省政协常委、省委员，农工民主党云南省委常委，省委员	常务理事
舒钧	男	美国	昆明医科大学第二附属医院副院长		教授	博士	中华医学会骨科学分会青年学组委员、中华医学会云南省分会骨科学会委员	常务理事
刘娟	女	美国波士顿大学牙学院	昆明医科大学附属口腔医院副院长		主任医师	硕士	中华口腔医学会预防口腔医学专业委员会委员，口腔健康教育医学组成员，中华预防医学会口腔卫生保健专业委员会委员，云南省口腔医学会理事	常务理事
许虹	女	日本静冈国立神经病研究所癫痫中心	昆明医科大学第一附属医院神经内科副主任	博导	主任医师、教授	博士	第十二届全国人大代表，致公党第十四届中央委员，致公党云南省委第五届常委、第六届云南省委主任委员，云南省第九届侨联联委，云南省第十届政协委员，云南省委联系专家	常务理事
周大勇	男	德国	北京大成（昆明）事务所合伙人		律师	硕士	云南省律师协会理事	常务理事
杨晓冬	男	美国	杜克企业教育中国区高级顾问			双硕士	昆明海归俱乐部创始人	常务理事
丁建宇	男	英国格林威治大学项目管理	云南风土旅游开发有限公司董事			硕士	民盟云南委员会成员	常务理事
陈骧	男	美国明尼苏达大学	昆明兰亭企业管理有限公司董事长			硕士	云南省青年企业家协会副会长，云南电子商务发展中心理事	常务理事

理事（142人，含副秘书长、常务理事）

| 侯楠 | 男 | 英国 | 省人社厅云南省职介中心主任 | | | 硕士 | | 理事 |

十九 云南省留学人员联谊会　　257

续表

姓名	性别	留学国家	单位职务	职称	学历	主要社会职务及主要成果、专长	拟建议第二届理事会任职
颜炯	男	英国	省商务厅对外经济合作二处副处长		硕士		理事
王海星	男	英国	省商务厅外国投资管理处副处长		硕士		理事
石林	女	美国	省政府外办友协处处长				理事
马俊	男	新加坡国立大学、美国哈佛大学	省政府外办国际区域合作办公室副主任		硕士	英语	理事
张伟	男	芬兰	省科技厅高新处副处长		硕士		理事
李世伟	男	英国、爱丁堡大学	省财政厅省属文化企业国有资产监督管理领导小组办公室副主任		硕士		理事
黄娟	女	泰国、清迈大学	省财政厅农业处主任科员		硕士		理事
周康梁	男	英国	云南卫视编委	高级记者	硕士	中国电视艺术家协会主持人专业委员会委员、云南省青年联合会会员	理事
李然	女	加拿大纽布朗斯威克大学	团省委统战部部长		硕士		理事
孔建勋	男	英国曼彻斯特大学	省社科院东南亚所所长	研究员	博士	多民族国家的民族政策与族群态度：新加坡、马来西亚和泰国实证研究	理事
丁仁展	男	韩国	云南农业科技干部进修学院院长、院办公室副主任		硕士		理事
袁平荣	男	韩国	省农科院粮食作物研究所主任	研究员	博士		理事

续表

姓名	性别	留学国家	单位职务		职称	学历	主要社会职务及主要成果、专长	拟建议第二届理事会任职
于欣力	男	英国波兰	云南大学国际合作与交流处处长		副研究员		云南省侨联副主席、中国教育国际交流协会理事、中国华侨历史学会理事	理事
张建新	女	瑞士、泰国等	云南大学高等教育研究院高教所所长		教授	博士	民盟云南省委文化教育委员会副主任、民盟云南大学委员会副主委	理事
李东红	男	美国	云南大学出版社总编辑	博导	二级教授	博士	中国宗教学会理事、中国民族研究会理事	理事
蔡葵	女	泰国	云南大学经济学院		研究员	博士	昆明市第十一届、十二届人大代表、市人大法制委员会委员	理事
邓钢	男	加拿大	昆明理工大学外事处处长、港澳合办公室主任		教授	硕士	亚欧峰会教育合作中心（ASEMEducationHub）顾问委员会委员	理事
马文会	男	日本	昆明理工大学冶金与能源工程学院院长	博导	教授	博士	日本东京大学可持续材料国际研究中心合作教授、国家自然科学基金通讯评议专家、中国有色金属学会青年工作委员会副主任委员、中国青联委员	理事
周常春	女	美国	昆明理工大学管理与经济学院副院长	博导	教授	博士	第十一届省政协委员、云南省政协经济委员会委员、云南省青联代表	理事
陈清明	男	美国／匹兹堡大学	昆明理工大学材料科学与工程学院副院长		教授	博士	校党外知识分子联谊会会长、中国材料研究会青年委员会理事。发表SCI检索科研论文5篇，EI检索科研论文4篇	理事
李明	男	澳大利亚	云南师范大学太阳能研究所所长、能源与环境科学学院院长		教授	博士	云南省太阳能协会副理事长、云南省可再生能源学会热利用委员会委员、云南省教育厅学术委员会委员	理事
陈业高	男	美国	云南师范大学化学化工学院院长		教授	博士	云南省植物学会理事、云南师范大学学术委员会委员	理事

续表

姓名	性别	留学国家	单位职务		职称	学历	主要社会职务及主要成果、专长	拟建议第二届理事会任职
杨智	男	美国	云南师范大学化学化工学院副院长		教授	博士	民革云南省委委员	理事
黄遵锡	男	美国	云南师范大学生命科学学院副院长		教授	博士	云南省政协委员	理事
王伟	男	日本	昆明医科大学药学院副院长		副教授	博士	昆明医科大学留学人员联谊会副秘书长	理事
赵永娜	女	美国	昆明医科大学国际教育学院副院长		教授	博士	云南药理学会理事	理事
杨照青	女	美国	昆明医科大学基础医学院寄生虫教研室	博导	二级教授	博士		理事
刘红	女	美国加利福尼亚大学圣·巴巴拉分校	昆明医科大学国际教育学院督导		副教授		云南省翻译家协会理事，云南省翻译家协会昆明医科大学分会负责人、昆明市侨联副主席	理事
李永梅	女	英国	云南农业大学国际合作处处长		教授	博士	欧盟与发展中国家科技合作项目评审专家，中国土壤学会遥感与信息技术专业委员会委员，中国土壤学会云南省分会常务理事	理事
魏红江	男	日本鹿儿岛大学	云南农业大学动物科学院副院长		教授	博士	云南省第五四青年奖章提名奖 (2013—2018)，盘龙区第十五届人大代表	理事
郭凤根	男		云南农业大学农学与生物技术学院		教授	博士	昆明市	理事
郭怡卿	女	韩国	云南农业大学植物保护学院		研究员	博士		理事
冷静	女	澳大利亚	云南农业大学动物科学技术学院		教授	硕士	第十二届省人大常委，中国农工民主党云南农业大学支部委员	理事

续表

姓名	性别	留学国家	单位职务	职称	学历	主要社会职务及主要成果、专长	拟建议第二届理事会任职
魏泽英	女	美国	云南中医学院药学院有机化学及物理化学教研室主任	副教授	硕士		理事
高飞	男	澳大利亚	云南民族大学电气信息工程学院院长	教授	硕士	云南省高校学术委员会委员、中国通信学会高级会员、云南民族大学教授委员会委员、学术带头人、教学名师	理事
刘尔思	男	澳大利亚	云南财经大学国际工商学院院长	教授	博士		理事
石磊	男	加拿大	云南财经大学统计与数学学院院长	教授	博士	中国概率统计学会理事、中国现场统计学会理事、中国现场统计学会生存分析分会常务理事、云南省统计学会常务理事、云南省地质委员会委员、国家自然科学基金评审专家	理事
费宇	男	英国荷兰美国	云南财经大学统计与数学学院副院长	教授	博士	全国经济数学与管理数学学会理事	理事
赵林森	男	罗马尼亚布拉索夫大学；美国加州大学伯克利分校；美国波特兰世界林业中心	西南林业大学对外合作交流处处长	教授	博士	昆明市留学人员联谊会理事、西南林业大学留学人员联谊会会长/云南省留学人员联谊会（排名第四）/政府科学技术进步奖/参编教材3部	理事
阚欢	女	加拿大	西南林业大学资源学院	教授	硕士		理事
曹悦	女	俄罗斯	云南艺术学院美术学院副院长	副教授	博士	作品入选中国美协主办《西部大地情》第五届美术作品展	理事
李跃	男	美国	昆明学院自动控制与机械工程学院	副教授、高级工程师		省专家学会会员、省作史学会会员	理事

续表

姓名	性别	留学国家	单位职务	博导	职称	学历	主要社会职务及主要成果、专长	拟建议第二届理事会任职
李跃波	男	捷克	昆明学院滇池泛亚研究院办公室主任		教授	硕士	昆明市社科联专家评委	理事
赵劲松	男	英国	云南铜业（集团）有限公司投资管理部副主任			硕士		理事
符德智	男	加拿大多伦多大学	富滇银行金融市场部副总经理			硕士		理事
余 聪	男	美国 Cornell 大学	中科院云南天文台		研究员	博士	天体物理	理事
吴劲松	男	德国，马普化学生态研究所	中科院昆明植物研究所		研究员	博士	云南省细胞生物学副秘书长，常务理事；植物分子生物学和遗传	理事
焦保卫	男	香港中文大学	中科院昆明动物研究所		研究员	博士		理事
李 捷	男	澳大利亚	中科院西双版纳热带植物园植物系统与保护生物学研究课题组长	博导	研究员	博士		理事
高雪梅	女	法国瑞士	昆明市规划编制与信息中心总工程师		教授级工程师	博士	中国城市规划协会会员，美国城市规划师协会（APA）会员	理事
任树源	女	美国	昆明中荣智融建筑担保有限公司常务副总经理、昆明经济技术开发区投资集团总经理助理		执业经济师	硕士		理事
郭 强	男	日本	省第一人民医院院长		主任医师		云南省消化内镜学会主任委员、中华消化内镜学会全国委员，中华消化内镜学会大肠镜学组副组长	理事
寿 涛	女	英国	省第一人民医院		主任医师		省放射研究会理事	理事

续表

姓名	性别	留学国家	单位职务	博导	职称	学历	主要社会职务及主要成果、专长	拟建议第二届理事会任职
钱传云	男	美国托马斯杰弗逊大学	昆明医科大学第一附属医院急诊科主任	博导	教授	博士	中华医学会放射肿瘤学分会委员，中华病理学会重症专业委员会委员	理事
李文辉	男		昆明医科大学第三附属医院副院长		教授	博士	中华医学会放射肿瘤学分会理事、肿瘤学专业委员会主任委员，云南省医院协会放射肿瘤学分会主任委员、省医师协会放射治疗专委会主任委员、省抗癌协会抗肿瘤药物专委会主任委员	理事
张宏健	男	加拿大、美国	昆明西木木材工业研究开发公司总经理		教授	硕士	联合国环境署再生资源可持续发展专家组成员，国际林联第5学部可持续发展林产工业科联副主席，中国木材工业学会副理事长	理事
黄敏	女	泰国、英国	昆明成众达科技有限公司经理			硕士		理事
李苹	女	比利时、新加坡	北方夜视科技集团人力资源部		工程师	硕士		理事
金中华	男	美国 Columbia-Southern University	云南瑞丽航空公司副总经理		高级工程师	硕士		理事
刘中华	男	挪威奥斯陆大学	昆明理工精诚科技有限责任公司总经理		教授	博士	长期从事有色冶金领域的科研、生产、管理、教学	理事
马明星	男	美国圣路易斯大学	昆明翼基生物芯片产业有限公司常务副总		工程师	博士	昆明医学会检验学委员会委员，昆明市优秀卫生工作者，昆明市青年创业大赛一等奖，主持多项省级市级科研项目	理事
曾增	女	英国 London Metropolitan University	云南亚太环境工程设计研究有限公司			硕士		理事

续表

姓名	性别	留学国家	单位职务	职称	学历	主要社会职务及主要成果、专长	拟建议第二届理事会任职
吴荣书	女	美国宾夕法尼亚州立大学	昆明七彩云花生物科技有限公司董事长	教授			理事
李 好	男	德国柏林洪堡大学	昆明迈多生物科技开发有限公司总经理	工程师			理事

会员（96人）

姓名	性别	留学国家	单位职务	职称	学历	主要社会职务及主要成果、专长	
薛 斑	男	瑞典	省能源局对外交流与合作处主任科员	高级工程师	硕士		
韩世华	女	美国	省交通规划设计研究院副院长	正高级工程师		省技术专家、省政府项目评审专家、省项目评标专家，环保协会理事、省冶金专科学校指导委员会委员，省交通高评委委员	
杨国纲	男	菲律宾，世界卫生组织西太区办公室	省药物依赖研究所	助理研究员	硕士	成果：云南省科技进步三等奖；专长：艾滋病和药物滥用防治工作	
宋志忠	男	俄罗斯，斯塔夫罗波尔大学鼠疫防治研究所医学微生物	省地方病防治所所长	主任医师	博士	国家卫计委卫生应急专家委员会委员等	
李华春	男	澳大利亚，悉尼大学	省畜牧兽医科学院院长	研究员	博士	云南省畜牧兽医学会理事长、中国畜牧兽医学会常务理事，云南省畜牧业协会常务理事、云南省畜牧兽医学会遗传学常务理事，澳大利亚Murdoch大学特聘教授和博士生导师，中央直接联系掌握的云南高层次专家。医学、兽医学、动物病毒学	

续表

姓名	性别	留学国家	单位职务	职称	学历	主要社会职务及主要成果、专长	拟建议第二届理事会任职
谭晓筠	女	日本，东北大学	省公路科学技术研究院副总工程师	教授级高级工程师		交通运输部评标专家库专家，云南省工程建设评标专家及昆明市市政工程评标专家专家。曾获2007年"第四届中国公路优秀工程师"。有10余篇论文发表在《公路》，《中外公路》等核心刊物上	
张杰	男	日本	省医学信息研究所查新室主任	研究员			
姚立斌	男	比利时、新加坡	昆明物理研究所副总工程师	研究员、教授	博士	第十二届昆明市政协委员	
周雪萍	女	英国 Sussex 大学	云南电视台新闻中心		硕士		
赵群	女	英国	省社科院社会学所副所长	研究员	硕士	专长社会性别与社会发展研究	
马骥	男	泰国清迈大学	省社科院科研处处长、国际交流部主任	副研究员	硕士	云南省青年联合会委员，云南省大理州弥渡县副县长（挂职），中华全国青年联合会第十一届委员	
方芸	女	老挝国立大学	省社科院东南亚所	研究员	硕士	九三学社省社科院支社副主委	
赵姝岚	女	赞比亚大学	省社科院东南亚所所长助理	副研究员	博士	非洲史《赞比亚国家发展进程研究》	
赵志坚	男	荷兰	省农科院农业环境资源研究所	副研究员	硕士	农业部科技入户示范工程云南省马铃薯专家组成员	
刘丽	女	澳大利亚墨西哥国际玉米小麦改良中心	省农科院粮食作物研究所	研究员	博士	第十一届省政协委员	

续表

姓名	性别	留学国家	单位职务		职称	学历	主要社会职务及主要成果、专长	拟建议第二届理事会任职
向 荣	女	美国	云南大学公共管理学院社会工作研究所所长		副教授	博士	民盟中央社会事务委员会委员、民盟云南省委社会法制委员会副主任、云南连心社区照顾服务中心理事长	
李文均	男	美国	云南大学生命科学学院院长		研究员	博士	《云南大学学报》、《微生物学报》编委、中科院南海海洋研究所兼职博导	
李建平	男	法国	云南大学数学与统计学院副院长		教授	博士	全国组合与图论学会第二、三届理事,全国计算数学学会第八届理事会理事	
张锡盛	男	挪威	云南大学法学院		教授	博士	中国人民政治协商会议昆明市第十二届委员会委员	
夏雪山	男	日本美国	昆明理工大学生命科学与技术学院院长	博导	教授	博士		
潘学军	男	法国美国	昆明理工大学环境科学与工程学院副院长	博导	教授	博士	云南化学化工学会会员、云南环保科学学会会员、昆明市环保联合会常务理事	
纪洪江	男	美国/北亚利桑那大学	昆明理工大学外事处副处长、国际学院副处长	博导	助理研究员	硕士	中国泰国环境保护立法比较、浅谈可持续发展的地方环境自然资源立法，论全面建设小康社会中的依法治国,经济法概论汉英双语修读教程（参编）	
陈光杰	男	爱尔兰利默里克大学、加拿大/麦吉尔大学	云南师范大学重点实验室副主任		教授	博士	云南省引进高层次人才，省中青年学术带头人（后备）；从事湖泊污染恢复工作	
角媛梅	女	日本	云南师范大学旅游与地理科学学院		教授	博士		
吴映梅	女	美国	云南师范大学旅游与地理科学学院		教授	博士	中国地理学会中青委副主任	

266　下编　新中国时期

续表

姓名	性别	留学国家	单位职务	职称	学历	主要社会职务及主要成果、专长	拟建议第二届理事会任职
黄雁鸿	女	美国	云南农业大学外语学院副院长	副教授	硕士		
余杨	男	美国、英国	云南农业大学经济管理学院	教授	硕士		
孙鹤	男	英国	云南农业大学经济管理学院	教授	博士		
林青	女	日本千叶大学	云南中医学院基础医学院药理教研室主任	教授		云南省药理学会理事副理事长，云南省中医药学会临床中药学专业委员会副主任委员，国家药品食品监督管理局新药评审咨询专家，中华中医药学会中药实验药理专业委员会常务委员，中国药理学会中药药理专业委员会委员，世界中医药学会联合会第一届中药药理专业委员会理事	
黄建生	男	挪威	云南民族大学民族研究所主任	教授	博士	研究社会人类学	
杨虹	女	加拿大、韩国	云南民族大学经济学院国际经济与贸易系系主任	副教授	硕士		
方晨明	男	越南	云南民族大学东南亚语言文化学院		硕士	精通越南语	
张洪烈	女	英国、美国	云南财经大学东盟学院院长	教授	博士		
陈刚	男	美国	云南财经大学社会经济行为研究中心主任	教授	博士		
刘春学	男	日本东京大学、熊本大学	云南财经大学城市与环境学院副院长	教授	博士	云南省矿业联合会会员，地学信息综合分析，资源环境经济学	

续表

姓名	性别	留学国家	单位职务	职称	学历	主要社会职务及主要成果、专长	拟建议第二届理事会任职
刘宁	男	菲律宾	西南林业大学林学院	教授	博士	云南省鸟类协会理事、云南省动物协会理事、云南濒危物种科学委员会协审专家	
陈方	男	新西兰、菲律宾	西南林业大学经济管理学院	教授	硕士	全国高等院校农村区域发展专业教学协作委员会委员、教材编写指导委员会委员	
刘晖	女	德国	云南艺术学院舞蹈学院艺术教育系		硕士	省音乐家协会会员、省钢琴家协会会员	
李敖	男	美国	云南开放大学国际交流学院	副教授			
哈军华	男	美国	昆明学院原任对外交流合作处副处长			民盟昆明学院二支部组织委员	
张楠	男	德国	昆明学院城乡建设系	副教授	硕士		
吴江梅	女	加拿大	昆明学院马列教科部	副教授	硕士		
李海虹	女	英国	昆明滇池国家旅游度假区外语系主任助理		硕士		
张杰	男	英国	昆明滇池国家旅游度假区管委会主任助理				
范渝	女	美国	昆明滇池国家旅游度假区管委会办公室副主任		硕士		
余蜀昆	男	美国	省投资控股集团有限公司副总裁、党委委员	高级经济师	硕士		
任梵	男	美国	云南煤化工集团有限公司副总工程师	教授级高级工程师		云南省化学化工学会会员、理事，云南省化工协会橡胶分会会员，理事长	
刘煜	男	美国	中科院云南天文台	研究员	博士		

续表

姓名	性别	留学国家	单位职务		职称	学历	主要社会职务及主要成果、专长	拟建议第二届理事会任职
纪旭	男	日本京都大学	中科院昆明植物研究所		副研究员	博士	留日中国人生命科学学会理事；药理学	
陈策实	男	美国	中科院昆明动物研究所		教授	博士		
范泽鑫	男	德国埃尔郎根-纽伦堡大学	中科院西双版纳热带植物园		副研究员	博士		
朱华	男	荷兰	中科院西双版纳热带植物园	博导	研究员	博士		
陈航	男	美国堪萨斯州立大学(ksv)	中国林科院资源昆虫研究所		副研究员	博士	美国昆虫学会（ESA）会员	
苏恒	男	美国	省第一人民医院内分泌代谢病科		主任医师	博士		
撒亚莲	女	美国	省第一人民医院		主任技师	博士		
吴昆华	男	澳大利亚	省第一人民医院磁共振科行政副主任		主任医师、教授	博士		
沈涛	女	丹麦	省第一人民医院基础医学研究所副主任		副主任技师	硕士		
尹勇	男	美国	省第二人民医院康复医学科主任		主任医师	博士	中华医学会物理医学与康复学分会全国委员、云南省医学会物理医学与康复学分会主任委员	
杨莹	女	美国	省第二人民医院内分泌科主任		主任医师	硕士	中国医师协会内分泌分会委员	
何晓光	男	法国	昆明医科大学第一附属医院耳鼻咽喉头颈外科主任	博导	二级教授	博士	云南省医学会常务理事，获省科技进步二等奖	

续表

姓名	性别	留学国家	单位职务	职称	学历	主要社会职务及主要成果、专长	拟建议第二届理事会任职
黄青青	女	法国	昆明医科大学第二附属医院麻醉科主任	主任医师		中华医学会重症医学分会常委，五华区政协委员	
李永霞	女	泰国	昆明医科大学第二附属医院呼吸内科	主任医师	博士	中华医学会呼吸病学分会全国青年委员	
黄云超	男	德国奥地利	昆明医科大学第三附属医院副院长兼胸心血管外科主任	二级教授 博导	博士		
李琼芬	女	美国	省疾控中心应急处置中心主任	主任医师	博士		
刘晓强	男	泰国	省疾控中心免疫规划科科长	主管医师	博士	专长：流行病学，统计学，卫生应急	
杨雪松	男	泰国宋卡王子大学	云南中医学院第一附属医院皮肤科	住院医师	博士	成果：2008年《中医皮肤病学》特长：中医皮肤病方面的研究	
张慧	女	美国	云南建广律师事务所主任		硕士	云南省律师协会理事	
王政道	男	美国	云南海山投资有限公司总裁		硕士		
王昆生	男	英国	云南欧亚高科技发展有限公司董事长		博士	云南政协九届委员，云南省工商联常委	
钟毓	男	英国	云南天保桦生物资源开发有限公司总经理		硕士		
赵俊三	男	加拿大	昆明云金地科技有限公司董事长	教授	博士		
李一民	男	英国	昆明利普利机器视觉工程公司总经理	教授	博士	获省科技进步三等奖	

续表

姓名	性别	留学国家	单位职务	职称	学历	主要社会职务及主要成果、专长	拟建议第二届理事会任职
李文奇	男	澳大利亚	中国云南国际经济技术合作公司执行董事、总经理	高级工程师	硕士		
熊学亮	男	日本	红河州华信房地产开发有限公司董事长、开远市工商联副主席		博士	开远市工商联副主席	
季华夏	男	英国伯明翰大学材料科学学院	云南北方奥雷德光电科技股份有限公司技术总监		博士	OLED微型显示器产业化	

云南省出席庆祝欧美同学会成立一百周年庆祝大会人员名单

序号	姓名	性别	工作单位	留学国别、地区
1	邹 平	男	云南省委高校工委副书记，云南省教育厅副厅长，欧美同学会·中国留学人员联谊会常务理事，云南省留学人员联谊会会长	德国
2	苏红军	男	云南省委统战部副部长、省社会主义学院党组书记，云南省留学人员联谊会副会长	
3	王志荣	男	云南省委统战部无党派、党外知识分子工作处处长，云南省留学人员联谊会秘书长	
4	阮丽霞	女	云南省委统战部无党派、党外知识分子工作处副调研员，云南省留学人员联谊会理事	
5	周大勇	男	北京大成（昆明）律师事务所，云南省留学人员联谊会副秘书长	德国
6	李 娜	女	云南省财政厅，云南省留学人员联谊会常务理事	澳大利亚
7	李东红	男	云南大学，云南省留学人员联谊会理事	美国
8	张 兵	男	昆明理工大学外国语言文化学院，云南省留学人员联谊会会员	加拿大
9	李鼎鑫	男	云南财经大学科研院所党委书记，中俄亚太全球问题研究中心主任，云南省留学人员联谊会理事	俄罗斯
10	费 宇	男	云南财经大学统计与数学学院，云南省留学人员联谊会会员	英国
11	曹 悦	女	云南艺术学院美术学院，云南省留学人员联谊会理事	俄罗斯
12	高 鹰	女	云南白药集团股份有限公司，云南省留学人员联谊会理事	日本
13	郭怡卿	女	云南农业大学植物保护学院，云南省留学人员联谊会理事	韩国
14	丁弋喻	女	昆明市公安局五华分局，云南省留学人员联谊会理事	日本
15	任树源	女	昆明中荣智融资担保有限公司，昆明经济技术开发区投资集团，云南省留学人员联谊会会员	美国
16	姚立斌	男	云南昆明物理研究所，云南省留学人员联谊会会员	比利时
17	杨 莹	女	云南省第二人民医院，云南省留学人员联谊会会员	美国
18	周文曙	男	云南明靖律师事务所主任，云南省留学人员联谊会理事	新加坡
19	朱昆良	男	云南庞展集团董事长，云南省留学人员联谊会会员	澳大利亚
20	刘燕萍	女	云南泰兴隆房地产开发集团有限公司、总经理，云南省党外知识分子联谊会会员	美国

（五）云南留学人员联谊会成立后的主要工作简况

1. 加强学习引导，坚定理想信念

云南省留学人员联谊会成立以来，始终把加强学习、增强"三个自信"作为主线，通过各种形式，加强学习引导，取得了明显成效。

一是深入抓好主题教育活动。联谊会认真抓好党的十八大和十八届三中全会精神的学习宣传；深入开展党的十七届六中全会、省委第九次党代会等重要会议精神的学习；组织开展了每年每人阅读一本统战类书籍、参加一次培训或活动、开展一次调研考察、撰写一篇学习体会文章、提交一份建议的"五个一"活动等系列主题学习教育活动。引导广大会员自觉接受中国共产党的领导，坚持走中国特色社会主义道路。

二是认真抓好经常性的学习教育活动。云南省留学人员联谊会通过举办专题学习会、时事报告会、座谈会、信息交流会、联谊交流等多种形式，及时组织会员学习党的十八大、十八届三中全会和省委第九次党代会等中央和省委重要会议、重要文件精神，学习习近平总书记和中央领导同志一系列重要讲话精神，学习了解国际国内重大事件等，帮助会员认清形势，开阔眼界，增强对国家大政方针的认同感。

三是抓好重要活动契机的学习教育活动。紧紧抓住新中国成立60周年、中国共产党成立90周年、改革开放30周年、欧美同学会成立100周年等重要历史时机，寓学习引导于各种活动之中。每年省"两会"期间，都组织会员集中交流学习；全国"两会"结束后，均以不同方式组织会员学习全国"两会"精神。

四是积极推荐会员参加各类理论培训学习。2009年10月，中共云南省委统战部、云南省社会主义学院和云南省留学人员联谊会在昆明成功举办了云南省留学人员代表人士第一期学习研讨班。40多名留学人员代表参加了学习研讨。先后选派30多名会员参加中共中央统战部、欧美同学会·中国留学人员联谊会举办的留学人员代表人士研讨班、新的社会阶层代表人士培训班学习；选派100余人次参加省委统战部举办的留学人员代表人士培训班、新的社会阶层人士培训班学习。推荐多名会员参加欧美同学会·中国留学人员联谊会举办的中国海外学子创业周活动等。

五是抓好典型教育引导。组织开展了学习和宣传身边的榜样学习教育活动。2011年6月,云南省留学人员联谊会会员参加了《与党同行·身边的榜样——统一战线树立和践行社会主义核心价值体系先进人物事迹报告会》。组织会员聆听了杨佳、邓中翰同志先进事迹报告,组织开展学习袁隆平的活动,听取了《学习实践社会主义核心价值体系》辅导报告、十八大精神宣讲专题报告。组织会员观看了以云南精神为主题的舞蹈诗《茶马古道——高原女人·大山汉》等。积极探索通过互联网渠道等加强学习和交流,在《云南统一战线》杂志等有关媒体宣传报道会员的先进事迹、建言献策、社会服务等情况,宣传会员在工作、科研、参政议政等方面取得的成就,不断扩大留学会和会员的影响力。

2. 发挥智力优势,积极议政建言

六年来,云南省留学人员联谊会以服务"三个发展"为主题,紧紧围绕党和政府的中心工作、经济社会发展中的热点、难点问题,通过各种平台,积极建言献策、献计出力,努力发挥"人才库"、"智囊团"的优势和作用。

一是认真履职尽责。云南省留学人员联谊会中很多会员都担任了各级人大代表、政协委员。联谊会鼓励会员积极撰写提案、议案。每年"两会"期间,他们积极履职,通过议案、提案等形式积极反映有关国家和云南发展的意见建议,很多建议都被编入"两会"专报,不少会员的提案和议案得到有关部门的肯定。积极推荐会员参加省委、省政府以及省委统战部等部门召开的各种征求意见会、座谈会、督查会。为了发挥留学会人才荟萃的优势,会前认真组织和准备发言提纲,有效地提高了建言的质量,展示了省留学人员联谊会的良好素质和形象。

二是积极搭建建言献策平台。为了及时反映广大会员的真知灼见,畅通献计建言的渠道,帮助会员更好地实现社会价值,在促进我省"三个发展"中作出更大的贡献,云南省留学人员联谊会先后创办了"我为应对金融危机献一策"、"同心聚力·建言献策"和"同心·双学双建"等建言献策的系列活动。广大会员积极响应,踊跃献计建言,提交建言献策几十条,既有反映事关全局的内容,也有涉及某一领域的具体工作;既有反映对国内外和我省的形势以及有关方针政策和重大措施的观点,反映民众关注的民生问题和社会热点问题,也有反映对所从事、研究的工作领域

涉及政府工作问题的思考、对策等。很多好的意见建议都编入《建言献策》，分送省委、省政府相关部门，有的上报了省委、省政府领导，为相关部门进行科学决策提供了有益参考。为鼓励广大会员建言献策，省联谊会对建言献策先进个人进行了表彰。

三是组织开展课题调研和重点调研。通过整合专业和群体优势，由不同方面专家会员牵头，组建了多个专题课题组，先后完成了《云南省留学人员统战工作情况调研报告》、大理海东山地城市建设等调研报告20多篇，研究内容广泛，主题突出，贴近地方实际需求。这些调研报告为党和政府及有关部门的科学决策提供了有益的参考，有的研究成果已被地方政府和有关部门采用，受到了省委统战部以及有关方面的好评和肯定。通过主动参与，会员的作用得到了较好的发挥，充分体现了联谊会的优势和作用。2012年9月，云南省留学人员联谊会组织开展《云南留学百年史》研究工作。

3. 积极推进留学报国实践活动

云南省留学人员联谊会积极推进留学报国实践活动，引导会员增强社会责任感和使命感，在围绕中心，服务大局中建功立业、发挥作用。同时，打造了留学会留学报国实践的"同心"特色系列品牌，成效逐步显现，提升了联谊会的影响力和凝聚力。

一是创建和持续开展了"同心聚力·服务社会州市行"系列活动

云南省留学人员联谊会组织开展了"同心聚力·昭通行"、"同心聚力·玉溪行"、"同心聚力·大理行"、"同心聚力·华宁行"、"同心聚力·双柏行"等报国实践活动。组织会员专家举办了《招商引资中与外商对接有关问题》、《特色生物资源开发》、《经济结构和产业结构调整》、《教育改变人生》、《有效教学目标设计的原则与方法》、《现代服务业发展与挑战》等十多场大型讲座，听众达数千人。在活动中，根据当地需要，组织相关人员到经济开发区、企业、农村、社区等地进行调研考察，开展了科技、法律咨询和义诊等服务20多人次，举办励志教育、医疗卫生等专题讲座，开展学术交流活动，在服务社会、奉献社会的实践中，增强了广大会员的社会责任感和使命感，提升了联谊会的影响力。

二是组织举办了"同心·主题论坛"

云南省留学人员联谊会围绕各地社会实际需求，组织不同领域专家学者举办了有特色的"同心·主题论坛"主题活动。在西双版纳，会员围绕"应对金融危机献策"主题进行研讨，提出了很多有质量的意见建议。在昭通，组织举办了"中国西部千里大峡谷旅游发展论坛"，围绕昭通旅游发展进行了深度研讨。在玉溪，举办了"同心聚力·服务社会发展"研讨，我会会员到玉溪高新开发区进行了学习考察，并围绕玉溪经济社会发展积极建言献策。在大理，举办了"服务桥头堡建设，助推区域经济科学发展"论坛，围绕大理经济社会发展，组织开展了山地土地资源开发利用、洱海流域三维地貌景观模型构建、地理空间信息平台的研究与开发、洱海流域倾斜性生态补偿机制、大理绿道建设与推进大理国际性旅游目的地建设、"新农村、新旅游"调研与合作、区域天文观测地点资源的调研、滇西节点信息化产业发展的调研、"两烟"产业发展中的烤烟密集型烤房的节能改造等课题的研讨。这一系列的主题活动，贴近现实生活，贴近地方实际，得到了当地领导的高度重视，有的对当地的决策起到了有益的参考，部分课题已与大理州有关部门进行合作推进中，体现了联谊会以及广大会员的价值。

三是开展"同心·助学"系列活动

云南省留学人员联谊会组织开展了"同心·助学昭通行"、"同心·助学华宁行"、"同心·助学双江行"等助学活动。分别与大关县翠华中心小学、华宁普茶寨小学签订了助学协议，建立了对口帮扶助学关系。与云南省知联会一起共协调资金近300万元，其中会长邹平积极协调资金100多万元，伍达天副会长捐款20万元，帮助建设了"同心·翠华小学联谊会教学楼"、"同心·普茶寨小学联谊会教学楼"，还积极帮助学校改、修建宿舍、食堂、操场等。每年都组织会员去看望小学师生，与学生和家长座谈，走访受助学生家庭，累计资助两所学校，向400多名学习优秀但家庭相对困难的学生发放了"同心·助学奖学金"，助学款达25万元。邹平、苏莉、李娜、刘萱等同志积极帮助协调资金100余万元，用于华宁"同心"示范点建设和联谊会工作等。

四是组织开展"同心·双学双建"活动

为深入学习贯彻党的十八大、十八届三中全会精神，云南省留学人员联谊会持续开展了"同心·双学双建"主题实践活动，即开展深入学习贯彻十八大精神、学习身边的榜样和建言献策、建功立业活动，秘书处选择了200多个建言献策选题供会员参考，广大会员积极参与，活动取得了明显的成效。

五是举办了"同心·云南梦"系列主题活动

紧紧围绕实现富民强滇的云南梦，联谊会举办了"云南梦"系列主题活动，如"云南梦·我的梦"、"云南梦、云南文化地标、我的梦想"、"云南梦·教育梦"等系列主题研讨，大家踊跃交流，激情碰撞，既丰富了联谊会的活动，又提出了很多有一定质量的意见建议。

4. 组织开展了内容丰富的联谊活动

五年来，云南省留学人员联谊会组织开展了形式多样的联谊活动：

一是组织好大型、有影响力的活动。成功召开了5次年会、举办了多次大型社会服务系列活动；在春节、国庆、中秋等节日，组织举办了"迎新春"、"欢庆中秋国庆"等大型联谊活动；举办了"喜迎十八大"、"省'两个联谊会'会员和港澳政协委员迎新春招待会"等有影响的联谊活动。

二是组织开展了形式多样、内容丰富的特色活动。做到了经常有活动、活动有主题、主题有特色。通过经常性的联谊活动，增进了会员之间的了解和友谊，提升了联谊会的吸引力、凝聚力。

三是积极参与公益慈善活动。2010年，面对全省严峻的旱情，云南省联谊会捐出一万元爱心捐款。2011年盈江县地震发生后，省联谊会举行抗震救灾献爱心捐赠仪式，共捐款一万元。汶川、玉树、芦山地震等重大灾害发生后，广大会员通过多种途径，积极奉献爱心、参与救灾工作，进一步增强广大留学人员的社会责任感。

5. 加强队伍建设，努力发挥人才的蓄水池作用

以学习贯彻中央4号文件和云南省实施意见精神为契机，把开展工作、发现培养和举荐人才相结合，为留学人员展现才华、锻炼成长搭建平台，努力把留学人员联谊会建设为党外人才重要的蓄水池，为此，主要工作如下：

一是着力抓好发现、联系环节。配合省委统战部就无党派人士、留学人员、自由择业留学人员以及高校、国有企事业单位、科研院所等领域留学人员工作开展了深入的调研，基本摸清了底数，研究了问题，形成了专题调研报告，提出了一些针对性较强的意见建议，推动了工作的深入

发展。

二是建立队伍。完善了数据库，并实行动态管理。云南省留学人员联谊会会员，都列入了全省留学人员代表人士队伍名单。截至目前，云南省留学人员联谊会会员由 107 人发展为 210 人。全省各级留学会会员也有较大增加。

三是抓好教育培训和实践锻炼。推荐 100 多名留学人员代表人士分别参加了省委及本部等举行的协商会、座谈会、情况通报会等；先后推荐了 100 多名会员参加了有关的培训学习；积极组织开展考察调研、社会服务和组织参加有关的评优、评先进、评奖等活动，推荐 20 余人参加了中央统战部举办的培训学习等。

四是积极做好优秀人才的举荐工作。云南省留学人员联谊会注意将活动与人才的培养教育和选拔举荐相结合，为优秀会员提供展现才华的平台。在 2012 年的省级民主党派换届中，云南省留学人员联谊会有 3 位副会长继续当选为省级民主党派的副主委，多名云南省留学人员联谊会会员被选举为省级民主党派的常委等。一批优秀的留学人员代表走上了新的领导岗位，成为各单位更加有影响力的骨干力量。

6. 加强自身建设，不断提高工作服务水平

第一，进一步抓好机制建设。

根据工作需要修订了联谊会《章程》，制定了《联谊会会长会议议事规则》、《联谊会内设机构及职责》等机制制度；建立了四委一处的工作机制，成立了由副会长牵头，按学科领域、服务范围划分的工作委员会；不断完善建言献策制度；探索建立了评比表彰制度；进一步建立和完善了工作制度，规范了工作。

第二，搭建了四个平台。

一是搭建社会服务平台，打造了"同心"系列品牌。

二是搭建联谊交流平台。云南省留学人员联谊会编辑《会讯》25 期（专刊 2 期），《建言献策》12 期，手机报 20 余期。建设并开通了联谊会网站、邮箱、短信、QQ、手机报等工作联系平台，提高了工作效率，加强了沟通交流。

三是筹建了网络工作平台。根据中央统战部及中国留学人员联谊会的工作要求，结合实际需要，在云南省委统战部和云南省留学人员联谊会领

导的领导、支持下，联谊会积极筹建以网站等新媒体为主的综合服务、联系的工作平台。

四是探索搭建创业创新平台。云南省联谊会认真落实省委常委、省委统战部部长黄毅同志的批示精神，筹建的云南省留学人员创新创业园已建成。省留学人员创新创业园依托昆明理工大学国家级创新基地，为会员创新创业、科研成果转化等搭建平台。积极整合资源，协调和搭建与政府部门、企业等方面的联系合作的桥梁，在助推经济转型发展中发挥作用。

7. 配合做好推进全省留学人员联谊会的建设工作

在云南省委统战部的领导下，配合做好召开全省留学人员联谊会建设的推进工作。目前，全省已有6所高校、4个州市成立了留学会，作为联谊会团体会员。

8. 开展云南留学人员统战工作调研

2009年8月，云南省留学人员联谊会成立课题组，开展了"云南留学人员统战工作情况"的专项调研，形成的《云南省归国留学人员统战工作调研报告》于2011年5月18日通过了专家评审。

云南省留学人员联谊会组织开展了形式多样的考察调研活动，让留学人员了解省情、国情，为云南经济社会科学发展服务。2009年以来云南省留学人员联谊会连续5年在留学人员中开展调研考察和建言献策活动；云南省留学人员联谊会积极配合省委统战部，承担了2009年云南省省级党群系统决策科学研究课题"云南省党外知识分子工作研究"，该课题围绕如何做好云南省党外知识分子和归国留学人员工作提出了许多有价值的对策和建议，为中共云南省委和省委统战部领导科学决策、民主决策，推动全省党外知识分子和留学人员工作科学发展发挥了积极作用。

云南省留学人员联谊会秘书处根据近年来了解和掌握的我省归国留学人员现状，及各地各单位开展归国留学人员统战工作的基本情况，在2010年3月，由云南省委统战部课题组在对全省各州市、16所高校、部分省直厅局及部分国企、科研院所等单位进行专项调研的基础上，对目前云南省归国留学人员有关情况再一次进行了调研，初步掌握了我省归国留学人员的基本情况、主要特征、思想状况及发展趋势。具体内容如下：

一是基本情况。

据初步统计，目前，分布在全省各地各单位的归国留学人员大约有5000多人，其中云南省委统战部掌握的归国留学人员有1156名，其中妇女占47.4%，少数民族占14.7%，中共党员占46.1%，民主党派成员占13.6%，无党派人士（含群众）占22.3%；出国时间在2006年以后的占26.9%，2001—2005年占38.3%，1996—2000年占18.3%，1991至1995年占8.5%，1990年以前占3.2%，出国时间不详占4.8%。

二是主要特征。

云南省归国留学人员分布呈现"四多四少"的特征。

一是在地区分布上，在省会昆明工作的多，在州市工作的少。二是在行业分布上，在教科文卫系统的多，其他行业少。三是在职业分布上，集中于在昆高校、医疗单位和科研院所从事高等教育、医疗和科研职业的多，从事其他职业的少。四是在专业知识结构上，专业技术人才多，懂专业、善管理、会管理的复合型人才少。

留学地相对集中，以公派为主。主要集中在美、英、澳大利亚、日、德、加拿大、法、泰、新加坡、香港等国家和地区，由国家、地方和单位公派的占58%。近年来，自费留学人员也占有一定比重，主要为攻读学位。

三是思想状况。

思想信仰主流积极健康，多数留学人员接受和认同党的统战方针政策。据调查，55.6%的人信仰马克思主义和社会主义，88.3%的人认可我国坚持中国共产党领导的多党合作和政治协商会议制度的优越性，44.9%的人了解党的统战政策，一般了解的占40.8%。

价值理念取向呈现多元化，21.8%的人信仰儒家思想和中国传统文化思想，8.6%人信仰西方自由、民主价值理念，1.7%的人信仰宗教思想。

中青年留学人员的思想动态、价值信仰应引起重视。中青年是留学人员的主体，50岁以下的占85%。经过中西文化教育和熏陶，他们思想活跃，发展潜力大，价值取向多元化，追求个人发展和信仰西方自由、民主等价值理念，对目前工作不太满意的均以30—50岁年龄段比例为最高。

四是发展趋势。

注重自身发展，事业心和责任感较强。70.6%的人把发展诉求作为目前最理想表达的个人诉求，54.8%的人把专业工作和科研条件作为最需要改进的要求。

"红土情结"浓厚,自我认知度高。54.5%的人把家庭亲情作为自己来云南工作的主要原因,29%的人选择良好气候环境,71.3%的人对目前工作表示满意,24%的人认为自身能力得到充分发挥,49.4%的人认为自身能力只发挥了70%,61.1%的人表示在未来几年愿意继续留在云南工作,打算到发达地区寻求发展机会的仅为1.5%。

具有多重身份,留学人员是党外知识分子相对集中的特殊统战群体。既有民主党派、无党派人士,又有中共党员;既有高校、科研院所的专业技术人员和管理干部,又有政府公务员和部分新经济组织从业人员;他们层次高、视野开阔,海外联系广泛,在对外交流和促进开放中发挥了较好作用,有时还是对外展示中国和云南形象的"代言人"。

五是认真做好留学人员的政治安排和参政议政工作。

2010年底,在16所高校中,担任正厅级职务的3人,副厅级13人,正处级63人,副处级90人;在3所科研院所中,担任正厅级职务的2人,副厅级5人,正处级3人,副处级5人;在10个省直厅局中,担任正厅级职务的1人,正处级5人,副处级10人;各级人大代表4人,各级政协委员19人;民主党派省级组织主委1人,副主委4人,州市级组织主委、副主委各1人;省市政府参事2人。

(六)高校及州市留学人员联谊会的建立及活动

1. 高校及州市留学人员联谊会的建立

在云南省留学人员联谊会的努力和促进下,云南省许多高校和部分州市也相继成立了留学人员联谊会,具体情况如下所示。

2010年7月8日下午,云南师范大学留学人员联谊会成立大会在田家炳教育书院二楼报告厅举行。云南省委统战部副部长、云南省社会主义学院党组书记、云南省两个联谊会常务副会长苏红军、云南省委高校工委副书记杜玉银,云南省外办副书记甘雪春,云南省留联会部分领导、秘书处负责人等,云南师范大学部分领导,相关部门负责人及师生代表200余人参加了成立大会。

2010年9月28日上午,昆明医学院留学人员联谊会成立大会在昆明医学院呈贡新校区隆重召开。云南省委统战部副部长苏红军,云南省委高校工委、云南省直有关部门负责人，云南省留联会部分领导、秘书处负责人等昆明医学院党政有关领导，部分在昆高校党委统战部部长，昆明医学院留学归国人员及师生代表共 100 余人出席了成立大会。

2010 年 12 月 22 日，昆明医学院留学人员联谊会举行"2011 年迎新联谊活动"。苏红军、邹平、云南省留联会部分领导、秘书处负责人等出席了活动。

2012 年 7 月 9 日下午，云南大学隆重举行留学人员联谊会成立大会。云南省委常委、云南省委统战部部长黄毅，云南省委统战部副部长杨光海，云南省留学人员联谊会会长邹平，昆明医科大学副校长、云南省留学人员联谊会副会长李庆生，省留联会部分领导、秘书处负责人等代表出席了成立大会。

2012 年 10 月 31 日，云南财经大学举行留学人员联谊会成立大会，云南省委常委、云南省委统战部部长黄毅出席成立大会并为联谊会授牌。云南省委统战部副巡视员杨佑钧，云南省党外知识分子联谊会会长喻顶成，云南省留学人员联谊会副会长、云南大学副校长肖宪、云南财经大学党委书记汪戎出席会议并讲话。

2012 年 11 月 6 日，丽江市归国留学人员联谊会成立大会暨第一届理事会召开。

2012 年 12 月 14 日晚，由昆明医科大学留学人员联谊会主办、第三附属医院（云南省肿瘤医院）承办的 2012 年"迎新春"联谊活动在昆明市云安会都举行。云南省委统战部副部长、云南省社会主义学院党组书记苏红军，云南省留学人员联谊会副会长、昆明医科大学留学人员联谊会会长、昆明医科大学副校长（正校级）李庆生，云南省党外知识分子联谊会及省留学人员联谊会部分会员，昆明医科大学相关领导、相关职能部门及有关负责人等共 200 多人参加了联谊活动。

2013 年 6 月 19 日，昆明理工大学举行留学人员联谊会成立大会，黄毅，苏红军，云南省委高校工委常务副书记何玉林，在昆各高校党委统战部部长出席了成立大会，昆明理工大学相关领导和两个联谊会会员等共 170 余人参加了成立大会。

2013 年 12 月 14 日，昆明学院举行留学人员联谊会成立大会，黄毅、喻顶成、苏红军、邹平等领导出席成立大会并为联谊会授牌。

2013 年 12 月 18 日，西南林业大学举行留学人员联谊会成立大会，黄毅等领导出席成立大会并为联谊会授牌。

2. 着力发挥优势，搭建平台开展活动

云南省留学人员联谊会注重发挥自身优势，加强与各地（州）市、各单位相关部门加强联系，推动州市和部分高校建立了留学人员联谊会，积极开展留学人员统战工作，为发挥留学人员优势和作用搭建平台，创造工作和生活条件。

3. 参政议政、建言献策

2011年7月4日，云南省留学人员联谊会会员、云南省党外知识分子联谊会会员、部分无党派人士代表共11人参加了省委统战部组织的情况通报会。

2012年3月2日，云南省留学人员联谊会和省党外知识分子联谊会开展"同心聚力·建言献策"活动，共收到建议50多条。

2012年7月，云南省联谊会办公室分类整理汇编"同心聚力·建言献策"简报，分别上报中央统战部、省委、省政府、欧美同学会·中国留学人员联谊会及相关部门，得到了上级领导的重视和积极评价。其中刘尔思教授、杨先明教授等提交的建议被编入云南省委统战部《建言献策》，并上报省委、省政府主要领导。

4. 在教育、科技、文化等多领域的贡献

2013年1月18日，2012年度国家科学技术奖励大会上，云南省两个项目获国家科技进步一等奖，昆明理工大学博士生导师、云南省留学人员联谊会副会长王华教授参与完成其中一个项目。此次获奖，创造了国家科技奖励制度改革13年来我省获国家科技进步一等奖的新纪录。

5. 新社会阶层中的留学生

2009年3月11—12日，云南省党外知识分子联谊会理事周文曙律师参加中央统战部在北京举办的2009年第六期新的社会阶层人士理论研究班，培训结束后，中央统战部六局专门发函对其在学习期间的表现进行表扬。

2010年7月25日，云南省无党派和新的社会阶层代表人士理论研究

班在云南省社会主义学院开班，省留学人员联谊会部分会员参加了培训。

2013年5月21—30日，云南省委组织部、云南省委统战部和云南省社会主义学院在昆明联合举办了"2013年全省无党派、留学人员和新的社会阶层代表人士培训班"。云南省委统战部副部长、省社会主义学院党组书记苏红军作了动员讲话。来自省直有关部门、各州市、有关高校、科研院所的无党派人士、留学人员和新的社会阶层代表人士共计60人参加了本期的培训。

云南省留学人员联谊会成立6年来，为组织、联络、协调、服务以及团结、教育、培训广大回国的留学生做了大量的工作，使他们在云南的经济、政治、文化、社会和生态文明建设中，在建设和发展中国特色社会主义事业中，在实施面向西南开放重要桥头堡战略中发挥了重要作用。

主要参考文献

1. 舒新城:《近代中国留学史》,上海书店出版社2011年版。
2. 舒新城:《中国近代教育史资料》(上、中、下),人民教育出版社1961年版。
3. 陈学恂、田正平:《中国近代教育史资料汇编留学教育》,上海教育出版社1991年版。
4. [日] 实藤惠秀:《中国人留学日本史》(修订译本),谭汝谦、林启彦译,北京大学出版社2012年版。
5. [美] 史黛西·比勒:《中国留美学生史》,张艳译、张猛校订,三联书店2010年版。
6. 张泽宇:《留学与革命——20世纪20年代留学苏联热潮研究》,人民出版社2009年版。
7. 陈潮:《近代留学生·世界与中国》,中华书局、上海古籍出版社2010年版。
8. 高发元、姚继德主编:《中国学生留学埃及80周年纪念文集(1931—2011)》,云南大学出版社2012年版。
9. 李喜所:《近代留学生与中外文化》,天津教育出版社2006年版。
10. 李喜所:《中国留学史论稿》,中华书局2007年版。
11. 欧美同学会、中国留学人员联谊会:《留学人员与辛亥革命》,华文出版社2012年版。
12. 周棉主编:《中国留学生大辞典》,南京大学出版社1999年版。
13. 黄福庆:《清末留日学生》,(台北)"中研院"近代史研究专刊(34),永裕印刷厂,1983年。
14. 刘真主编,王焕琛编著:《留学教育——中国留学教育》(5册),近代中国教育史料丛刊,编译馆,1980年。

15. 沈云龙主编：《近代中国史料丛刊续编》第 50、67 辑，文海出版社 1982、1986 年版。
16. 《孙中山全集》第 6、8、11 卷，中华书局 1985—1986 年版。
17. 容闳：《西学东渐记》，《走向世界丛书》第二册，岳麓书社 2008 年版。
18. 吴玉章：《辛亥革命》，人民出版社 1961 年版。
19. 刘真主编，王焕琛著：《留学教育——中国留学教育史料》，（近代中国教育史料丛书）第 1—5 册，编译馆，台湾书店印刷，1980 年版。
20. 欧美同学会史编写组：《欧美同学会会史（1913—2013）》，打印征求意见稿，2013 年 6 月。
21. 丁晓禾主编：《中国百年留学全纪录》（四册），珠海出版社 1998 年版。
22. 王奇生：《中国留学生的历史轨迹》（1872—1949），湖北教育出版社 1992 年版。
23. 西南联合大学北京校友主编：《国立西南联合大学校史——一九三七至一九四六年的北大、清华、南开》，北京大学出版社 2006 年版。
24. 西南联大研究所编：《西南联大研究》第 1 辑，中国大百科全书出版社 2005 年版。
25. 《邓小平文选》第 2、3 卷，人民出版社 1993 年版。
26. 李喜所主编，刘集林等著：《中国留学通史》，广东教育出版社 2010 年版。
27. 刘中国、黄晓东：《中国留学之父容闳》，珠海出版社 2006 年版。
28. 吴文莱主编：《容闳与中国近代化》，珠海出版社 2006 年版。
29. 黄晓东主编：《珠海留学史（1840—1949）》，珠海出版社 2010 年版。
30. ［美］勒法吉原：《中国幼童留美史》，高宗鲁译注，珠海出版社 2006 年版。
31. 钱钢、胡劲草：《大清幼童留美记》，当代中国出版社 2010 年版。
32. 珠海容闳与留美幼童研究会主编：《容闳与科教兴国——纪念容闳毕业于耶鲁大学 150 周年论文集》，珠海出版社 2006 年版。
33. 姚公骞、汪叔子、邓光华主编：《中国百年留学精英传》，百花洲文艺出版社 1997 年版。
34. 周一川：《近代中国女性留日学生史》，社会科学文献出版社 2007

年版。
35. 吴霓：《中国人留学史话》，中国国际广播出版社 2009 年版。
36. 黄新宪：《中国留学教育的历史反思》，四川教育出版社 1991 年版。
37. 周棉：《留学生与中国的社会发展（一）》，中国矿业大学出版社 1997 年版。
38. 周棉：《留学生与中国的社会发展（二）》，吉林人民出版社 2008 年版。
39. 沈殿武：《中国人留学日本百年史》（上、下卷），辽宁教育出版社 1997 年版。
40. 靳明全：《攻玉论——关于 20 世纪初期中国政界留学生研究》，重庆出版社 1999 年版。
41. 尚小明：《留学生与清末新政》，江西教育出版社 2003 年版。
42. 小草：《日本留学一千天》，世界知识出版社 1987 年版。
43. 陈树荣主编：《真实的倾诉——留学生手记》，中国工商联合出版社 1999 年版。
44. 钱宁：《留学美国——一个时代的故事》，江苏文艺出版社 1996 年版。
45. 苗丹国：《出国留学六十年——当代中国的出国留学政策与引导在外留学人员回国政策的形成、变革与发展》（第三卷），中央文献出版社 2010 年版。
46. 周尚文、李鹏、郝宇青：《新中国初期"留苏潮"实录与思考》，华东师大出版社 2012 年版。
47. 黄利群：《中国人留学苏（俄）百年史》，中国文史出版社 2002 年版。
48. 王耀辉：《海归时代》，中央编译出版社 2002 年版。
49. 李滔：《中华留学教育史略：1949 年以后》，高教出版社 2000 年版。
50. 沈志华：《苏联专家在中国》，世界知识出版社 2003 年版。
51. 杜魏华：《在苏联长大的红色后代》，世界知识出版社 2000 年版。
52. 单刚、王英群：《岁月无痕——中国留苏群体纪实》，中央编译出版社 2007 年版。
53. 《希望寄托在你们身上——忆留苏岁月》，中国青年出版社 1997 年版。
54. 《出国留学工作文件汇编（1978—1991）》，群众出版社 1992 年版。
55. 苗丹国主编：《中国当代留学回国学人大典》（第一卷），中国档案出版社 2003 年版。

56. 李喜所主编：《留学生与中外文化》，南开大学出版社 2005 年版。
57. 《留学生与中国社会的发展》，珠海出版社 2009 年版。
58. 田正华主编：《中外教育交流史》，广东教育出版社 2004 年版。
59. 于富增、江波、朱小玉：《教育国际交流与合作史》，海南出版社 2001 年版。
60. 国家教委外事司：《教育外事工作历史沿革及现行政策》，北京师范大学出版社 1998 年版。
61. 卫道治：《中外教育交流史》，湖南教育出版社 1996 年版。
62. 陈昌贵：《人才外流与回归》，湖北教育出版社 1996 年版。
63. 黄新宪主编：《中国留学教育问题》，湖南教育出版社 1995 年版。
64. 程西：《当代中国留学生研究》，香港社会科学出版社有限公司 2003 年版。
65. 周立英著：《晚清留日学生与近代云南社会》，云南大学出版社 2011 年版。
66. 龙云、卢汉修，周钟岳等纂：《新纂云南通志》，1949 年铅印本。
67. 民国云南通志馆编：《续云南通志长编》（上、中、下），云南省志编纂委员会办公室校，1985—1986 年。
68. 张维翰修、童振藻纂：《昆明市志》，云南省图书馆藏 1924 年铅印复本。
68. 喻宗泽等编纂：《云南行政纪实》，云南省财政厅印刷局 1943 年铅印本。
69. 昆明市志编纂委员会：《昆明市志长编》之"近代部分"，云南新华印刷厂，1983—1984 年。
70. 云南省教育志编纂委员会办公室编：《云南教育大事记（公元前 212—公元 1988 年）》，云南大学出版社 1989 年版。
71. 云南省教育厅：《云南教育 50 年》，教育科学出版社 2002 年版。
72. 昆明市教育局：《昆明教育大事记》，云南民族出版社 1990 年版。
73. 蔡寿福主编：《云南教育史》，云南教育出版社 2001 年版。
74. 海淞主编：《云南考试史》（上、下），云南人民出版社 2012 年版。
75. 李世闻：《林下漫笔》，自费印刷，2012 年 3 月。
76. 全国政协文史和学习委员会：《缪云台回忆录》，中国文史出版社

2013 年版。

77. 李根源著，李希泌编校：《新编曲石文录》，云南人民出版社 1988 年版。
78. 曾业英编：《蔡锷集》（两册），湖南人民出版社 2008 年版。
79. 谢本书等：《云南辛亥革命资料》，云南人民出版社 1981 年版。
80. 中国科学院历史研究所第三所：《云南贵州辛亥革命资料》，科学出版社 1959 年版。
81. 云南省历史学会等：《云南辛亥革命史》，云南大学出版社 1991 年版。
82. 冯祖贻等主编：《辛亥革命——贵州事典》贵州人民出版社 2011 年版。
83. 本书编辑委员会编：《开启共和之门，昆明市纪念辛亥革命重九起义 100 周年研讨会文集》，云南人民出版社 2011 年版。
84. 范建华主编：《云南省社科界纪念辛亥革命 100 周年文集》，云南大学出版社 2011 年版。
85. 田云翔主编：《百年军校，将帅摇篮》，云南人民出版社 2010 年版。
86. 谢本书：《蔡锷大传》，广西师范大学出版社 2013 年版。
87. 谢本书、李成森等著：《民国元老李根源》，云南教育出版社 1999 年版。
88. 谢本书：《战士学者艾思奇》，贵州人民出版社 2000 年版。
89. 中国科学院历史研究所第三所：《云南杂志选辑》，科学出版社 1958 年版。
90. 谢本书：《唐继尧评传》，河南教育出版社 1985 年版。
91. 中国史学会主编：《辛亥革命》（三），上海人民出版社 1957 年版。
92. 全国政协文史资料研究委员会编：《辛亥革命回忆录》第三、六集，文史资料出版社 1981 年版。
93. 李烈钧著，文明国编：《李烈钧自述》，深圳报业集团出版社 2011 年版。
94. 严则敬、李立纲主编：《杨杰将军文集》（三册），云南民族出版社 2011 年版。
95. 杨海若：《寻索云南最早的留学生》，云南教育出版社 2012 年版。
96. ［美］艾格尼丝·史沫特莱著：《伟大的道路——朱德的生平和时代》，三联书店 1979 年版。

97. 编写组：《云南近代史》，云南人民出版社 1993 年版。
98. 方树梅辑纂，云南省社会科学院文献研究所、云南省地方志编纂委员会办公室校补：《续滇南碑传集校补》，云南民族出版社 1993 年版。
99. 卢国英：《智慧之路——一代哲人艾思奇》，人民出版社 2006 年版。
100. 曹成章：《民主革命先驱刀安仁》，中国社会科学出版社 2010 年版。
101. 马继孔等：《云南陆军讲武堂》，云南民族出版社 1993 年版。
102. 陈予欢编：《云南讲武堂将帅录》，广州出版社 2011 年版。
103. 张亚平主编：《周钟岳研究文集》，云南民族出版社 2007 年版。
104. 徐继涛主编：《云南革命英烈》，云南人民出版社 1987 年版。
105. 中国第二历史档案馆、云南省档案馆编：《护国运动》，江苏古籍出版社 1988 年版。
106. 谢本书主编：《护国运动史》，贵州人民出版社 1984 年版。
107. 孙代兴、吴宝璋主编：《云南抗日战争史》（增订本），云南大学出版社 2005 年版。
108. 李珪主编：《云南近代经济史》，云南民族出版社 1995 年版。
109. 云南大学志编审委员会编：《云南大学志·人物志·人物传（三）》，云南大学出版社 2013 年版。
110. 云南省地方志编纂委员会编、李景煜主编：《云南省志》卷八十"人物志"，云南人民出版社 2002 年版。
111. 西南联合大学北京校友会编：《国立西南联合大学校史》，北京大学出版社 2006 年版。
112. ［美］易社强：《战争与革命中的西南联大》，饶佳荣译，九州出版社 2012 年版。
113. 中国人民政治协商会议昆明市委员会编：《西南联大在昆明——纪念西南联合大学成立 75 周年》，云南美术出版社 2013 年版。
114. 云南日报社编：《敢为天下先的云南人》，云南人民出版社 2002 年版。
115. 周钟岳总纂，蔡锷审订：《云南光复纪要》，云南人民出版社 2011 年版。
116. 殷英、杨建虹：《护国上将——殷承瓛》，云南大学出版社 1999 年版。
117. 刀安禄等：《刀安仁年谱》，云南德宏民族出版社 1984 年版。

118. 李作新主编：《东陆瑰宝——董泽纪念文集》，云南大学出版社 2006 年版。
119. 云南省志教育志编纂委员会：《云南省志·教育志》，云南人民出版社 1995 年版。
120. 于波：《西方科技与近代云南》，云南人民出版社 2013 年版。
121. 张维：《熊庆来传》，云南教育出版社 1992 年版。
122. 本书编委会：《熊庆来纪念集》，云南教育出版社 1992 年版。
123. 刘光智：《云南教育简史》，贵州人民出版社 1993 年版。
124. 陈荣昌著，周立英点校：《〈乙巳东游日记〉点校》，云南美术出版社 2007 年版。
125. 王丽云：《留学生与云南近代化》，云南人民出版社 2013 年版。

（说明：主要参考文献未列入论文及档案资料。论文及档案资料，请参见文内注释。）

后　　记

　　这部书籍是在省委常委、省委统战部部长黄毅同志的高度重视下，在省委高校工委副书记、省教育厅副厅长、云南省留学人员联谊会会长邹平、省委统战部常务副部长、省留学人员联谊会常务副会长苏红军等领导的亲自领导和关心支持下，由省委统战部无党派、党外知识分子处长、省留学人员联谊会秘书长王志荣、云南民族大学马克思主义学院院长苏丽杰教授组织实施，由著名历史学家谢本书教授主要执笔完成。

　　在省委常委、省委统战部部长黄毅同志的高度重视下，2008年8月，省委统战部成立了无党派、党外知识分子处，12月21日，在昆明同时成立了云南省留学人员联谊会、云南省党外知识分子联谊会，切实加强了云南省留学人员工作。多年来，在省委统战部的领导下，云南省留学人员统战工作取得了显著的成绩。在工作中，深切地感受到，云南归国留学人员无论是在历史上、还是在社会主义革命、建设和改革开放事业的伟大进程中，都发挥了重要的作用，做出了特殊的重要的贡献。可以说一部云南百年留学史，浓缩着中华民族追求真理、寻求民族独立、国家富强、人民幸福的抗争史、探索史、奋斗史，就是一部寻梦、追梦、努力实现中华民族伟大复兴中国梦的历史，是对青少年进行爱国主义教育最生动也是最好的教材。

　　历史不会忘记、历史不容忘记。整理云南百年留学史，弘扬民族精神和留学报国精神，对于研究借鉴近代以来我国在留学人员工作中的经验和做法，进一步发挥留学人员作为党和国家的宝贵财富，充分发挥留学人员在云南和国家发展战略中的特殊而重要的作用，都具有重要的理论和现实意义。报经省委统战部批准，2012年8月，正式组建了《云南百年留学简史》编委会，着手编写《云南百年留学简史》。经过两年多来的资料收集、整理，通过对云南各个历史时期的留学人员历史的梳理和研究，现已完成《云南百年留学简史（1896—2013）》（第一辑）的编撰工作。

《云南百年留学简史（1896—2013）》（第一辑）分为上、中、下三编，共计十八章，梳理了自1896年云南第一位自费出国留学人员开始到2013年至共计一百一十七年间云南留学历史的基本脉络和云南留学生的重要历史轨迹。全书第一至十七章由著名历史学家谢本书教授执笔，第十八章由省委统战部六处和张云权副教授撰写，全书由苏丽杰教授负责组织资料搜集和部分章节的撰写和全书的统稿、审稿工作，王志荣同志负责全书的统稿、修改定稿和部分章节的撰写。阮丽霞、李应伟、张倩等同志负责全书的校对、参与了第十八章的撰写。云南大学周立英教授、云南省文联文艺评论家协会秘书长柏桦、云南民族大学杨国才教授、殷英教授等同志对书籍的编撰给予了支持、参与了校对审稿。李应伟、张根、李礼、卢大强、曾荣雄等同志，为本书资料的搜集做了大量的基础性工作。姚绍文、周文曙、柳清菊、李敏、保文莉、包云燕、孙心专、段德隆等很多同志对书籍的编撰给予了热情支持，省委统战部研究室李志恩主任审阅了书稿。在书稿编写过程中，到云南省档案馆、昆明市档案馆、云南省教育厅、云南省图书馆、云南省部分高校图书馆和国家图书馆等查阅了大量的原始文献和图片资料，得到了省档案馆和丽琨处长、云南省教育厅档案室李锐调研员和对外交流处王剑琼同志、昆明市档案馆周雁同志的大力支持和协助。本书还得到了中国社会科学出版社任明主任的大力支持，他为书稿的完善提出了许多很好的建议。还有许多单位和个人为本书编撰提供了支持和帮助，由于篇幅有限，就不一一列出，在此我们一并表示感谢。

《云南百年留学简史（1896—2013）》的编撰是对云南省百年留学人员历史的一次尝试，也是一次较为全面系统的整理和研究，由于时间跨度大、档案资料散、人员分布多而广、资料搜集难度大，前期研究成果少，特别是建国以后的许多档案资料存在着散缺的问题，给研究工作带来了很大的困难，作为探索和尝试，加之水平所限，书稿难免有这样那样的错漏和不足，敬请大家批评指正。

本书编委会
2016年1月18日